河南省“十四五”普通高等教育规划教材
会计学国家级一流专业建设成果

财务管理导学与习题集

主编　安慧　王桢

中国财经出版传媒集团
经济科学出版社
Economic Science Press

图书在版编目（CIP）数据

财务管理导学与习题集 / 安慧，王桢主编. -- 北京：经济科学出版社，2022. 8

河南省“十四五”普通高等教育规划教材　会计学国家级一流专业建设成果

ISBN 978 - 7 - 5218 - 3687 - 5

Ⅰ. ①财…　Ⅱ. ①安… ②王…　Ⅲ. ①财务管理 - 高等学校 - 教材　Ⅳ. ①F275

中国版本图书馆 CIP 数据核字（2022）第 088559 号

责任编辑：周胜婷
责任校对：李　建
责任印制：张佳裕

财务管理导学与习题集
主编　安慧　王桢
经济科学出版社出版、发行　新华书店经销
社址：北京市海淀区阜成路甲 28 号　邮编：100142
总编部电话：010 - 88191217　发行部电话：010 - 88191522
网址：www. esp. com. cn
电子邮箱：esp@ esp. com. cn
天猫网店：经济科学出版社旗舰店
网址：http：//jjkxcbs. tmall. com
固安华明印业有限公司印装
787 × 1092　16 开　15. 75 印张　370000 字
2022 年 8 月第 1 版　2022 年 8 月第 1 次印刷
ISBN 978 - 7 - 5218 - 3687 - 5　定价：39. 00 元
（图书出现印装问题，本社负责调换。电话：010 - 88191510）

前言

本书是河南省“十四五”普通高等教育规划教材、会计学国家级一流专业建设成果《财务管理学》（安慧、王桢主编，2022 年 6 月出版）的配套教材。本书结合财务管理学科理论与实践发展趋势，适应会计学、财务管理等专业课程的教学需要，帮助学生把握课程的逻辑思路与总体框架、基本内容、重要知识点等，通过各模块的训练，增强学生对财务管理学课程的理解，了解各章知识点相关制度背景、资本市场现状等外部环境因素，深入理解企业如何根据所处环境，依据企业战略并围绕资金运动与价值创造过程进行财务决策与管理活动，把握以支撑企业战略、支持决策、提升价值创造能力为核心的企业价值形成路径，帮助学生构建完善的财务管理知识结构体系，实现高效学习。

本书与主教材《财务管理学》所有篇章的内容保持高度衔接与一致。首先，采用思维导图对《财务管理学》全书内容和各章知识点进行梳理，帮助读者清晰、快速、直观地了解该书及各章知识架构及内在联系；其次，对各章重点与难点内容进行归纳，强化重点，化解难点，加深学生对重点与难点知识的理解与掌握，使学生学有成效；最后，通过预习要点、习题与案例等形式，力求让学生对主教材《财务管理学》的内容融会贯通，加深理解；习题与案例中的案例分析题注重财务管理理论、实践与最新动态的接轨，强化对学生综合分析能力和应用实践能力的训练，检验学习效果，促使学生把所学知识转化为专业胜任能力。本书各章的主体框架包括：导学（包括本章思维导图、学习目标与要求、预习要点）、重点与难点、习题与案例等部分。

本书由郑州轻工业大学安慧、王桢担任主编，薛龙、冯攀攀、杨雪萍担任副主编。具体分工为：第 1 章、第 6 章、第 7 章由安慧编写，第 2 章、第 3 章、第 15 章由薛龙编写，第 4 章、第 9 章、第 13 章由王桢编写，第 5 章、第 10 章、第 12 章由冯攀攀编写，第 8 章、第 11 章、第 14 章由杨雪萍编写。最后由安慧、王桢负责全书的修改和总纂。

本书的出版得到了经济科学出版社编辑的大力支持与帮助，在此对他们付出的辛勤劳动表示由衷的谢意！

本书在编写过程中，虽然力求准确与实用，但由于编者水平有限，书中难免存在不足和疏漏之处，敬请读者批评指正。

编　者

2022 年 5 月

目录

《财务管理学》教材思维导图

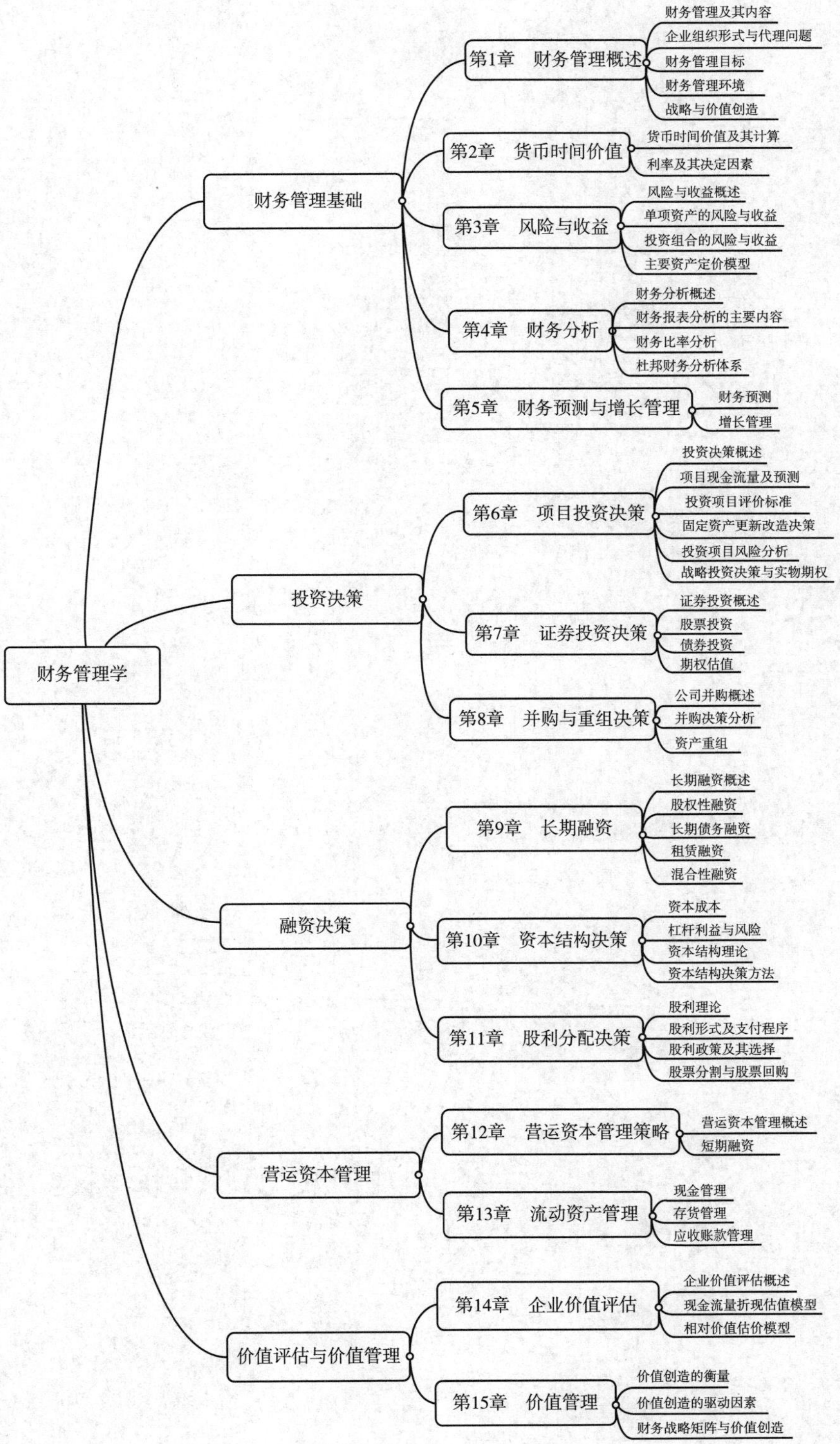

第 1 章　财务管理概述

1.1　导　学

1.1.1　本章思维导图

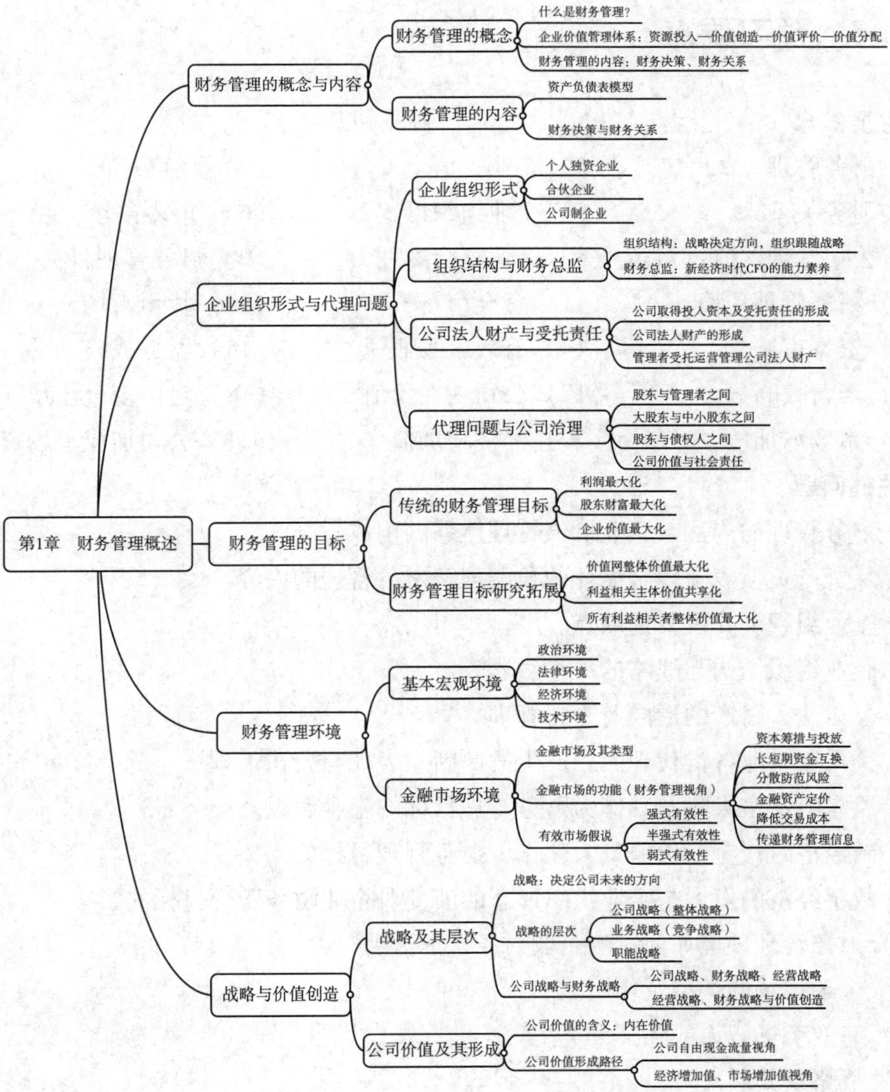

1.1.2 学习目标与要求

通过本章学习，学生应理解掌握财务管理含义、企业价值管理体系的构成以及财务管理的内容；了解财务管理的环节与发展趋势；了解企业的组织形式、企业组织结构以及财务总监（CFO）的职责与能力要素；理解公司法人财产的形成及受托管理，掌握代理问题与公司治理；理解关于企业财务管理目标的不同理论观点，了解财务管理目标研究的最新拓展；理解财务管理的环境因素，了解政治环境、法律环境、经济环境和技术环境等基本宏观环境对财务管理的影响，掌握金融市场及其类型、金融市场与财务管理、有效市场假说等知识点；了解战略的含义及其层次，理解经营战略、财务战略与价值创造之间的关系，掌握公司价值的形成路径与逻辑框架。

1.1.3 预习要点

1. 主要概念

（1）财务管理	（2）企业价值	（3）财务决策
（4）财务关系	（5）企业组织形式	（6）组织结构
（7）公司治理	（8）企业社会责任	（9）财务管理目标
（10）财务管理环境	（11）资金市场	（12）货币市场
（13）资本市场	（14）有效市场假说	（15）财务战略
（16）经营战略	（17）公司内在价值	（18）自由现金流量
（19）市场增加值	（20）经济增加值	（21）公司加权平均资本成本

2. 关键问题

（1）财务管理的内涵与企业价值管理体系的构成。

（2）从资产负债表与现金循环的角度理解财务管理的内容。

（3）企业组织形式及其优缺点。

（4）企业组织结构与战略的关系。

（5）公司法人财产的形成及受托管理。

（6）公司制企业各类代理问题产生的原因、表现与公司治理。

（7）股东财富最大化及其作为财务管理目标的隐含假设。

（8）新经济时代企业价值最大化作为财务管理目标的问题。

（9）数字经济的发展与企业组织形态的演变对企业财务管理目标的影响。

（10）财务管理环境如何影响企业财务管理活动。

（11）金融市场的类型及作用。

（12）有效市场假说的含义及类型。

（13）战略及其层次。

（14）经营战略、财务战略与价值创造之间的关系。

（15）公司价值的本质。

（16）从自由现金流量视角和市场增加值视角理解公司价值的形成路径。

1.2 重点与难点

本章的重点：财务管理的含义、内容；企业组织结构与战略；公司法人财产的形成及受托管理；股东与管理者、股东集团内部、股东与债权人之间的委托—代理关系；公司价值与社会责任、公司治理；财务管理目标；财务管理环境对企业价值创造的影响；金融市场环境；经营战略、财务战略与价值创造。

本章的难点：企业价值管理体系图；资产负债表模型与现金循环模型；公司法人财产的形成与受托管理图；委托—代理关系与公司治理；信息与证券价格之间的关系；有效资本市场的类型；公司价值的形成路径与逻辑框架图。

1.2.1 财务管理及其内容

1. 财务管理与企业价值管理

财务管理是依据企业整体战略，研究资源的取得（融资）、配置与使用（投资与经营）的管理学科。即：如何从金融资本市场上筹措用于满足企业投资与经营活动需要的财务资本，并将筹措的资本用于能为企业创造价值的各项经济活动中。

企业价值管理体系包括价值创造、价值评价与价值分配。价值创造是企业根据生产经营需要取得并投入各类资源，经过产品/服务开发、生产、销售、售后等内部经营活动提供产品与服务，并通过向客户交付产品/服务，为客户和企业创造价值。

价值评价是通过相应标准和方法，评估企业价值、度量不同要素资源对价值创造的贡献程度，为经营业绩的考核与价值分配提供依据；价值分配是在资本、劳动、技术等各要素资源间分配企业创造的价值，为企业价值管理的良性循环奠定基础。

2. 财务管理的内容

财务管理研究的是稀缺资源如何在企业与市场内有效配置，如何对企业经营过程中的资金运动进行预测、组织、协调、分析与控制的一种决策与管理活动。

从资产负债表模型来看，财务管理的内容主要包括：投资、融资（股利分配）、经营等决策与管理活动；企业在财务决策与管理活动中与利益相关各方发生的经济关系，这些关系包括企业与其所有者（股东、控股股东及实际控制人）、股东与债权人、企业与员工、企业与客户、企业与供应商、企业与政府部门、企业与生态环境等之间的利益关系等。

从现金循环来看，财务管理的内容主要是：通过投资决策与营运资本管理策略，为企业创造价值；通过融资决策筹措资本，满足企业投资与经营的需要并为投资者创造价值；

确定企业的收益分配机制，对新创造的价值进行分配。

1.2.2 企业组织形式与组织结构

1. 企业组织形式

最基本的三种企业组织形式是个人独资企业、合伙企业和公司制企业。

个人独资企业：一个自然人投资，投资人个人拥有全部资产，投资人以其个人财产对企业债务承担无限责任。

合伙企业：两个或两个以上的合伙人共同创办，共同分享利润、承担责任。

公司制企业：股东共同出资成立企业，具有独立的法人资格，股东承担有限责任。

2. 企业组织结构

组织结构是组织为实现共同目标而进行的各种分工和协调系统，是保证战略实施的必要手段。对于一个组织而言，组织结构就是建立的一种能使员工为实现组织目标而在一起最佳工作并履行职责的正式体制。在企业生命周期的不同阶段，企业会根据内外部环境选择不同的战略，企业组织结构也应做出相应反应与调整。

1.2.3 公司法人财产的形成与受托管理

在现代公司制企业中，所有权与经营权是分离的，管理者与投资者之间会形成以法人财产受托管理为主要内容的公司受托责任。

首先，公司根据整体战略及投资需求，从金融市场取得债权人和股东投入的财务资本作为经营与发展的基础。其次，债权人和股东投入公司的资本或直接形成相应资产，或由管理层根据公司战略和经营发展的需要，通过投资决策（资源配置与优化）转化形成各项经营性资产或金融性资产。这些都属于公司的法人财产。最后，管理者基于投资者特别是对股东的受托责任，负有对公司法人财产运营管理的责任。管理者通过开展经营活动，提高资产的运营效率，增加收入与现金流量，提升公司价值，为资源提供者提供相应回报。

1.2.4 委托—代理关系与公司治理

在公司法人财产形成及受托管理的过程中，股东、债权人、管理者、供应商、客户、社区、政府、生态环境等利益相关者之间会形成不同的财务关系，对公司财务决策产生直接或间接的影响。

1. 委托—代理关系

股东与管理者之间代理问题产生的主要原因：股权分散；资本所有权与经营权分离；股东与管理者追求的目标函数不一致；股东与管理者之间信息不对称。

大股东与中小股东之间代理问题产生的主要原因：股权集中于大股东；大股东与中小股东追求的目标函数不一致；大股东与中小股东之间信息不对称。

股东与债权人之间代理问题产生的主要原因：股东与债权人之间往往存在着信息不对称；股东可能寻求利己策略；风险与收益不对等。

公司可能为了自身利益在生产经营活动过程中污染环境或损害公共利益，或者从客户、供应商、员工、社会获得不合理的利益，损害利益相关者的利益，最终会导致公司价值的减少。

2. 公司治理

从委托—代理理论来看，公司治理是一种委托—代理关系。委托—代理理论认为股东是委托人，董事和经理是代理人。代理人的行为是理性的或有限理性的、自我利益导向的，因此，需要用制衡机制来对抗潜在的权力滥用，用激励机制来使董事和经理为股东出力和谋利。

狭义的公司治理是指股东对管理者的一种监督、制衡机制与激励机制，即通过一种制度安排来合理配置所有者与经营者之间的权力与责任关系。

广义的公司治理是通过一套正式或非正式的、内部的或外部的自我约束机制或相互制衡机制来协调公司与所有相关利益者（包括股东、债权人、管理者、供应商、客户、社区、政府、生态环境等）之间的利益关系，以保证公司的决策效率，从而最终维护公司各方面的利益。

1.2.5　财务管理目标

财务管理目标是公司全部财务活动的出发点和归宿，是公司根据内外部环境建立财务管理体系并进行财务决策的逻辑起点与指南。具有代表性的传统财务管理目标是利润最大化、股东财富最大化和企业价值最大化。

（1）利润最大化：利润是企业新创造的财富，利润越多说明企业财富增加得越多，越接近公司目标。

（2）股东财富最大化：强调股东作为公司所有者承担了公司全部的剩余风险，应拥有公司经营活动带来的全部税后收益。对于上市公司而言，以资本市场有效假设为前提，股东财富最大化可以表述为股价最大化。

（3）企业价值最大化：企业管理者要通过合理经营，采用最优的经营和财务政策，充分考虑资金时间价值、风险与收益的关系，在持续成长的过程中实现企业价值最大化。

企业价值是企业预期未来现金流按公司加权平均资本成本折现的现值。

$$\text{企业价值} = \frac{FCF_1}{(1+WACC)^1} + \frac{FCF_2}{(1+WACC)^2} + \frac{FCF_3}{(1+WACC)^3} + \cdots + \frac{FCF_\infty}{(1+WACC)^\infty}$$

$$= \sum_{t=1}^{\infty} \frac{FCF_t}{(1+WACC)^t}$$

财务管理目标研究的拓展：随着数字经济的发展、技术变革以及企业组织形态的演变，有学者提出财务管理目标应该是价值网整体价值最大化、利益相关主体价值共享化、所有利益相关者整体价值最大化。

1.2.6 财务管理环境

1. 基本宏观环境与金融市场环境

财务管理环境是对公司财务决策与管理活动产生影响的一切内外部因素的总和，包括由政治环境、法律环境、经济环境、技术环境等构成的基本宏观环境和金融市场环境。从财务管理的角度来看，金融市场是企业投资融资的重要场所，其功能主要表现为：资本的筹措与投放；长短期资金的相互转化；分散与防范风险；确定金融资产价格；降低交易成本；为企业财务管理传递决策所需信息。

2. 有效市场假说

有效市场假说（efficient markets hypothesis，EMH）是现代财务理论的重要基础。根据证券市场价格对相关信息反映的完整程度和及时程度，有效资本市场可以分为弱式有效性、半强式有效性和强式有效性三类。

1.2.7 财务战略、经营战略与价值创造

公司的价值创造，起源于战略。战略是构筑并强化公司竞争优势的关键。企业战略通常分为三个层次：总体战略、业务战略（或竞争战略）和职能战略。

1. 财务战略与经营战略协同创造价值

企业战略可以分为财务战略与非财务战略两类，非财务战略又称经营战略。经营战略主要强调与外部环境和企业自身能力相适应，通过业务系统创造价值，财务战略主要强调必须适合企业所处的发展阶段并符合利益相关者对价值的期望，通过资本的合理配置与有效使用支撑企业创造价值。

财务战略的选择必须考虑公司战略、企业面临的外部环境与内部条件，企业的发展阶段与增长方式以及面临的经营风险和财务特征等因素，并根据内外部环境变化及时进行调整。同时，财务战略要与经营战略匹配协同，为公司的价值创造活动提供最合适的支持。

2. 公司价值及形成逻辑

有效的价值管理，需要回归公司价值的本质，关注价值创造的过程。这里的公司价值是指公司的内在价值。内在价值是一个长期概念，管理者应当采取恰当的经营战略和财务战略，通过对价值创造关键因素的管理，提升公司的价值创造能力。

公司价值的形成路径：（1）采用自由现金流折现模型确定公司的内在价值，以反映公司的真实价值；（2）在确定公司经济增加值的基础上计算公司的市场增加值，以反映公司的价值增值和价值创造能力。实现企业可持续的价值创造的途径总体上有两条：提高公司

自由现金流量（FCF）和经济增加值（EVA）并保持长期有效增长；降低公司加权平均资本成本（WACC）。

1.3　习题与案例

1.3.1　单项选择题

1. 财务管理作为一门管理学科，其研究的对象是（　　）。

A. 财务报表分析　　B. 成本费用的发生与归集

C. 利润的留存与分配　　D. 资源的取得与使用

2. 在下列各项中，能正确揭示财务管理本质特征的表述是（　　）。

A. 人力资源管理　　B. 价值管理　　C. 战略决策管理　　D. 生产运作管理

3. 通过相应标准和方法，评估企业价值、度量不同要素资源对价值创造的贡献程度，为经营业绩的考核与价值分配提供依据，属于（　　）。

A. 价值创造　　B. 价值实现　　C. 价值评价　　D. 价值分配

4. 从资产负债表的角度来看，（　　）是对公司长期资产投向、规模、构成和利用效果进行管理，其活动结果列示于资产负债表左下方有关长期资产项目中。

A. 融资管理　　B. 投资管理　　C. 股利分配管理　　D. 营运资本管理

5. 从资产负债表的角度来看，（　　）是对公司资本来源、融资方式选择、资本结构及股利分配进行管理，其活动结果列示于资产负债表右方相关项目中。

A. 融资管理　　B. 投资管理　　C. 股利分配管理　　D. 营运资本管理

6. 从资产负债表的角度来看，（　　）是对公司流动资产与流动负债进行的管理，其活动结果列示于资产债表的上半部。

A. 短期投资管理　　B. 短期融资管理　　C. 现金管理　　D. 营运资本管理

7. 从财务决策的角度看，（　　）对企业未来发展方向有着决定性影响，是实现企业增长战略、业务布局、优化资源配置的关键性财务决策。

A. 投资决策　　B. 融资决策

C. 股利决策　　D. 营运资本管理决策

8. 从财务决策的角度看，（　　）为企业发展提供资金来源，是支持业务扩张和企业增长、控制财务风险的重要财务决策。

A. 投资决策　　B. 融资决策

C. 股利决策　　D. 营运资本管理决策

9. 人工智能与大数据等新兴信息技术的迅猛发展直接影响着企业信息的生成、处理和利用，财务决策会发生颠覆性变化。财务决策所需的底层数据为（　　）。

A. 财务数据　　B. 非财务数据

C. 宏观数据　　D. 财务数据 + 非财务数据

10. 作为公司的高层管理者，首席财务官或财务总监的职责是（　　）。

A. 扩大公司规模　　B. 增加公司利润

C. 增加公司价值　　D. 提升公司增长速度

11. 债权人和股东投入公司的资本或直接形成相应资产，或由（　　）根据公司战略和经营发展的需要，通过投资决策（资源配置与优化）转化形成各项经营性资产或金融性资产。

A. 债权人　　B. 股东　　C. 管理者　　D. 员工

12. 股权分散公司中的委托—代理问题主要存在于（　　）之间。

A. 股东与管理者　　B. 大股东与中小股东

C. 股东与债权人　　D. 企业价值与社会责任

13. 与股东财富最大化相比，企业价值最大化作为财务管理目标的积极意义在于（　　）。

A. 能够避免公司的盈余管理行为

B. 能够考虑公司各利益相关者的利益

C. 能够避免公司战略决策的失误

D. 企业价值计算公式中的相关参数容易确定

14. 企业（公司）价值是企业预期未来（　　）。

A. 现金流量的现值　　B. 利润的现值

C. 现金流量的终值　　D. 利润的终值

15. 一般来说，在（　　）阶段，社会购买力逐步提高，公司应及时把握合适的投资机会，开发新产品，采取增加存货和放宽信用政策等理财策略，为公司以后的发展奠定基础。

A. 繁荣　　B. 衰退　　C. 萧条　　D. 复苏

16. 以下各项中属于资金市场的是（　　）。

A. 期权市场　　B. 外汇市场　　C. 证券市场　　D. 黄金市场

17. 辅助性证券市场指的是（　　）。

A. 期货市场　　B. 股票市场　　C. 债券市场　　D. 货币市场

18. 根据有效市场假说，市场形成的均衡价格包含了所有可能的信息和对未来的预期，是在所有可能获得的信息基础上做出的最优预测价格。如果再依据市场上可以公开得到的信息来预测价格走势，则（　　）。

A. 内部信息拥有者在证券市场上可以获得超额收益

B. 可以产生高于市场平均水平的投资收益

C. 不能产生高于市场平均水平的投资收益

D. 可以利用内部信息买卖证券而获利

19. 谋求企业资本的合理配置和有效使用，提高资本的运营效率，增强企业竞争优势，维持企业长期盈利能力为目的的战略性思维方式与决策活动，属于公司（　　）。

A. 营销战略　　B. 财务战略　　C. 研发战略　　D. 经营战略

20. 衡量公司价值增加程度的评价指标是（　　）。

A. 账面价值　　B. 内在价值

C. 市场价值　　D. 市场增加值和经济增加值

1.3.2　多项选择题

1. 任何一家公司都可以看作一个价值增值系统，通过各种生产要素资源的投入与整合运用为公司创造价值。随着以人工智能、区块链、云计算、大数据和物联网为代表的信息技术的不断创新和数字经济的发展，形成企业持续竞争优势的战略资源包括（　　）。

A. 财务资源　　B. 组织资源

C. 信息、数据资源　　D. 人力资源

2. 从现金循环的角度来看，财务管理的内容包括（　　）。

A. 通过金融市场向投资者出售金融资产组合获取投资与经营所需的现金

B. 通过商品与服务市场进行实物资产投资和内部经营活动，以创造现金

C. 将创造的现金以薪酬、税金、利息、股息或红利的形式进行分配

D. 管理流动资产与流动负债，以保持财务流动性

3. 营运资本管理与现金关系密切，需要关注的主要问题是（　　）。

A. 保持合理的财务杠杆水平与财务弹性，控制风险，实现资本结构的动态优化管理

B. 权衡风险与收益，寻求流动资产的最优占用水平，保障经营业务资金需求

C. 提高流动资产周转使用效率，防范现金流因数量、时间不确定而引发的财务风险

D. 以最低成本融资，提升企业现金流的创造能力和公司价值

4. 对于上市公司而言，在财务决策的过程中如果处理不好与各方面的利益关系，可能会陷入“上市公司僵局”。其主要表现是（　　）。

A. 利润明显下降　　B. 经营决策难以实施

C. 公司股票被特别处理　　D. 发生退市风险

5. 公司制企业具有的特点包括（　　）。

A. 无限责任　　B. 独立法人实体与有限责任

C. 所有权与经营权分离　　D. 缴纳个人所得税

6. 股东与管理者之间委托—代理关系产生的主要原因是（　　）。

A. 股权集中度高

B. 股东攫取控制权私利

C. 股东与管理者追求目标不完全一致

D. 外部股东与内部管理者之间的信息不对称

7. 当公司拥有债务时，可能会诱使股东寻求（　　）等利己策略，使股东和债权人之间产生利益冲突。

A. 不经老债权人同意，提高债务融资比例

B. 不经老债权人同意，降低债务融资比例

C. 私自改变借款用途进行高风险项目投资

D. 向股东派发大量现金股利

8. 相对于利润最大化而言，以股东财富最大化作为理财目标的积极意义在于（　　）。

A. 股东财富的计量考虑了时间价值和风险因素

B. 考虑了利润与资本投入之间的关系

C. 在一定程度上可以克服公司在追求利润上的短期行为

D. 实现了公司所有者与其他相关利益主体之间的利益统一

9. 公司自由现金流是公司取得的收入在扣除了经营费用和所得税、满足自身再投资（经营营运资本增加 + 资本支出）需要之后，向（　　）等权利要求者支付现金之前的全部现金流量。

A. 公司员工　　B. 普通股股东　　C. 债权人　　D. 优先股股东

10. 对公司财务活动和财务管理产生影响的基本宏观环境包括（　　）。

A. 政治环境　　B. 法律环境　　C. 经济环境　　D. 技术环境

11. 经济环境是影响公司财务管理的各种经济因素，主要包括（　　）等。

A. 证券法律法规　　B. 税务法律法规

C. 通货膨胀状况　　D. 政府的经济政策

12. 技术环境对公司战略和财务管理活动产生的影响包括（　　）。

A. 技术进步使公司能对市场及客户进行更有效的分析

B. 新技术的出现使社会对行业产品和服务的需求增加

C. 技术进步可以创造新的竞争优势

D. 新技术的发展促使公司关注绿色发展问题，更有利于公司价值的创造与实现

13. 主要发挥资本筹措与投放功能的有价证券市场包括（　　）。

A. 股票市场　　B. 债券市场　　C. 外汇市场　　D. 期权市场

14. 从公司理财的角度来看，金融市场的功能主要有（　　）。

A. 资本的筹措与投放　　B. 长短期资金的相互转化

C. 分散与防范风险　　D. 确定金融资产价格

15. 由于不同的信息对证券价格的影响程度不同，证券价格对不同信息的反应速度也不同。与证券价格有关的信息可以分为（　　）。

A. 历史信息　　B. 公开信息　　C. 非公开信息　　D. 所有信息

16. 根据证券市场价格反映相关信息的完整性与及时性，资本市场的效率类型有（　　）。

A. 弱式有效性　　B. 半强式有效性　　C. 强式有效性　　D. 无效性

17. 战略是构筑并强化公司竞争优势的关键，通常可以分为（　　）等几个层次。

A. 总体战略　　B. 业务战略或竞争战略

C. 职能战略　　D. 研发战略

18. 业务战略主要是将公司战略所包括的公司目标、发展方向和措施具体化，形成业务单元的竞争战略。常见的业务战略包括（　　）。

A. 投资战略　　B. 融资战略　　C. 成本领先战略　　D. 差异化战略

19. 公司价值增加程度的评价指标包括（　　）。

A. 经济增加值　　B. 市场增加值　　C. 内在价值　　D. 账面价值

20. 从公司内在价值与市场增加值的角度来看，提升公司价值的途径有（　　）。

A. 增加公司自由现金流量并保持长期有效增长

B. 提升经济增加值并保持长期有效增长

C. 调控市场利率

D. 降低公司加权平均资本成本

21. 企业可持续价值创造的实现主要取决于（　　）等因素。

A. 财务战略与经营战略紧密配合　　B. 内在价值与市场价值全面协同

C. 产品市场与资本市场整体联动　　D. 有效的管理与控制风险

22. 在股东与债权人的代理冲突中，债权人可能会通过（　　）等方式保护自身利益。

A. 降低债券投资的支付价格　　B. 提高资本的使用利率

C. 在债务契约中增加各种限制性条款　　D. 拒绝向公司投资

23. 强式有效性资本市场满足均衡市场的基本特征有（　　）。

A. 投资者的预期收益率等于其必要收益率

B. 投资者的预期收益率大于其必要收益率

C. 证券的市场价格等于证券的内在价值

D. 证券的市场价格小于证券的内在价值

1.3.3 判断题

1. 财务管理的本质就是在资金循环运动中提高稀缺性资源的配置效率，实现企业持续的价值创造。（　　）

2. 财务经理的基本职责是以提升公司价值为目标进行投资与营运资本决策。（　　）

3. 财务决策主要是对提升企业价值创造能力的财务问题的判断与财务战略选择，主要包括投资决策、融资决策、股利决策、并购重组决策、营运资本管理策略等。（　　）

4. 投资决策是为企业发展提供资金来源，支持业务扩张和企业增长、控制财务风险的重要财务决策。（　　）

5. 基于大数据、云计算、深度融合、语音识别、图像识别等先进技术，加之感知能力、计算能力、认知能力等方面的快速提升，智能财务决策的发展及全面场景化应用前景广阔。（　　）

6. 在企业生命周期的不同阶段，企业会根据内外部环境选择不同的战略，企业组织结构也应做出相应反应与调整。（　）

7. 在股东与管理者的委托—代理关系中，股东作为代理人存在所谓的“机会主义倾向”，在履行受托责任的过程中会产生职务怠慢、损害委托人利益等“道德风险”。（　）

8. 根据代理理论，解决股东与管理者代理问题的途径包括建立有效的监督机制与激励机制，只要监督机制与激励机制能产生收益就可以提升公司价值。（　）

9. 当股权集中度高时，为了攫取控制权私利，控制性股东有可能在法律法规不完备或监管乏力的情况下，通过投资、融资和股利分配等财务活动侵害中小股东的利益。（　）

10. 股东的利己行为极有可能使其难以获得债务资本而且代价高昂，利己策略的成本最终要由股东承担。（　）

11. 企业的可持续发展及价值创造与其承担的社会责任以及环境、社会和治理能力密切相关。上市公司应按监管要求披露用于分析评价企业可持续发展的社会责任报告（CSR报告）以及环境、社会和公司治理报告（ESG 报告）。（　）

12. 对于上市公司而言，其财务管理的目标是要最大化公司利润。（　）

13. 债权人与股东对公司收益的索取权都是一种剩余索取权。（　）

14. 企业价值最大化是一个兼顾不同利益要求的多目标模型，管理者在实际决策时需要恰当地权衡不同利益相关者的多种利益诉求。（　）

15. 在经济周期的衰退阶段，公司应加大投资力度，扩大生产经营规模，以获取稳定的收益。（　）

16. 与资本市场相比，货币市场交易的证券期限长，利率或要求的收益率较高，其风险也较大。（　）

17. 如果金融市场是有效的，证券的现有市场价格（即市场形成的均衡价格）无法反映该证券的内在价值，因此可以利用有关、可用的信息谋取超常或剩余收益。（　）

18. 财务战略关注的焦点是企业资源的合理配置与有效使用，与公司战略具有内在的目标一致性，从战略层次上来看是公司的整体战略。（　）

19. 财务战略强调必须适合企业所处的发展阶段并符合利益相关者对价值的期望，其本质是通过资本的合理配置与有效使用为企业创造价值。（　）

20. 市场增加值的大小不仅取决于公司存量资产的价值创造能力（现实的获利能力），还与公司未来增长机会创造的价值（未来获利机会的货币化）有关。（　）

1.3.4 案例分析题

1. CFO 应具备的能力

2011 年，任正非在华为财经干部座谈时提出：“我企盼你们，能够担负起明天的责任与使命，成为有远见、有抱负、有战略思维能力、懂业务、识风险的 CFO”，“业务人员要懂财经，财务人员要懂业务，形成坚固的钢筋混凝土体系”。[①] 2018 年，任正非认为华为财经的经线已经达到世界一流，但财经纬线的能力建设还需加强，要率先培养出一批财务场景师。一个组织的良好运转，既需要“全科医生”，也需要“专科医生”。华为财经的“经线”是“专科医生”，在垂直方向上打通，帮助组织建设各个财务专业领域；华为财经的“纬线”是“全科医生”，在平行方向上实现合纵，是为各作战组织提供支撑的业务伙伴。

《麦肯锡全球调查结果：财务部门的变革之道》（2009）也表明，财务部门在公司层面扮演的角色主要表现在四个方面：价值经理（占受访者的 43%）、业务合作伙伴（占受访者的 22%）、流程经理（占受访者的 18%）、精算会计（占受访者的 15%）。德国传媒公司贝塔斯曼集团的财务总监西格弗里德·路德（Siegfried Luther）认为，财务总监应该一半是会计师，一半是战略家，并且在这两个角色中，他都越来越有必要成为有效的沟通者。

请上网查询相关资料（例如，上市公司对财务经理职位描述等），并结合主教材第 1 章的章后案例——华为的价值管理内容，思考讨论：随着新兴技术的迅速发展、企业数字化转型及财务转型的需求，一个合格的财务总监应具备哪些能力？

2. 企业组织结构变革与财务管理

有学者认为，当今社会，科技革命和产业变革日新月异，深刻地改变着人类的生产生活方式，我国传统产业从业态结构到组织形态、从发展理念到商业模式都发生着全方位的变革与突破[②]。以大智云物移和区块链等为基础的新技术的发展，不但促进了经济、政治、社会等宏观领域的发展，也深刻地影响着微观企业组织。新技术虚拟化、场景化、网络化、集成化、链接化、实时化、动态化的特征，使企业的组织结构从以实体为基础的组织形态向以信息为基础的组织形态转变。

请结合上述资料，阅读主教材第 1 章延伸与拓展中的相关文献，并进一步上网查阅相关文献资料，思考回答：新技术环境、新经济时代背景下企业组织结构的调整及组织形态的变化，将在哪些方面引发企业财务管理理论与方法发生变革？

3. 公司治理案例分析

选择一家上市公司进行公司治理结构分析，撰写公司治理案例分析报告。

首先，登录相关网站，搜集相关信息。登录巨潮资讯网（http：//www. cninfo. com. cn/new/index）或上海、深圳、北京、香港等证券交易所官网，查阅下载公司定期报告及公司治理相关信息数据；登录所选择公司官网，在企业（公司）概况、投资者关系等栏目搜集下载公司组织结构、公司章程、董事会、监事会议事规则等相关信息数据。

其次，根据上述资料撰写公司治理报告。报告内容包括：

（1）公司概述：公司简介、企业文化（公司使命、愿景、经营理念、核心价值观

---

① 何绍茂. 华为战略财务讲义［M］. 北京：中信出版集团，2020：40.

② 谢志华，李莎，沈彦波. 新技术、企业组织变革与财务管理［J］. 财务研究，2020（1）：4－17.

等）、组织结构（画出公司的组织结构图）。

（2）股东与股东大会：公司的控股股东及性质、实际控制人、股东的权利与义务等；公司股东行使其投票权的方式，股东大会的职责，股东大会的召集、提案、召开、表决与决议等相关规定。

（3）董事会：董事会及其职责、董事会下设专门委员会及职责（战略委员会、审计委员会、风险管理委员会、提名委员会、薪酬与考核委员会）；董事会成员情况（成员构成——非独立董事和独立董事、持股比例、担任董事时间、兼任其他公司总经理等情况）。

（4）监事会：监事会及其职责；监事会成员情况（成员构成、持股比例、担任监事时间、兼任其他公司总经理等情况）。

（5）管理者：公司高管（教育背景、职业背景、年薪、持股情况等），高管的选聘，高管的职责，股东对高管的监督，股东对高管的监督与激励措施（如股权激励计划）等。

（6）公司与债权人：公司公开的债务，公司的资产负债率，最大的债权人，公司债券的信用等级等；如果股东与债权人之间存在利益冲突，如何解决。

（7）公司与社会：公司社会责任履行情况（CSR 报告）；可持续发展情况（环境、社会与治理——ESG 报告）的信息披露。

第 2 章　货币时间价值

2.1　导　学

2.1.1　本章思维导图

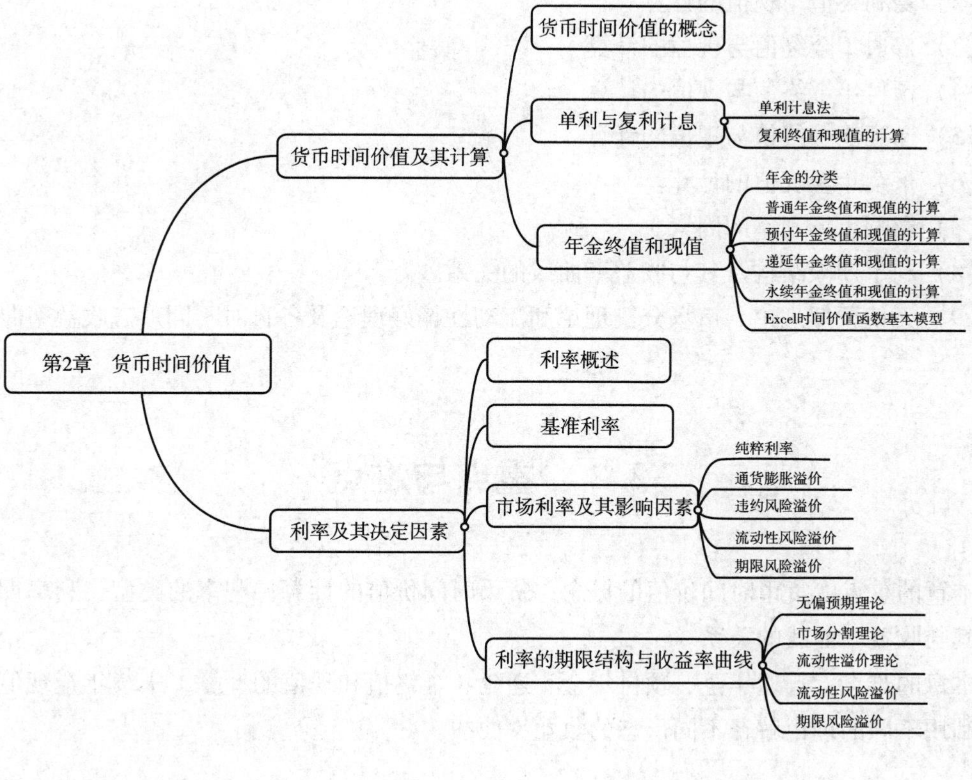

2.1.2　学习目标与要求

通过本章的学习，学生应该理解货币时间价值的基本含义；了解货币时间价值的表示方法；掌握不同类型货币时间价值的计算方法；掌握利率的构成；了解利率期限结构的概念及其相关理论；熟练利用 Excel 计算货币时间价值的财务函数。

2.1.3 预习要点

1. 主要概念

（1）货币时间价值　（2）单利与复利　（3）复利终值
（4）复利现值　（5）年金　（6）普通年金
（7）预付年金　（8）递延年金　（9）永续年金
（10）利率　（11）基准利率　（12）市场利率
（13）流动性风险溢价　（14）通货膨胀溢价　（15）违约风险溢价
（16）期限风险溢价　（17）利率期限结构　（18）收益率曲线

2. 关键问题

（1）单利与复利的计算。
（2）复利终值与现值的计算。
（3）普通年金终值与现值的计算。
（4）预付年金终值与现值的计算。
（5）递延年金终值与现值的计算。
（6）永续年金现值的计算。
（7）影响市场利率的因素。
（8）利率期限结构及其与收益率曲线的关系。
（9）无偏预期理论、市场分割理论和流动性偏好理论及各自对不同形态收益率曲线的解释。

2.2 重点与难点

本章的重点：货币时间价值的概念；货币时间价值的计算；利率的类型；利率期限结构及其与收益率曲线的关系。

本章的难点：普通年金、预付年金、递延年金终值和现值的计算，永续年金现值的计算；利用不同的理论解释不同形态的收益率曲线。

2.2.1 货币时间价值的概念

货币时间价值是指货币经历一定时间的投资和再投资所增加的价值。从理论上讲，货币时间价值率是指没有风险和通货膨胀的社会平均利润率。货币的时间价值额是货币在生产经营过程中带来的真实增值额，即一定数额的货币与时间价值率的乘积。实务中，通常以利率、报酬率等来替代货币的时间价值率。

2.2.2　货币时间价值的计算

1. 复利

复利是指按每期期初的本金和利息之和计算当期利息的方式。在财务管理和财务决策中，一般采用复利方式计量货币的时间价值。复利的计算分为复利终值和复利现值。

复利终值是指现在的特定现金流量按复利计算的未来一定时间的价值，或者说是现在一定的本金按复利计算的未来若干计息期后的本金与利息之和，即：

$$FV = CF_0 \times (1+r)^n$$

复利现值是指未来一定时间的特定现金流量按复利计算的现在价值；或者说是为取得将来一定本利和，现在所需要的本金，即：

$$PV = CF_n \times (1+r)^{-n}$$

2. 年金终值和现值

（1）普通年金和预付年金的终值与现值计算公式见表 2－1。

表 2－1　　两类年金终值和现值计算公式

年金类型	终值	现值
普通年金	$FV = A \times \frac{(1+r)^n - 1}{r}$	$PV = A \times \frac{1-(1+r)^{-n}}{r}$
预付年金	$FV = A \times \left[\frac{(1+r)^{n+1}-1}{r} - 1\right]$	$PV = A \times \left[\frac{1-(1+r)^{-(n-1)}}{r} + 1\right]$

（2）递延年金终值的计算和普通年金类似，只需要考虑有几期（n）年金收付，与递延期（m）无关。

递延年金现值的计算，有三种方法。

一是两次折现。把递延年金视为 n 期普通年金，先求出 n 期年金在递延期末（m 时点）的“现值”，然后再将此“现值”折现到第一期期初（零时点）。计算公式为：

$$PV = A \times (P/A,r,n) \times (P/F,r,n)$$

二是现值求差。假设递延期间也进行收付，先求出（$m+n$）期的年金现值，然后扣除实际并未收付的递延期间（m）的年金现值。计算公式为：

$$PV = A \times [(P/A,r,m+n) - (P/A,r,m)]$$

三是先算终值再算现值。将 n 期的年金计算到整个时期末（$m+n$ 时点）的终值，然后再将此终值折现到第一期期初（0 时点）求现值。计算公式为：

$$PV = A \times (F/A,r,n) \times (P/F,r,n+m)$$

（3）永续年金终值与现值。永续年金是指无期限定额收付的年金。由于永续年金的期限趋于无穷大，没有确定的终止时间，故无法计算永续年金终值，只能计算永续年金的现值。永续年金现值的计算，可以通过求期数 n 为无穷大时普通年金现值的极限得出，即：

$$P=\frac{A}{r}$$

2.2.3　利率及其决定因素

1. 利率的含义

利率又称利息率，表示一定时期内贷款本金的利息与本金之比。

2. 基准利率

基准利率是金融市场上具有普遍参照作用的利率，其他利率水平或金融资产价格均可根据这一基准利率水平确定。

3. 市场利率及其影响因素

市场利率分为名义利率和实际利率。名义利率指的是央行或其他提供资金借贷的机构所公布的未调整通货膨胀因素的利率，实际利率指的是储户或投资者在剔除通货膨胀率后得到利息回报的真实利率。市场利率计算公式如下：

$$r=r^{*}+RP=r^{*}+IP+DRP+LRP+MRP$$

r^{*} 为纯粹利率，也称真实无风险利率，是指在没有通货膨胀、无风险情况下资金市场的平均利率。没有通货膨胀时，短期政府债券的利率可以视作纯粹利率。IP 为通货膨胀溢价，是指证券存续期间预期的平均通货膨胀率。DRP 为违约风险溢价，是指债券发行人到期未足额支付本金或利息的风险给予债权人的补偿。LRP 为流动性风险溢价，指债券因存在不能短期内以合理价格变现的风险而给予债权人的补偿。MRP 为期限风险溢价，是指债券因面临持续期内市场利率上升导致价格下跌的风险而给予债权人的补偿。

2.2.4　利率的期限结构与收益率曲线

利率期限结构是指某一时点不同期限债券的到期收益率与到期期限的关系及变化规律，或者说是研究利率与期限相联系的函数关系，可用收益率曲线来表示，收益率曲线的变化本质上体现了到期收益率与期限的关系，即短期利率与长期利率表现的差异性。

收益率曲线的形态：向上倾斜、向下倾斜、驼峰形态、平滑形态。在解释利率期限结构的理论中，有三种理论的解释较为流行。

1. 无偏预期理论

无偏预期理论认为，利率期限结构完全取决于市场对未来利率的预期，即长期债券即期利率是短期债券预期利率的函数。也就是说长期即期利率是短期预期利率的无偏估计（几何平均数）。

2. 市场分割理论

市场分割理论认为，期限不同的债券市场是完全隔离和独立的，每一种期限债券的利率是由对该种期限债券的供求关系决定的，而不受其他期限债券的预期回报率的影响。该理论认为期限不同的债券完全没有替代性，投资者强烈地偏好某种期限的债券而非其他债券，因为他们仅仅关心所偏好的那种期限的债券的预期回报率。

3. 流动性溢价理论

流动性溢价理论认为，长期利率取决于长期债券期限内的短期利率和未来短期利率的预期值，再在这个基础上加上与债券的供求状况相对应的期限溢酬。

2.3 习题与案例

2.3.1 单项选择题

1. 某投资者将 9 000 元用于购买债券，该债券的年报酬率为 10%，按复利计算，第 5 年末该投资者本利和为（　　）元。

A. 14 499　　B. 15 000　　C. 9 000　　D. 5 586

2. 某人计划 5 年后获得 150 000 元用于购买汽车，假设投资报酬率为 8%，按复利计算，他现在应投资（　　）元。

A. 220 393　　B. 150 000　　C. 102 090　　D. 220 000

3. 如果某人决定从孩子 10 岁生日到 18 岁生日每年末（不包括第 10 岁生日）为孩子存入银行 1 500 元，如果银行存款利率为 10%，父母在孩子 18 岁生日时能从银行取出（　　）元。

A. 12 000　　B. 17 154　　C. 13 200　　D. 15 000

4. 某人从现在起准备每年末等额存入银行一笔钱，目的在于 5 年后从银行提取 100 000 元，用于购买福利住房。如果银行存款利率为 12%，每年应存入（　　）元才能达到。

A. 15 741　　B. 635 300　　C. 20 000　　D. 22 400

5. 下列各项中，关于货币时间价值的说法不正确的是（　　）。

A. 货币时间价值是指一定量货币资本在不同时点上的价值量差额

B. 货币时间价值是指没有风险没有通货膨胀情况下的社会平均利润率

C. 货币的时间价值来源于货币进入社会再生产过程后的价值增值

D. 货币时间价值是指不存在风险但含有通货膨胀情况下的社会平均利润率

6. 资产的收益额除了包括期限内资产的现金净收入外，还包括（　　）。

A. 市场价格　　B. 期末资产的价值相对于期初价值的升值

C. 期末资产的价值　　D. 期初资产的价值

7. 某人将100元存入银行，年利率2%，按单利计息，5年后的本利和为（　　）元。

A. 110　　B. 115.93　　C. 114　　D. 114.93

8. 某企业于年初存入银行40 000元，假定年利息率为12%，每年复利两次。则第5年末的本利和为（　　）元。

A. 66 910　　B. 88 115　　C. 71 632　　D. 155 290

9. 某人分期购买一套住房，每年末支付55 000元，分10次付清，假设年利率为3%，则该项分期付款相当于现在一次性支付（　　）元。

A. 469 161　　B. 387 736　　C. 426 510　　D. 504 057

10. 下列各项中，代表预付年金终值系数的是（　　）。

A. $[(F/A,r,n+1)+1]$　　B. $[(F/A,r,n+1)-1]$

C. $[(F/A,r,n-1)-1]$　　D. $[(F/A,r,n-1)+1]$

11. 关于递延年金，下列说法错误的是（　　）。

A. 递延年金是指隔若干期以后才开始发生的系列等额收付款项

B. 递延年金没有终值

C. 递延年金现值的大小与递延期有关，递延期越长，现值越小

D. 递延年金终值与递延期无关

12. 某一项年金前4年没有流入，后5年每年初流入4 000元，则该项年金的递延期是（　　）年。

A. 4　　B. 3　　C. 2　　D. 5

13. 企业发行债券，在名义利率相同的情况下，对其最不利的复利计息期是（　　）。

A. 1年　　B. 半年　　C. 3个月　　D. 1个月

14. 某人年初存入银行1 000元，假设银行按每年10%的复利计息，每年末取出200元，则最后一次能够足额（200元）提款的时间是（　　）。

A. 第5年末　　B. 第8年末　　C. 第7年末　　D. 第9年末

15. 在复利条件下，已知现值、年金和贴现率，要求计算期数，应先计算（　　）。

A. 年金终值系数　　B. 年金现值系数　　C. 复利终值系数　　D. 复利现值系数

16. 某公司从本年度起每年末存入银行一笔固定金额的款项，若按复利制用最简便算法计算第n年末可以从银行取出的本利和，则应选用的时间价值系数是（　　）。

A. 复利终值系数　　B. 复利现值系数

C. 普通年金终值系数　　D. 普通年金现值系数

17. 方案A在3年中每年初付款500元，方案B在3年中每年末付款500元，若利率为10%，则两个方案第3年末时的终值相差（　　）元。

A. 105　　B. 165.5　　C. 665.5　　D. 505

18. 在下列各项资金时间价值系数中，与投资回收系数互为倒数关系的是（　　）。

A. $(P/F,r,n)$　　B. $(P/A,r,n)$　　C. $(F/P,r,n)$　　D. $(F/A,r,n)$

19. 在实务中，人们习惯用（　　）数字表示货币时间价值。

A. 绝对数　　B. 相对数　　C. 平均数　　D. 指数

20. 预付年金现值系数和普通年金现值系数相比（　　）。

A. 期数加 1，系数减 1　　B. 期数加 1，系数加 1

C. 期数减 1，系数加 1　　D. 期数减 1，系数减 1

2.3.2　多项选择题

1. 对于资金时间价值概念的理解，下列表述正确的有（　　）。

A. 货币只有经过投资和再投资才会增值，不投入生产经营过程的货币不会增值

B. 一般情况下，资金的时间价值应按复利方式来计算

C. 资金时间价值不是时间的产物，而是劳动的产物

D. 不同时期的收支不宜直接进行比较，只有把它们换算到相同的时间基础上，才能进行大小的比较和比率的计算

2. 下列可视为永续年金例子的有（　　）。

A. 零存整取

B. 存本取息

C. 利率较高、持续期限较长的等额定期的系列收支

D. 整存整取

3. 下列关于年金的表述中，正确的有（　　）。

A. 年金既有终值又有现值

B. 递延年金是第一次收付款项发生的时间在第二期或第二期以后的年金

C. 永续年金是特殊形式的普通年金

D. 永续年金是特殊形式的预付年金

4. 下列表述正确的有（　　）。

A. 当利率大于零，计息期一定的情况下，年金现值系数一定都大于 1

B. 当利率大于零，计息期一定的情况下，年金终值系数一定都大于 1

C. 当利率大于零，计息期一定的情况下，复利终值系数一定都大于 1

D. 当利率大于零，计息期一定的情况下，复利现值系数一定都小于 1

5. 货币时间价值可以用（　　）来表示。

A. 纯粹利率　　B. 社会平均资金利润率

C. 通货膨胀率极低情况下的国债利率　　D. 不考虑通货膨胀下的无风险报酬率

6. 下列选项中，（　　）可以视为年金的形式。

A. 直线法计提的折旧　　B. 租金

C. 利滚利　　D. 保险费

7. 下列选项中，既有现值又有终值的是（　　）。

A. 复利　　B. 普通年金　　C. 先付年金　　D. 永续年金

8. 在期数和利率一定的条件下，下列等式不正确的是（　　）。

A. 偿债基金系数 = 1 ÷ 普通年金现值系数

B. 投资回收系数 = 1 ÷ 普通年金终值系数

C. 预付年金现值系数 × 预付年金终值系数 = 1

D. $(P/F,r,n) \times (F/P,r,n) = 1$

9. 企业取得借款 100 万元，借款的年利率是 8%，每半年复利一次，期限为 5 年，则该项借款的终值是（　　）。

A. $100 \times (F/P,8\%,5)$　　B. $100 \times (F/P,4\%,10)$

C. $100 \times (F/A,8\%,5)$　　D. $100 \times (F/P,8.16\%,5)$

10. 递延年金具有的特点有（　　）。

A. 第一期没有支付额　　B. 终值大小与递延期长短有关

C. 计算终值的方法与普通年金相同　　D. 计算现值的方法与普通年金相同

11. 年金是指一定时期内每期等额收付的系列款项，下列各项中属于年金形式的是（　　）。

A. 按照直线法计提的折旧　　B. 等额分期付款

C. 融资租赁的租金　　D. 养老金

12. 下列说法正确的是（　　）。

A. 普通年金终值系数和偿债基金系数互为倒数

B. 普通年金终值系数和普通年金现值系数互为倒数

C. 复利终值系数和复利现值系数互为倒数

D. 普通年金现值系数和投资回收系数互为倒数

13. 递延年金具有的特点有（　　）。

A. 年金的第一次收付发生在若干期以后　　B. 没有终值

C. 年金的现值与递延期无关　　D. 年金的终值与递延期无关

14. 我国曾于 1996 年发行 10 年期、利率为 11.83% 的可上市流通的国债。决定其票面利率水平的主要因素有（　　）。

A. 纯粹利率　　B. 通货膨胀溢价　　C. 流动性风险溢价　　D. 违约风险溢价

E. 期限风险溢价

15. 下列说法不正确的有（　　）。

A. 在不考虑其他条件的情况下，利率与年金终值反方向变化

B. 在不考虑其他条件的情况下，利率与年金现值同方向变化

C. 在不考虑其他条件的情况下，利率与一次性收付款终值同方向变化

D. 在不考虑其他条件的情况下，利率与一次性收付款现值同方向变化

E. 在不考虑其他条件的情况下，利率与一次性收付款终值反方向变化

16. 普通年金现值系数表的用途有（　　）。

A. 已知年金求现值　　B. 已知现值求年金

C. 已知终值求现值　　D. 已知现值、年金和利率，求期数

E. 已知现值、年金和期数，求利率

17. 就货币的时间价值而言，下列表述中正确的有（　　）。

A. 货币的时间价值不可能由“时间”创造，而只能由劳动创造

B. 只要把货币作为资金投入生产经营就能产生时间价值

C. 时间价值的相对数是指扣除风险报酬和通货膨胀补偿以后的平均资金利润率或平均报酬率

D. 时间价值的绝对数是资金在生产经营过程中带来的真实增值额

E. 随着时间的推移，货币总量在循环周转中，按几何级数增长，使得货币具有时间价值

18. 永续年金具有的特点为（　　）。

A. 没有终值　　B. 没有期限　　C. 每期不等额支付　　D. 每期等额支付

19. 年金按付款方式不同分为（　　）。

A. 普通年金　　B. 预付年金　　C. 递延年金　　D. 永续年金

E. 终值年金

20. 关于递延年金的说法不正确的有（　　）。

A. 最初若干期没有收付款项　　B. 递延期越长，递延年金现值越大

C. 其现值计算与普通年金原理相同　　D. 其终值计算与普通年金原理相同

2.3.3　判断题

1. 资金时间价值相当于没有风险情况下的社会平均资金利润率。（　　）

2. 利率不仅包含时间价值，而且也包含风险价值和通货膨胀补偿率。（　　）

3. 每半年付息一次的债券利息是一种年金的形式。（　　）

4. 预付年金的现值系数是在普通年金的现值系数的基础上 +1，期数 -1 得到的。（　　）

5. 递延年金有终值，终值的大小与递延期有关，在其他条件相同的情况下，递延期越长，则递延年金的终值越大。（　　）

6. 已知 $(F/P,3\%,6)=1.1941$，则可以计算出 $(P/A,3\%,6)=3.47$。（　　）

7. 某人贷款 5 000 元，该项贷款的年利率是 6%，每半年计息一次，则 3 年后该项贷款的本利为 5 955 元。（　　）

8. $(F/A,10\%,4)+(F/P,10\%,4)=(F/A,10\%,5)$。（　　）

9. 普通年金现值是一系列复利现值之和。（　　）

10. 普通年金现值系数的倒数称为偿债基金系数。（　　）

11. 6 年分期付款购物，每年初付 500 元，设银行利率为 10%，该项分期付款相当于现在一次现金支付的购入价是 2 395.50 元。（　　）

12. 普通年金现值系数的倒数，可以把现值折算成年金，称为投资回收系数。（　　）

13. 时间越长，时间价值越大，相同数值的金额的现值也越大。（　　）

14. 只要是货币就具有时间价值。（　　）

15. 在现值和计息期数一定的情况下，利率越高，则复利终值越大。（　　）

16. 优先股的股利可视为永续年金。（　　）

17. 企业需用一设备，买价为 3 600 元，可用 10 年，如租用，则每年初需付租金 500 元，除此以外，买与租的其他情况相同。假设利率为 10%，则租赁该设备较优。（　　）

18. 永续年金既有现值又有终值。（　　）

19. 从量的规定性看，资金时间价值是无风险无通货膨胀条件下的均衡点利率。（　　）

20. 期限风险溢价，是指债券因面临持续期内市场利率上升导致价格下跌的风险而给予债权人的补偿。（　　）

2.3.4 计算分析题

1. 某人拟购买一套婚房，开发商提出两种方案。一是现在一次性付 120 万元；另一方案是从现在起每年初付 30 万元，连续支付 5 年，若目前的银行贷款利率是 7%，他选择哪种方式更划算？

2. 某单位年初从银行借款 100 700 元，借款的年利率为 10%。借款合同中规定，每年末还款 20 000 元。问：企业需几年才能还清借款本息？

3. 李先生为了在第 8 年末得到一笔一次性支取 10 000 元的款项，愿意在第 1 年末存 1 000 元，第 3 年末存 4 000 元，并在第 8 年末再存一笔钱，假设年利率为 6%，第 8 年末他要存多少？

4. 有一项年金，前 3 年无流入，后 5 年每年初流入 500 万元，假设年利率为 10%，求现值。

5. 小王投资一个项目，投资额为 1 000 万元，建设期为 2 年，项目运营期为 5 年，若投资人要求的必要收益率为 10%，则投产后每年投资人至少应收回多少金额？

6. 某企业需要租用一台设备，预计租赁期为 10 年。现有 A、B、C 三家租赁公司可供选择：其中 A 公司年租金 1 500 元，需要在每年末支付；B 公司年租金 1 400 元，需要在每年初支付；C 公司年租金为 2 000 元，但前两年不用支付租金，即只需从第 3 年开始每年末支付，连续支付 8 年。假设利率为 10%，哪种租赁方式对企业更合适？（计算结果保留小数点后两位）

7. 甲企业拟采用租赁方式于 2016 年 1 月 1 日从租赁公司租入一台设备，设备款为 50 000 元，租期为 5 年，到期后设备归企业所有。

（1）若租赁折现率为 16%，设备租金在每年末等额支付，请计算甲企业每年末应支付的租金是多少？

（2）假设折现率为 10%，租赁公司提供的租金支付方案有 3 个。方案 1：每年初支付 12 776 元，连续支付 5 年。方案 2：第 1 年初支付 40 000 元，第 3 年末支付 40 000 元。方案 3：前两年不支付，从第 3 年末至第 5 年末每年支付 27 500 元。请计算哪种租金支付方式对甲企业更有利？

2. 3. 5　案例分析题

1. 某房地产公司计划 2021 年初从银行获取 2 000 万元贷款，贷款的年利率为 6%，贷款期限 5 年；银行提出以下 3 种还款方式让公司自行选定，以便签订借款合同。这 3 种贷款偿还方式为：（1）每年只付利息，债务期末一次付清本金；（2）全部本息到债务期末一次付清；（3）债务期间每年均匀偿还本利和。假如你是该公司的总经理，你将选用哪种还款方式来偿还贷款？为什么？

2. 假设你毕业后需要按揭购买一套住房，银行提供两种可供选择的还款方案，分别是等额本息法和等额本金法，你的家人认为等额本息法支付的利息要高于等额本金法，因此让你选择等额本金法，这样有助于降低购房成本。假设你的按揭贷款额为 1 200 000 元，贷款期限为 20 年，每月末还款 1 次，贷款的年利率为 6%。通过计算两种方案每月的还款金额以及还本付息总金额，刚毕业参加工作的你会选择哪一种还款方式？

第 3 章　风险与收益

3.1　导　学

3.1.1　本章思维导图

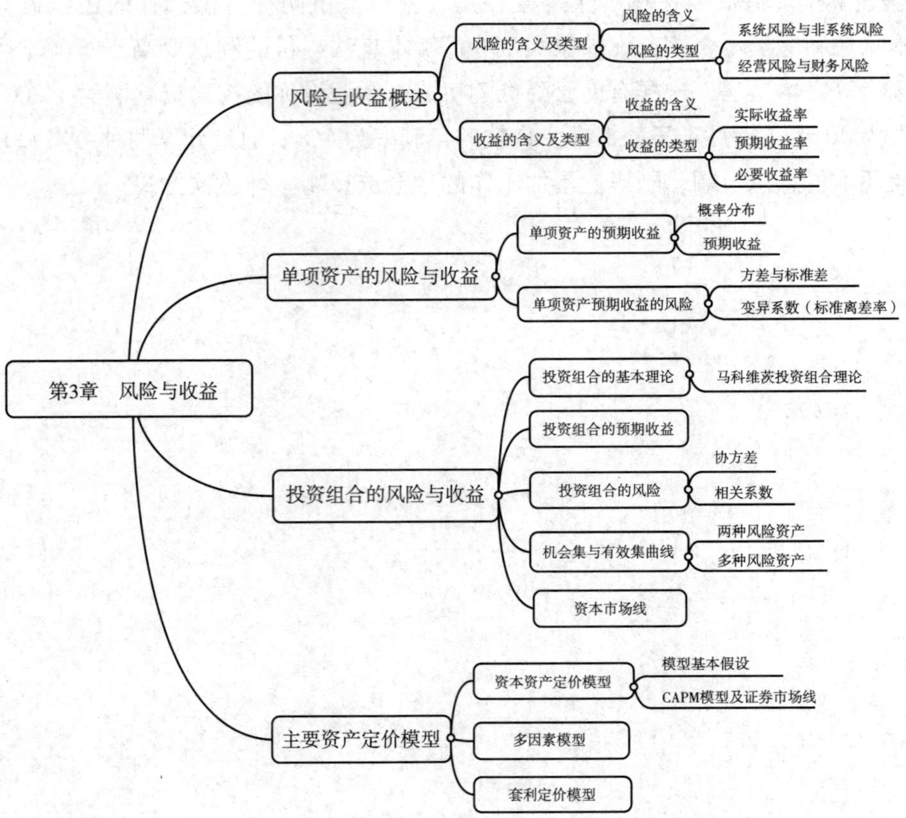

3.1.2　学习目标与要求

通过本章学习，学生应掌握风险与收益的含义及类型；掌握单项资产预期收益率与风险的衡量方法；熟悉投资组合的基本理论；掌握投资组合收益与风险的衡量方法、投资组合的风险分散效应；了解机会集与有效曲线集以及多种资产组合的机会集与有效集；熟悉资本市场线与证券市场线；掌握资本资产定价模型的影响因素与确定方法；熟悉多因素模型和套利定价模型。

3.1.3　预习要点

1. 主要概念

（1）风险的含义　（2）系统风险　（3）非系统风险
（4）经营风险　（5）财务风险　（6）收益的含义
（7）必要收益率　（8）预期收益率　（9）实际收益率
（10）预期收益　（11）有效集　（12）机会集
（13）证券市场线　（14）资本市场线　（15）投资组合
（16）变异系数

2. 关键问题

（1）风险与收益的含义及类型。
（2）单项资产预期风险与收益的衡量。
（3）投资组合的基本理论。
（4）投资组合预期风险与收益的衡量。
（5）资本资产定价模型及风险溢价与 β 系数的确定。
（6）资本市场线与证券市场线的区别与联系。

3.2　重点与难点

本章的重点：收益与风险的含义及分类；单项资产预期风险与收益的衡量；投资组合预期风险与收益的衡量；资本资产定价模型。

本章的难点：投资组合的机会集与有效集；资本资产定价模型及证券市场线的推导；多因素模型；套利定价模型。

3.2.1　风险的含义及类型

1. 风险的含义

风险是指在一定条件下和一定时期内可能发生的各种结果的变动程度。在财务学中，风险是指预期收益的离散性，也是偏离预期收益的可能性。风险是市场经济的必然产物，企业的经营活动往往是机遇与风险共存，活动的结果可能产生盈利，也可能发生亏损。

2. 风险的类型

（1）系统风险和非系统风险。系统风险又称不可分散风险或市场风险，是指由于政治、经济和社会环境等企业外部某些因素的不确定性而产生的风险。非系统风险又称可分散风险或公司特有风险，是指那些通过资产组合的风险分散效应可以消除掉的风险。

（2）经营风险和财务风险。经营风险是生产经营的不确定性给企业收益带来的风险，即某个企业的经营条件发生变化，进而对企业的盈利能力和资产价值产生的影响，常用息税前利润的变动程度来衡量经营风险的大小。

3.2.2　收益的含义及类型

1. 收益的含义

投入一定资金获取更多资金的绩效可以用收益来评价。

2. 收益的类型

（1）必要收益率，是指投资者进行投资所要求得到的最低收益率，包括无风险收益和风险收益两部分。

（2）预期收益率，又称期望收益率，是投资者在下一个时期所能获得的收益预期。在完善的资本市场中，预期收益率应该等于必要收益率。

（3）实际收益率，是投资者在一定期间实际获得的收益率，它是已经发生的，不可能通过一次决策而改变的收益率。

3.2.3　单项资产的预期收益

预期收益是某项投资所有可能的未来收益水平的均值。由于投资结果的不确定性，未来的投资收益会有多种可能结果出现，因而把各种可能的收益按其相对应的概率进行加权平均即可得到预期收益。

3.2.4　单项资产预期收益的风险

1. 方差与标准差

单项资产预期收益的风险可以直接表示为未来各种可能收益水平围绕预期收益变化的区间大小，即采用方差和标准差来衡量预期收益的风险。只有当两项资产的预期收益率相等时才能比较其方差或标准差的大小，方差或标准差越大，风险越大。方差与标准差的计算公式如下：

$$\sigma^2 = Var(R) = \sum_{i=1}^{n}[R_i - E(R_i)]^2 \times p_i$$

$$\sigma = SD(R) = \sqrt{\sum_{i=1}^{n}[R_i - E(R_i)]^2 \times p_i}$$

2. 变异系数（标准离差率）

若两个投资项目中，一个有更高的预期收益，而另一个有更小的标准差，此时做出选择需要使用另一个度量风险的指标，即变异系数（CV）。它是标准差与预期收益率的比，剔除了期望报酬率大小的影响，从相对角度观察差异和离散程度。其计算公式为：

$$CV = \frac{\sigma}{E(R_i)}$$

3.2.5　投资组合的风险与收益

1. 投资组合的基本理论

投资组合是指由一种以上的证券或资产构成的集合。由于投资组合涉及的资产主要是金融资产，因此投资组合通常是指证券投资组合。

2. 投资组合的预期收益

投资组合的预期收益等于投资组合中各项资产预期收益率的加权平均数，权数是投资于各项资产的资金占投资于整个投资组合资金的比例。因此，投资组合预期收益率的计算公式为：

$$E(R_p) = \sum_{i=1}^{n} w_i E(R_i)$$

3. 投资组合的风险

由多种资产构成的投资组合的风险可以用方差或标准差衡量，其计算公式为：

$$\sigma_p^2 = Var(R_p) = \sum_{i=1}^{n}\sum_{j=1}^{n} w_i w_j Cov(R_i, R_j)$$

$$\sigma_p = \sqrt{Var(R_p)} = \sqrt{\sum_{i=1}^{n}\sum_{j=1}^{n} w_i w_j Cov(R_i, R_j)}$$

（1）协方差。协方差是反映两个随机变量之间相关程度的一个统计指标，其计算公式为：

$$Cov(R_i, R_j) = Corr(R_i, R_j) \times \sigma_i \times \sigma_j$$

协方差 >0，表示两种资产收益率同方向变动；协方差 <0，表示两种资产券收益率反方向变动；协方差 =0，表示两种资产收益率的变化相互独立。

（2）相关系数。协方差表示的是两个变量相对运动的绝对值，为了了解这种运动的相对值，需要计算相关系数。相关系数 $Corr(R_i, R_j)$ 等于两个变量的协方差除以两个变量标准差的乘积，即：

$$\rho_{ij} = Corr(R_i, R_j) = \frac{Cov(R_i, R_j)}{\sigma_i \times \sigma_j}$$

与协方差一样，两个变量的顺序并不重要，即资产 i 与资产 j 的相关系数等于资产 j 与资产 i 的相关系数。如果已知组合内任意两项资产一定时期内的收益率，就可以借助于 Excel 中的相关函数来计算这两项资产的方差、标准差、相关系数及协方差等。

3.2.6 机会集与有效集曲线

由无限多个投资组合所形成的集合称为机会集，主教材图 3－5 中的曲线表示两种资产组合的机会集。

如前所述，我们可以用一条简单的曲线概括出两种资产各种可能的组合，但在多种资产构成的投资组合中，由于资产数量的增多，投资组合的机会集不再是一条曲线，而是一个平面，即多种资产组合的机会集或可行集。

3.2.7 无风险资产与风险资产组合构成的投资组合

1. 资本市场线

按照马科维茨的投资组合理论，如果不存在无风险资产，投资者将在马科维茨有效边界上选择风险资产组合。如果引入无风险资产，在风险资产组合的基础上再构成一个投资组合，这就产生了资本市场线，它是风险资产与无风险资产组合的有效集。

2. 分离定理

实际上，风险是客观存在的，而是否愿意承担风险以及承担多少风险是投资者主观决定的，因此，投资者在构建由无风险资产和风险资产组成的投资组合时，通常包括两个相互独立的决策过程，这种两步独立决策的过程也被称为“分离定理”。

3.2.8 主要资产定价模型

1. 资本资产定价模型及证券市场线

资本资产定价模型的一般形式为：

$$R_i = R_f + \beta_i \times (R_m - R_f)$$

β 系数定义为某项资产的收益率与市场资产组合收益率之间的相关性，它反映相对于市场资产组合的风险水平而言特定资产系统风险的大小。其计算公式可以表述为：

$$\beta_i = \frac{Cov(R_i, R_m)}{\sigma_m^2}$$

资本资产定价模型可以用主教材中图 3－9 来表示。图中的横轴表示 β 系数，纵轴表示预期收益率。经过纵轴上的 R_f 点和市场资产组合 M 点的直线称为证券市场线，它说明预期收益率与系统风险 β 系数之间的关系。

2. 多因素模型

如果有 n 种独立的因素影响系统性风险，用 β 系数表示不同来源的系统性风险对股票收益率的影响，此时用多因素模型来描述股票收益率如下：

$$R_i = R_f + \beta_1 F_1 + \beta_2 F_2 + \cdots + \beta_n F_n + \varepsilon$$

3. 套利定价模型

套利定价模型可以表述为如下公式：

$$R_i = R_f + \beta_1(\overline{R}_1 - R_f) + \beta_2(\overline{R}_2 - R_f) + \cdots + \beta_n(\overline{R}_n - R_f)$$

3.3 习题与案例

3.3.1 单项选择题

1. 当某上市公司的 β 系数大于 0 时，下列关于该公司风险与收益的表述正确的是（　　）。

A. 系统风险高于市场组合风险

B. 资产收益率与市场平均收益率呈同向变化

C. 资产收益率变动幅度小于市场平均收益率变动幅度

D. 资产收益率变动幅度大于市场平均收益率变动幅度

2. 下列关于证券投资组合理论的说法中，正确的是（　　）。

A. 证券投资组合能消除大部分系统风险

B. 证券投资组合的总规模越大，承担的风险越大

C. 当相关系数为 +1 时，组合能够最大程度地降低风险

D. 当相关系数为 -1 时，组合能够最大程度地降低风险

3. 当两种证券完全正相关时，它们的相关系数是（　　）。

A. 0　　B. 1　　C. -1　　D. 不确定

4. 下列各项中，不能通过证券组合分散的风险是（　　）。

A. 非系统性风险　　B. 公司特别风险　　C. 可分散风险　　D. 市场风险

5. 某人 4 个月前以 20 000 元购买甲公司股票。一直持有至今未卖出，持有期曾经获得股利 200 元。预计未来 8 个月 A 公司不会发股利；预计未来 8 个月内该股票市值为 22 000 元的可能性为 40%，市价为 23 000 元的可能性为 30%，市值为 18 000 元的可能性为 30%。则该投资人年预期收益率为（　　）。

A. 5.5%　　B. 6.5%　　C. 1%　　D. 11%

6. 某企业拟进行一项存在一定风险的完整工业项目投资，有甲、乙两个方案可供选

择。已知甲方案净现值的期望值为2 000万元，标准差为500万元；乙方案净现值的期望值为2 500万元，标准差为800万元。下列结论中正确的是（　　）。

A. 甲方案优于乙方案　　B. 甲方案的风险大于乙方案

C. 甲方案的风险小于乙方案　　D. 无法评价甲乙方案的风险大小

7. 已知甲方案投资的预期收益为20%，乙方案投资的预期收益为23%，两个方案都存在投资风险，比较甲、乙两方案风险大小应采用的指标是（　　）。

A. 方差　　B. 净现值　　C. 标准差　　D. 标准离差率

8. 在计算由两项资产组成的投资组合的预期收益的标准差时，不需要考虑的因素是（　　）。

A. 单项资产在投资组合中所占比重　　B. 单项资产的β系数

C. 单项资产的方差　　D. 两种资产的相关系数

9. 关于证券投资组合理论的以下表述中，正确的是（　　）。

A. 证券投资组合能消除大部分系统风险

B. 证券投资中构成组合的各证券种类越多，则该组合的总体风险越大

C. 最小方差组合是所有组合中风险最小的组合，所以其必要收益率也最大

D. 一般情况下，随着更多的证券加入投资组合中，整体风险降低的速度会越来越慢

10. 已知某证券的β系数等于0.5，则表明该证券（　　）。

A. 无风险　　B. 有非常低的风险

C. 风险等于整个市场风险　　D. 风险只有整个市场证券风险的一半

11. 正相关程度越高，投资组合可分散投资风险的效果（　　）。

A. 越大　　B. 越小　　C. 相等　　D. 无法比较

12. 假设无风险收益率为6%，风险收益率为4%，货币时间价值为5%，通货膨胀补偿率为1%，那么必要收益率为（　　）。

A. 5%　　B. 6%　　C. 10%　　D. 11%

13. 非系统风险包括（　　）。

A. 可分散风险和不可分散风险　　B. 财务风险和经营风险

C. 内部风险和外部风险　　D. 市场风险和特定风险

14. 某投资组合的必要收益率为15%，市场上所有组合的平均收益率为12%，无风险收益率为5%，则该组合的β系数为（　　）。

A. 2　　B. 1.43　　C. 3　　D. 无法确定

15. 下列因素引起的风险中，投资者可以通过投资组合予以消减的是（　　）。

A. 国家进行税制改革　　B. 世界能源状况变化

C. 发生经济危机　　D. 一个新的竞争者生产同样的产品

16. 甲、乙两方案的预期收益率均为25%，甲方案标准差小于乙方案标准差，则下列说法正确的是（　　）。

A. 甲方案风险大于乙方案风险　　B. 甲方案风险小于乙方案风险

C. 甲、乙两方案风险相同　　D. 甲、乙两方案风险不能比较

17. 下列因素引起的风险，企业可以通过多元化投资予以分散的是（　　）。

A. 社会经济衰退　B. 市场利率上升　C. 通货膨胀　D. 技术革新

18. 当证券的 β 系数等于 0 时，该证券的预期收益率为（　　）。

A. 市场收益率　B. 零收益率　C. 负收益率　D. 无风险收益率

19. 当把一只股票加入投资组合时，（　　）会降低。

A. 总风险　B. 系统风险　C. 非系统风险　D. 经济风险

20. 下列对资本资产定价模型描述错误的是（　　）。

A. β 系数度量的是单个证券的全部风险，包含系统风险和非系统风险

B. β 系数越大单个证券的风险越大，得到的风险补偿也越高

C. 单个证券的期望收益由两部分构成，无风险收益以及风险溢价

D. 风险溢价的大小取决于 β 系数的大小

3.3.2 多项选择题

1. 下列（　　）情况引起的风险属于可分散风险。

A. 银行调整利率水平　　B. 公司劳资关系紧张

C. 公司诉讼失败　　D. 市场呈现疲软现象

2. 影响投资组合风险的因素包括（　　）。

A. 投资比例　B. 单项资产风险　C. 相关系数　D. 组合资产的种类

3. 关于投资者要求的预期收益率，下列说法中正确的有（　　）。

A. 无风险收益率越高，要求的必要收益率越高

B. 风险程度越高，要求的收益率越高

C. 风险回避的愿望越强烈，要求的风险收益率越高

D. 当预期收益率相同时，风险回避者都会偏好于具有低风险的资产

4. 导致投资风险产生的原因包括（　　）。

A. 投资成本的不确定性

B. 投资收益的不确定性

C. 因金融市场变化所导致的购买力风险和利率风险

D. 投资决策失误

5. 下面有关通过协方差反映投资项目之间收益率变动关系的表述错误的有（　　）。

A. 协方差的绝对值越小，表示这两种资产收益率的关系越疏远

B. 协方差的值为正，表示这两种资产收益率的关系密切

C. 协方差的值为负，表示这两种资产收益率的关系疏远

D. 无论协方差的值为正或负，其绝对值越大，表示这两种资产收益率的关系越密切

6. 按照资本资产定价模型，影响特定股票必要收益率的因素有（　　）。

A. 无风险收益率　　B. 平均风险股票的必要收益率

C. 特定股票的系数　　D. 股票的财务风险

7. 假定某股票的β系数为0.5，无风险利率为6%，同期市场上所有股票的平均收益率为10%，根据资本资产定价模型，下列说法中正确的有（　　）。

A. 该股票的风险收益率为4%　　B. 该股票的风险收益率为2%

C. 该股票的必要收益率为8%　　D. 该股票的必要收益率为11%

8. 下列表述正确的有（　　）。

A. 单项资产或特定投资组合的必要收益率受到无风险收益率、市场组合的平均收益率和β系数的影响

B. 投资组合的β系数是所有单项资产β系数的加权平均数，权数为各种资产在投资组合中所占的比重

C. 证券市场线用来反映个别资产或组合资产的预期收益率与其所承担的系统风险β系数之间的线性关系

D. 资本资产定价模型揭示单项资产必要收益率与预期所承担的非系统风险之间的关系

9. 以下关于投资组合风险的表述，正确的有（　　）。

A. 一种股票的风险由两部分组成，它们是系统风险和非系统风险

B. 公司特别风险又称为不可分散风险

C. 股票的系统风险不能通过证券组合来消除

D. 可分散风险可通过β系数来测量

10. 下列关于β系数和标准差的表述中，正确的有（　　）。

A. β系数测度系统风险，标准差测度非系统风险

B. β系数测度系统风险，标准差测度整体风险

C. β系数测度财务风险，标准差测度经营风险

D. β系数只反映市场风险，标准差还反映特定风险

11. 计算投资组合预期收益的标准差时，可能用到的指标有（　　）。

A. 单项资产的标准差　　B. 单项资产的投资比重

C. 协方差　　D. 相关系数

12. 等量资本投资，当两种股票完全正相关时，把这两种股票合理地组合在一起，下述表达不正确的有（　　）。

A. 能适当分散风险　　B. 不能分散风险

C. 能分散一部分风险　　D. 能分散全部风险

13. 关于证券市场线的表述正确的有（　　）。

A. 证券市场线的斜率不是β系数

B. 预期通货膨胀率变动，导致证券市场线平移

C. 投资者对风险偏好程度越高，证券市场线越平缓

D. 公司风险增加，股票将沿着原证券市场线上移至高处

E. 证券市场线揭示的是在市场均衡条件下，单项风险资产与市场组合在预期收益率与系统风险上存在的关系

14. β 系数是衡量风险大小的重要指标，下列有关其表述中正确的有（　　）。

A. β 系数越大，说明风险越小

B. 某股票的 β 系数等于零，说明此证券无风险

C. 某股票的 β 系数小于 1，说明其风险小于市场的平均风险

D. 某股票的 β 系数等于 1，说明其风险等于市场的平均风险

E. 某股票的 β 系数等于 2，说明其风险高于市场的平均风险 2 倍

15. 下列各项中，能够衡量风险的指标有（　　）。

A. 方差　B. 标准差　C. 期望值　D. 标准离差率

16. 投资期望收益率应当包括（　　）。

A. 平均资金利润率　B. 风险收益率　C. 通货膨胀补偿　D. 无风险收益率

17. 系统风险产生的原因有（　　）。

A. 经济衰退　B. 通货膨胀　C. 战争　D. 罢工

E. 高利率

18. 由影响所有公司的因素引起的风险，可以称为（　　）。

A. 可分散风险　B. 不可分散风险　C. 系统风险　D. 市场风险

19. 下列关于风险的表述中正确的有（　　）。

A. 理论上讲风险和不确定性是一回事

B. 投资项目的风险大小是一种客观存在

C. 风险是一定条件下、一定时期内可能发生的各种结果的变动程度

D. 某一随机事件只有一种结果，则无风险

E. 投资项目的风险大小是投资人主观可以决定的

20. 当两个投资项目预期收益率相同时，下列说法不正确的有（　　）。

A. 两项目风险程度一定相同　B. 方差大的项目风险大

C. 方差大的项目风险小　D. 标准差大的项目风险小

E. 标准差大的项目风险大

3.3.3　判断题

1. 已知甲、乙两个投资项目收益率的标准差分别是 6% 和 12%，投资比例各占 50%，两个投资项目收益率的相关系数为 -1，则甲、乙两个项目构成的投资组合的标准差为 3%。（　　）

2. 只要两种证券相关系数小于 1，证券组合收益率的标准差就小于各证券收益率标准差的加权平均数。（　　）

3. 由协方差表示的各资产收益率之间相互作用，共同运动所产生的风险并不能随着组合中资产数目的增大而消失，它是始终存在的。 ( )

4. 两种证券的β系数相同，则风险相同。 ( )

5. 关于单项资产的系数，当$\beta=1$时，说明如果市场平均收益率增加1%，那么该资产的收益率也相应地增加1%。 ( )

6. 一般来讲，随着资产组合中资产个数的增加，资产组合的风险会逐渐降低，当资产的个数增加到一定程度时，组合风险可以降低到零。 ( )

7. 当协方差为正值时，表示两种资产的收益率呈同方向变动，当协方差为负值时，表示两种资产的收益率呈相反方向变化。 ( )

8. 在两个方案对比时，标准差越小，说明风险越大；同样，标准离差率越小，说明风险越大。 ( )

9. 无风险收益率就是加上通货膨胀补偿率以后的货币时间价值。 ( )

10. 当两种股票完全负相关时，分散持有股票没有好处；当两种股票完全正相关时，所有的风险都可以分散掉。 ( )

11. 在两个方案对比时，标准差越大，说明风险越大。 ( )

12. 风险和收益的基本关系是风险越大则其收益率越低。 ( )

13. 在证券投资组合中，通过改变某证券的投资比重，可以影响投资组合的β系数，进而改变其风险收益率。 ( )

14. 证券投资组合理论认为不同股票的投资组合可以降低风险，组合中股票的种类越多，其风险分散化效应越强，包括全部股票的投资组合风险为零。 ( )

15. 当两只股票的收益率呈正相关时，相关系数越小，其投资组合可分散的投资风险的效果就越大；当两只股票的收益率呈负相关时，相关系数越小，其投资组合可分散的投资风险的效果就越大。 ( )

16. 对于多个投资方案而言，无论各方案的期望值是否相同，标准离差率最大的方案一定是风险最大的方案。 ( )

17. 所有的企业或投资项目都有相同的系统性风险。 ( )

18. 证券市场线反映股票的预期收益率与β系数（系统性风险）线性相关，而且证券市场线无论对于单个证券，还是投资组合都是成立的。 ( )

19. 资本资产定价模型的前提之一是假设投资者可以不受限制地以固定的无风险利率借贷。 ( )

20. 无论资产之间的相关系数大小如何，投资组合的收益率都不会低于所有单个资产中的最低收益率，投资组合的风险也不会高于所有单个资产中的最高风险。 ( )

3.3.4 计算分析题

1. 甲公司持有A、B、C三种股票，在由上述股票组成的证券投资组合中，各股票所占的比重分别为 50%、30%、20%，其 β 系数分别为 2.0、1.0、0.5。市场收益率为 15%，无风险收益率为 10%。要求：

（1）计算甲公司证券组合的 β 系数。

（2）计算甲公司证券组合的风险收益率。

（3）计算甲公司证券组合的必要收益率。

（4）求投资 A 股票的必要收益率。

2. 目前市场状况有 35% 的可能为良好，45% 的可能为一般，20% 的可能为较差。企业面临两个投资方案的选择，甲方案预计在市场状况良好、一般和较差的情况下分别有 120 万元、60 万元和 −20 万元的投资收益；乙方案预计在市场状况良好、一般和较差的情况下分别有 100 万元、65 万元和 −15 万元的投资收益。试计算甲、乙两方案的标准离差率并做出决策。

3. A 公司有两个投资方案可供选择，两个方案的资料如表 3 − 1 所示。要求：通过计算对投资方案做出选择。

表 3 − 1　　市场状况概率及方案报酬率

市场状况		投资报酬率（%）	
状况名称	发生概率	甲方案	乙方案
繁荣	0.3	30	40
一般	0.4	15	15
衰退	0.3	5	−5

4. 假设你所持有的证券组合情况如表 3 − 2 所示。如果无风险利率为 8%，市场要求收益率为 11.6%，要求：

（1）计算组合投资的预期收益率。

（2）计算组合投资的 β 系数。

表 3 − 2　　证券组合情况

股票	占比（%）	β	预期收益率（%）
A	10	1.00	12
B	25	0.75	11
C	15	1.30	15
D	30	0.60	9
E	20	1.20	14

5. 无风险证券的收益率为 7%，市场证券组合的收益率为 13%。要求：

（1）如果某投资计划的 β 系数为 0.8，其短期的收益率为 12%，是否应该投资？

（2）如果某证券的必要收益率是 16%，则其 β 系数是多少？

6. 作为投资顾问，某投资机构为甲、乙、丙、丁四位投资者选择了 A、B、C 股票作为备选方案，并预测出未来宏观经济状况及三只股票的收益率如表3－3所示。

表3－3　不同经济情况下股票的收益率及概率

经济状况	发生概率	股票A收益率（%）	股票B收益率（%）	股票C收益率（%）
悲观	0.2	5	8	4
中等	0.6	10	10	6
乐观	0.2	15	12	8

要求：

（1）计算A、B、C三只股票的预期收益率和标准差。

（2）甲投资者希望在A、B股票中选择一只进行投资，乙投资者希望在A、C股票中选择一只。依据风险收益权衡原理，该投资机构应对每位投资者给出什么样的建议？

（3）丁投资者拟持有由A、B、C三种股票构成的证券组合。假设A、B、C三只股票的β系数分别为2.0、0.6和1.0，它们在证券组合中所占的比重分别为60%、10%和30%，股票的平均市场收益率为14%，无风险收益率为10%。利用资本资产定价模型计算丁投资者持有的这一证券组合的必要收益率。

3.3.5　案例分析题

1. M公司原有碳酸饮料因市场竞争激烈、消费者喜好产生变化等开始滞销，经营陷入困境。为改变产品结构，开拓新的市场领域，公司拟投资1 000万元开发新产品，现有以下两个方案可供选择：

方案一：开发矿物质纯净水。面对全国范围内的节水运动及限制供应，尤其是北方十年九旱的特殊环境，开发部认为矿物纯净水将进入百姓的日常生活，市场前景看好。

方案二：开发中药饮品。北方人性格豪爽好客，喜欢畅饮；亲朋好友聚会机会日益增多；北方年平均气温升高、气候干燥；北方人收入明显增多，生活水平日益提高。开发部据此提出开发中药饮品方案。有关市场预测资料如表3－4所示。

表3－4　矿物纯净水和中药饮品的预计收益率及概率

市场销路	矿物纯净水		中药饮品	
	发生概率	预计收益率（%）	发生概率	预计收益率（%）
好	0.6	15	0.5	20
一般	0.2	10	0.3	8
差	0.2	−5	0.2	−2

要求：

（1）计算两个开发方案的预期收益率、标准差及标准离差率，并进行方案评价。

（2）如果当期国库券利率为6%，开发矿物质纯净水的风险收益系数为5%，开发中药饮品的风险收益系数为8%，那么M公司应该开发哪种产品？

2. TY汽车公司成立于1908年，是全球最大的汽车公司，共拥有266 000名员工。全球总部位于美国底特律，迄今在全球35个国家和地区建立了汽车制造业务，是汽车安全、信息服务方面的业界领导者。受世界经济危机影响，该公司2008年亏损309亿美元。2008年的总营收为1 490亿美元，比上年降低17.22%。面对信贷紧缩、经济疲软以及消费者信心下挫，该公司现金消耗加剧，难以维持巨大的财务要求。它的10万本土工人时薪70美元，近50万退休员工及其家属享受着终身退休金和医疗保险；它的J项目供养着8 000多名全薪下岗工人，和其他工人一样拿着15万美元的年薪；它欠下了300多亿美元医保费用，将以每年数十亿美元的速度递增；不断疯涨的石油价格，让TY公司非常耗油的运动型多用途车和卡车的销量冷却下来，而公司又未能尽早研发混合动力型轿车。2009年新任的TY公司首席执行官也表示，公司破产的可能性越来越大。2009年，面对席卷全球的金融危机，TY公司终于不堪重负，选择了破产保护。同年7月，美国政府控股的“新TY”诞生。

如果你是TY汽车公司的财务分析师，请根据上述材料，回答以下问题：

（1）什么是财务风险？影响财务风险的因素主要有哪些？

（2）什么是经营风险？影响经营风险的因素主要有哪些？

（3）TY汽车公司濒临破产主要是由何种风险造成的？是哪些具体因素导致企业面临破产境地？

3. 某大型商业银行有两款理财产品。1号理财产品，1年期，预计年化收益率3%，购买下限30万元，投资低风险票据，保证本金。2号理财产品，1年期，预计年化收益率5.5%，购买下限10万元，投资股市，如果发生投资风险可能影响本金的收回，本产品有风险，投资需谨慎。如果你是一位普通投资者，请思考并回答以下问题：

（1）根据上述材料，既然2号理财产品有风险，为什么还是有人购买？

（2）什么是必要收益率，由哪几部分组成？若将预计年化收益率作为必要收益率，则两种理财产品的差额代表什么含义？

第 4 章　财务分析

4.1　导　学

4.1.1　本章思维导图

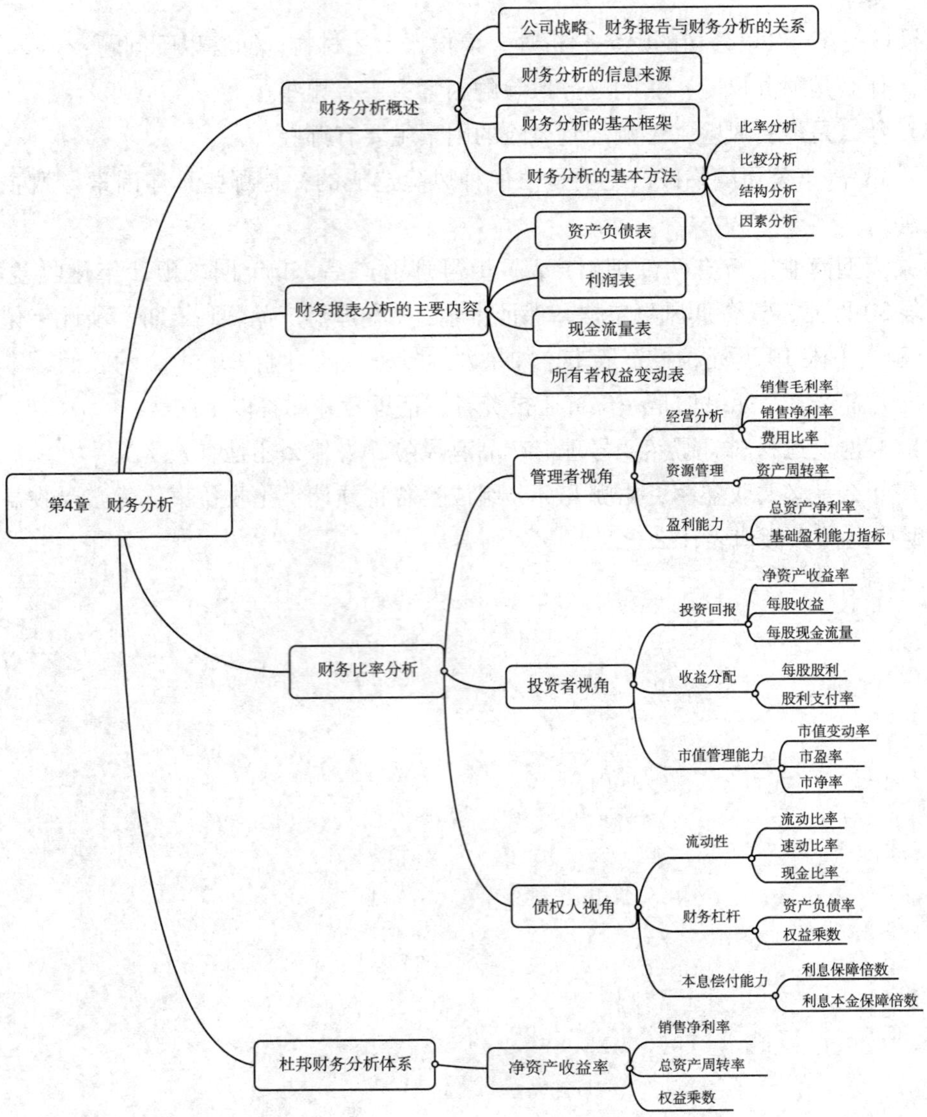

4.1.2 学习目标与要求

通过本章的学习，学生应理解企业战略、财务报告与财务分析之间的关系；了解财务分析的信息基础和分析框架；理解和掌握财务分析的基本方法；熟悉财务报表，理解财务报表之间的关系以及财务报表信息和财务管理基本决策之间的关系；理解和掌握基于管理者、投资者和债权人视角的主要财务比率的计算及经济含义，结合案例掌握财务比率分析方法的应用；理解杜邦分析法，并结合案例掌握杜邦分析法的应用。

4.1.3 预习要点

1. 主要概念

(1) 财务分析
(2) 财务报表
(3) 财务分析的信息基础
(4) 比率分析
(5) 比较分析
(6) 结构分析
(7) 因素分析
(8) 销售毛利率
(9) 销售净利率
(10) 费用比率
(11) 总资产周转率
(12) 存货周转率
(13) 应收账款周转率
(14) 总资产净利率
(15) 净资产收益率
(16) 每股收益
(17) 股利支付率
(18) 市盈率
(19) 流动比率
(20) 资产负债率
(21) 利息本金保障倍数
(22) 杜邦分析法

2. 关键问题

(1) 企业战略与财务报告、财务分析的关系。
(2) 财务分析的信息基础。
(3) 财务分析的基本框架。
(4) 财务分析的基本方法。
(5) 财务报表的主要内容及财务报表之间的关系。
(6) 财务分析的角度。
(7) 基于管理者、投资者、债权人角度的财务比率。
(8) 杜邦分析体系。

4.2 重点与难点

本章的重点：战略与财务报告、财务分析的关系；财务分析的信息基础；财务分析的基本框架；财务分析的基本方法；财务报表之间的关系；利用财务比率指标进行财务分析并为决策提供信息；杜邦分析体系。

本章的难点：理解企业战略与财务报告、财务分析的关系；理解财务报表信息及财务报表之间的关系；理解并掌握财务比率的计算及应用；理解并掌握杜邦分析体系。

4.2.1 财务分析基础

1. 战略与财务报告、财务分析之间的关系

财务报告体现了企业战略实施的财务成果，财务分析人员利用财务分析技术对财务报告等财务信息和非财务信息进行综合分析，对战略的实施效果进行评价，并为未来的战略调整和决策提供信息。结合主教材图4-1理解企业战略、财务报告、财务分析之间的关系。

2. 财务分析的信息基础

财务分析的信息基础既包括财务信息也包括非财务信息。财务分析的主要信息基础包括宏观经济环境信息、行业环境信息、竞争对手信息、上下游公司信息、财务报表及相关信息等。

3. 财务分析的基本框架

结合主教材图4-3了解财务分析的基本框架，理解财务分析的目的和思路。

4. 财务分析的基本方法

财务分析的基本方法包括比率分析法、比较分析法、结构分析法、因素分析法等。

5. 财务报表及财务报表之间的关系

不同的财务报表提供不同的信息，也有不同的分析重点。资产负债表通常重点关注资产结构分析、资本结构分析、资产与资本的利用效果分析。利润表分析通常重点关注企业收入、支出与战略的契合度分析，盈利能力分析，偿债保障能力分析。现金流量表一般重点分析经营活动现金流的充裕程度、投资活动现金流与企业战略的契合度、筹资活动现金流与经营活动和投资活动现金流的适应性。所有者权益变动表分析时需要关注财务管理决策对所有者权益变动表项目的影响。

在财务分析的过程中，可以将上述四张报表综合起来，找出相互之间的关联，作为一个整体进行综合分析。主教材图4-4显示了这四张财务报表涵盖的关键信息、彼此间的关联，以及与财务管理决策之间的关系。资产负债表反映的是对投资者（债权投资者和股权投资者）投入资本的配置与使用情况，负债和所有者权益是融资决策活动形成的结果，资产是投资决策活动形成的结果。在企业生产运营的过程中，资产被消耗形成各项成本和费用，当生产的产品或服务售出之后为企业带来收入，进一步形成利润或亏损，反映在利润表中。企业实现的净利润在分配之后留存于企业的部分（盈余公积、未分配利润）会增加所有者权益（亏损会导致所有者权益减少）。资产负债表、利润表、所有者权益变动表都按权责发生制编制，现金流量表是基于收付实现制对资金运动的动态反映，反映了因投资、经营和融资方面的管理决策而形成的资金来源和占用情况。

4.2.2 财务比率分析

任何一个财务比率，只有与分析者的特定视角和特定目标联系起来，才会有决策价值。

1. 管理者角度的财务比率

在财务业绩分析中，管理者通常重点关注经营分析和资源管理，以评价企业的经营效率与效益，以及资源的利用效率。

经营分析指标主要反映企业的经营效果，包括以营业收入为基础的指标：销售毛利率、销售净利率、经营利润率和费用比率等。

企业资源管理的目标是以尽可能少的资产占用和尽可能短的周转时间，实现尽可能多的营业收入与利润，提高资源利用效率与效益。资源管理效率指标主要包括总资产周转率、存货周转率、应收账款周转率等；资源管理效益指标主要包括总资产净利率和基础盈利能力指标。

2. 股权投资者角度的财务比率

股权投资者角度的财务比率主要包括投资回报、收益分配、市值管理指标（上市公司）等三个方面的指标。投资回报类指标包括净资产收益率、每股收益、每股现金流量等；收益分配类指标主要包括每股股利、每股净资产、股利支付率和留存收益比率、股利保障倍数等；市值管理指标主要包括市值变动比率、市盈率、市净率等。

3. 债权人角度的财务比率

债权人角度的财务比率主要包括流动性指标、财务杠杆指标、本息偿付能力指标三大类。流动性指标包括流动比率、速动比率、现金比率等；财务杠杆指标包括资产负债率、权益乘数等；本息偿付能力指标包括利息保障倍数、利息本金保障倍数等。

4.2.3　杜邦财务分析体系

杜邦财务分析体系是把净资产收益率作为核心指标，层层解构，找出净资产收益率的各种影响因素。运用杜邦分析体系进行分析的基本程序是：

（1）比较净资产收益率，综合评价企业的财务状况，包括与本企业历史和同行业其他企业的财务比率的比较。

（2）因素分析。根据杜邦指标体系，采用因素分析法，按照主教材图 4－6 对指标进行逐步分解，分析影响净资产收益率的基本因素。

4.3　习题与案例

4.3.1　单项选择题

1. 下列各项中，不属于财务分析方法的是（　　）。

A. 比较分析法　　B. 比率分析法　　C. 因素分析法　　D. 线性规划法

2. 在企业总资产周转率为 1.6 时，会引起该指标下降的经济业务是（　　）。

A. 销售商品收现　　B. 借入一般短期借款
C. 用银行存款购入一台设备　　D. 用银行存款支付一年财产保险费

3. 某企业营业收入为36 000万元，流动资产平均余额4 000万元，非流动资产平均余额为8 000万元。则该企业的总资产周转率为（　　）。

A. 2　　B. 3　　C. 6　　D. 3.2

4. 某公司年末部分财务数据为：流动负债60万元，流动比率为2，速动比率为1（假设非速动资产只有存货），销售成本200万元，年初存货50万元，则本年度按销售成本计算的存货周转次数为（　　）次。

A. 2　　B. 4　　C. 3.64　　D. 3.33

5. 甲公司的生产经营存在季节性，每年的6～10月是生产经营旺季，11月～次年5月是生产经营淡季。如果使用应收账款年初余额和年末余额的平均数计算应收账款周转次数，计算结果会（　　）。

A. 高估应收账款周转速度　　B. 低估应收账款周转速度
C. 正确反映应收账款周转速度　　D. 无法判断对应收账款周转速度的影响

6. 某公司2021年度销售收入净额为6 000万元。资产负债表上显示年初应收账款余额为300万元，年末应收账款余额为500万元，坏账准备按应收账款余额10%提取。每年按360天计算，则该公司应收账款周转天数为（　　）天。

A. 15　　B. 17　　C. 22　　D. 24

7. 下列各项财务指标中，能够表示公司每股市价与每股收益之间关系的是（　　）。

A. 市净率　　B. 市盈率　　C. 市销率　　D. 权益净利率

8. 某企业2021年末的货币资金为100万元，交易性金融资产为500万元，总资产为2 000万元，所有者权益为700万元，非流动负债为500万元。则该企业2021年末的现金比率为（　　）。

A. 0.3　　B. 0.125　　C. 0.75　　D. 0.46

9. 下列事项中，有助于提高企业短期偿债能力的是（　　）。

A. 利用短期借款增加对流动资产的投资
B. 为扩大营业面积，与租赁公司签订一项新的长期房屋租赁合同
C. 补充长期资本，使长期资本的增加量超过长期资产的增加量
D. 提高流动负债中的无息负债金额

10. 假设公司目前的流动比率为1，下列措施中可以提高公司流动比率的是（　　）。

A. 以现金购买原材料　　B. 从银行短期贷款购买原材料
C. 增加长期借款用以偿还短期借款　　D. 以上举措都不行
E. 以上举措都可以

11. 如果流动比率大于1，则下列结论正确的是（　　）。

A. 速动比率大于1　　B. 现金比率大于1
C. 营运资本大于0　　D. 短期偿债能力绝对有保障

12. 下面（　　）的增加会提高公司的流动比率而不会影响速动比率。

A. 应付账款　　B. 现金　　C. 存货　　D. 固定资产

13. 某公司的财务数据如下：速动比率为 1，流动比率为 2，其中流动资产为 4 000 万元。则其存货规模为（　　）万元。

A. 1 500　　B. 1 800　　C. 2 000　　D. 300

14. 某公司负债 2 000 万元，股权账面价值 4 000 万元，股权市场价值 8 000 万元，年营业收入为 400 万元，则公司资产负债率为（　　）。

A. 50%　　B. 40%　　C. 33.33%　　D. 25%

15. 以下不属于资产运用能力指标的是（　　）。

A. 存货周转率　　B. 应收账款周转天数

C. 利息保障倍数　　D. 资产周转率

16. 具有预期高成长机会的公司其销售的股票（　　）。

A. 具有高市盈率　　B. 具有低市盈率

C. 价格与市盈率无关　　D. 价格取决于股利支付率

17. 某公司每股盈利为 0.58 元，市盈率倍数为 30，则该公司的股票价值为（　　）元。

A. 15.25　　B. 15.5　　C. 12.8　　D. 17.40

18. 关于比率分析以下说法错误的是（　　）。

A. 对于当前不盈利或盈利水平较低的企业，可以考虑使用市净率进行估值

B. 市盈率分析使用的是会计利润

C. 应用市净率分析时，市净率低的公司价值一定是被低估的

D. 市净率是股价与每股净资产之间的比率

19. 杜邦财务分析体系的核心指标是（　　）。

A. 总资产净利率　　B. 权益乘数　　C. 净资产收益率　　D. 销售利润率

20. 根据杜邦财务分析体系，提高净资产收益率的途径不包括（　　）。

A. 加强销售管理，提高营业净利率

B. 加强资产管理，提高其利用率和周转率

C. 加强负债管理，提高其利用率和周转率

D. 加强负债管理，提高产权比率

4.3.2　多项选择题

1. 下列关于企业战略与财务分析的表述正确的有（　　）。

A. 财务报告体现了公司战略实施的财务成果

B. 企业的财务战略服从于企业的整体战略

C. 采用品牌差异化战略的企业通常毛利率和销售费用都比较高

D. 采用成本领先战略的企业通常毛利率会低于同行业企业

2. 下列属于财务战略的有（　　）。

A. 投资战略　　B. 融资战略

C. 营运资本管理战略　　D. 差异化战略

3. 财务管理决策主要包括（　　）。

A. 战略决策　　B. 融资决策　　C. 投资决策　　D. 经营决策

4. 关于现金流量表分析，下列表述正确的有（　　）。

A. 经营活动现金流量分析应重点关注经营活动现金流的充裕程度

B. 投资活动现金流量分析应重点关注投资活动现金流与企业战略的契合度

C. 筹资活动现金流量分析应重点关注筹资活动现金流与经营活动、投资活动现金流的适应性

D. 投资活动现金净流量如果为负，说明企业在采取收缩战略

5. 下列选项中，会引起所有者权益发生变化的财务决策有（　　）。

A. 资本公积转增资本　　B. 派发现金股利

C. 回购股票并注销　　D. 提高存货周转速度以增加收入

6. 在进行财务分析时，企业经营管理者重点关注的指标包括（　　）。

A. 企业的经营效率与效益指标　　B. 资源管理能力指标

C. 投资回报指标　　D. 盈利能力指标

7. 在进行财务分析时，投资者重点关注的指标包括（　　）。

A. 财务杠杆指标　　B. 收益分配指标

C. 投资回报指标　　D. 市值管理能力指标

8. 在进行财务分析时，债权人重点关注的指标包括（　　）。

A. 本息偿付能力指标　　B. 流动性指标

C. 财务杠杆指标　　D. 投资回报指标

9. 经营分析指标主要反映企业的经营效益，主要指标包括（　　）。

A. 销售毛利率　　B. 销售净利率　　C. 管理费用率　　D. 息税前利润

10. 资源管理指标反映企业管理者履行受托管理责任，管理企业的法人财产，提高资产运营效率的能力，主要包括（　　）。

A. 总资产净利率　　B. 总资产周转率　　C. 存货周转率　　D. 投资报酬率

11. 市值管理能力指标主要包括（　　）。

A. 市盈率　　B. 市净率　　C. 每股收益　　D. 股利支付率

12. 影响企业长期偿债能力的报表外因素有（　　）。

A. 为他人提供的经济担保　　B. 售出产品可能发生的质量事故赔偿

C. 可以很快变现的固定资产　　D. 融资租赁长期使用的固定资产

13. 计算速动比率时，从流动资产中扣除存货的重要原因有（　　）。

A. 存货的价值较大　　B. 存货的质量难以保证

C. 存货的变现能力较弱　　D. 存货的变现能力不稳定

14. 在其他条件不变的情况下，缩短应收账款周转天数，有利于（　　）。

A. 提高短期偿债能力　　B. 缩短现金周转期

C. 企业减少资金占用　　D. 企业扩大销售规模

15. 下列各项指标中，可用于分析企业长期偿债能力的有（　　）。

A. 流动比率　　B. 资产负债率　　C. 产权比率　　D. 利息保障倍数

16. 对企业的报表进行比率分析存在的局限性表现在（　　）。

A. 报表信息并未完全反映企业可以利用的经济资源

B. 受历史成本惯例制约，企业的报表资料对未来决策的价值受到限制

C. 企业会计政策运用上的差异使企业间对比难有意义

D. 企业对会计信息的人为操纵可能会误导信息使用者

17. 资本结构的分析主要应关注（　　）。

A. 企业资本成本高低与企业资产报酬率的对比关系

B. 企业资金来源的期限构成与企业资产结构的适应性

C. 企业财务杠杆状况与企业未来融资要求的适应性

D. 股东持股构成状况与企业未来发展的适应性

18. 根据企业会计制度的规定，企业财务会计报告包括（　　）。

A. 会计报表　　B. 会计报表附注　　C. 财务情况说明书　　D. 招股说明书

19. 下列属于净资产收益率关键影响因素的是（　　）。

A. 总资产周转率　　B. 销售净利率　　C. 权益乘数　　D. 利息保障倍数

20. 基于杜邦分析法，下列因素中属于提高企业净资产收益率关键因素的有（　　）。

A. 财务杠杆的利用程度　　B. 资产周转速度

C. 成本费用控制能力　　D. 毛利率

4.3.3 判断题

1. 在财务分析中，将通过对比两期或连续数期财务报告中的相同指标，以说明企业财务状况或经营成果变动趋势的方法称为趋势分析法。（　　）

2. 在采用因素分析法时，需按照各因素的依存关系排列成一定的顺序并依次替代，不能颠倒顺序。（　　）

3. 尽管流动比率可以反映企业的短期偿债能力，但存在有的企业虽然流动比率较高，却没有能力支付到期的应付账款的情况。（　　）

4. 影响速动比率可信性的重要因素是存货的变现能力。（　　）

5. 计算应收账款周转率时，分母的应收账款指的就是会计报表中所列的应收账款净额。（　　）

6. 若总资产增加幅度低于销售收入净额增长幅度，则会引起总资产周转率增大，表明企业的资产管理能力有所提高。（　　）

7. 一般而言，利息保障倍数越大，企业可以偿还债务的可能性也越大。（　　）

8. 一般来说，市盈率高，说明投资者对该公司的发展前景看好，愿意出较高的价格购买该公司股票，但是市盈率也不是越高越好。（　　）

9. 权益乘数的高低取决于企业的资本结构：资产负债率越高，权益乘数越高，财务风险越大。（　　）

10. 企业投资活动产生的现金净流量小于零，意味着企业投资活动的效果较差。（　　）

11. 进行资产负债表连续若干期间的绝对数趋势分析，就可以对报表整体的结构有非常清楚的认识。（　　）

12. 当与上年同期相比，某企业产品销售收入几乎没有变化，而存货中原材料的规模激增时，说明企业本期产品滞销。（　　）

13. 应收账款和存货周转变慢一定会导致流动比率降低。（　　）

14. 一般认为，资产负债表的左边从上到下的项目，反映资产的流动性越来越弱。（　　）

15. 利息保障倍数公式中的利息费用，既包括财务费用中的利息费用，也包括计入固定资产成本中的资本化利息。（　　）

16. 资产负债率对债权人、股东、经营者而言，越低越好。（　　）

17. 公司战略是公司管理层在经营层面的决策，与财务分析没有什么关系。（　　）

18. 财务报告反映了企业战略执行的财务成果。（　　）

19. 市净率低于1的企业已经没有继续运营下去的必要。（　　）

20. 净资产收益率指标是企业盈利能力、营运能力和财务杠杆利用能力的综合反映。（　　）

4.3.4　计算分析题

1. A公司总资产净利率为5%，销售净利率为10%，净资产收益率为20%。问：公司的总资产周转率是多少？它的权益乘数是多少？

2. B公司的流动资产为1 800 000元，流动负债为600 000元。公司的存货水平为600 000元，公司计划利用应付账款融资。问：其他流动负债保持不变时，该公司最多能增加多少应付账款，以确保它的流动比率不低于2？在它融资到最大数量的短期资金后，它的速动比率是多少？

3. C公司的现有债务为6 000 000元，每年支付6%的利息。该公司的年销售收入为3 000 000元，所得税税率为25%，销售净利率为10%。如果公司无法将利息保障倍数维持在至少5∶1的水平，银行将拒绝续贷，这将导致公司资金链断裂。问：该公司的利息保障倍数是多少？是否能够顺利续贷？

4. R公司流动资产由速动资产和存货构成，年初存货为145万元，年初应收账款为

125 万元，年末流动比率为 3，年末速动比率为 1.5，存货周转率为 4 次，年末流动资产余额为 270 万元。一年按 360 天计算。要求：

（1）计算该公司流动负债年末余额。

（2）计算该公司存货年末余额和年平均余额。

（3）计算该公司本年产品销售成本。

（4）假定本年赊销净额为 960 万元，应收账款以外的其他速动资产忽略不计，计算该公司应收账款周转期。

5. ABC 银行的 *ROA* 长期预期值 1.2%，总资产为 1 000 亿元，总负债为 900 亿元，假定该银行将总负债增加 20 亿元，其他因素不变，该银行的 *ROE* 长期预期值将发生何种变化?

6. JY 公司 2021 年的利润表显示其销售收入为 800 万元，净利润与销售收入的比例为 8%。资产负债表显示其流动资产为 200 万元，固定资产为 600 万元，净营运资本为 100 万元，长期负债为 300 万元。要求：

（1）不运用杜邦分析法计算 *ROE*。

（2）运用杜邦分析方法分解 *ROE*。

4.3.5 案例分析题

1. 下面表 4－1、表 4－2 和表 4－3 分别是某传统汽车制造企业 20×1 年合并资产负债表、利润表和现金流量表的部分数据资料。

表 4－1 **资产负债表部分数据** 单位：亿元

项 目	期末余额	期初余额
流动资产主要项目：		
货币资金	29.12	24.87
交易性金融资产	0.08	1.59
应收票据和应收账款	184.92	188.73
其中：应收票据	12.19	14.85
应收账款	172.73	173.88
账龄 1 年以上的应收账款	66.43	70.82
预付款项	6.69	0.32
其他应收款	13.51	7.53
存货	38.33	30.74
其他流动资产	7.03	17.84
流动资产合计	279.67	274.31
非流动资产主要项目：		
长期股权投资	6.74	6.64
固定资产	58.13	59.85

续表

项　目	期末余额	期初余额
非流动资产合计	88.31	87.34
资产总计	367.99	361.65
流动负债主要项目：		
短期借款	0.05	7.70
应付票据及应付账款	139.38	140.63
预收账款	10.20	10.27
其他应付款	16.52	13.57
流动负债合计	177.75	186.52
非流动负债主要项目：		
长期借款	0.19	0.21
预计负债	16.21	15.75
非流动负债合计	22.68	19.07
负债合计	200.43	205.60
股东权益：		
股本	32.14	32.14
资本公积	12.78	12.78
盈余公积	25.54	22.74
未分配利润	95.91	87.31
少数股东权益	1.15	1.06
股东权益合计	167.56	156.06
负债与股东权益合计	367.99	361.65

表 4－2　　　利润表部分数据　　　单位：亿元

项　目	本期发生额	上期发生额
一、营业收入	317.46	332.22
减：营业成本	237.06	244.79
销售费用	25.12	23.53
管理费用	7.72	7.34
研发费用	18.63	13.17
财务费用	3.25	4.92
加：投资收益	1.11	0.86
其中：对联营企业和合营企业的投资收益	0.07	0.33
二、营业利润	24.68	36.02
三、利润总额	25.47	36.36
四、净利润	23.28	31.68

表 4 – 3　　**现金流量表部分数据**　　单位：亿元

项　目	本期发生额	上期发生额
经营活动产生的现金流量净额	25.78	–17.49
投资活动产生的现金流量净额	–1.53	–8.19
筹资活动产生的现金流量净额	–15.54	–10.73

请结合报表内容完成以下分析。

（1）分析该企业的资产结构及特点。

（2）分析该企业的资本结构及特点。计算本年和上年的流动比率、速动比率；并对该企业的短期偿债能力进行分析评价，说明该企业短期偿债能力较强或者较弱的主要原因。

（3）通过利润结构分析找出该公司利润的主要来源。计算本期和上期的销售毛利率、销售净利率，并结合利润来源的分析对其盈利能力做出分析评价并给出相应建议。

（4）根据你的分析结果对该公司未来的发展提出意见和建议。

（注：根据分析的需要自行选择财务比率和分析方法。学生可根据资料进行进一步的拓展分析，如对该公司进行杜邦分析。）

2. 阅读下列资料并完成相关问题。

资料一：Z 公司是一家以海洋水产业为主，集海珍品育苗、养殖、加工、贸易、冻鲜品冷藏物流、客运、休闲渔业于一体的大型综合性海洋食品企业。20×4 年公司存货因自然灾害而巨额核销，造成公司当年净利润亏损 11.95 亿元，20×5 年年报显示公司账面净利润仍亏损 2.45 亿元。20×6 年公司实现净利润 0.76 亿元。表 4–4、表 4–5 和表 4–6 分别是 Z 公司 20×6 年资产负债表、利润表和附注的部分资料。

表 4 – 4　　**Z 公司资产负债表主要数据**

20×6 年 12 月 31 日　　单位：亿元

项　目	期末余额	期初余额
货币资金	5.81	5.80
应收账款	3.49	2.55
存货	17.51	15.43
流动资产合计	28.82	26.21
固定资产	10.92	12.47
无形资产	2.68	3.19
非流动资产合计	15.93	18.64
资产总计	44.74	44.85
短期借款	11.72	17.26
应付账款	3.01	2.12
一年内到期的非流动负债	10.27	2.90
流动负债合计	26.27	23.30

续表

项　目	期末余额	期初余额
长期借款	7.05	11.91
非流动负债合计	7.56	12.47
负债合计	33.83	35.77
所有者权益：		
股本	7.11	7.11
资本公积	9.75	8.76
盈余公积	2.45	2.45
未分配利润	-8.50	-9.30
所有者权益合计	10.92	9.08
负债与所有者权益合计	44.74	44.85

表4-5　　Z公司利润表主要数据

20×6年度　　单位：亿元

项　目	本期发生额	上期发生额
一、营业总收入	30.52	27.27
其中：营业收入	30.52	27.27
二、营业总成本	30.84	30.37
其中：营业成本	25.90	24.06
营业税金及附加	0.10	0.02
销售费用	1.77	2.01
管理费用	1.63	2.10
财务费用	1.39	1.67
加：投资收益	0.53	0.03
三、营业利润	0.20	-3.08
加：营业外收入	0.79	2.22
减：营业外支出	0.16	-0.25
四、利润总额	0.83	-0.61
减：所得税费用	0.07	1.85
五、净利润	0.76	-2.45

表4-6　　Z公司20×4～20×6年政府补助与保险理赔情况　　单位：亿元

项目	20×4年	20×5年	20×6年
政府补助	0.41	0.65	0.30
保险理赔款	0.31	1.24	0.42

资料二：（1）继20×4年、20×5年连续两年巨额亏损之后，Z公司在20×6年年报

中称：公司在20×4年遭受灾害损失及20×4年年审会计处理原则调整影响下，因连续两年亏损，股票交易被实行“退市风险警示”的特别处理，给公司经营带来较大压力。公司上下紧密围绕“订单前置、标准领先、创新驱动、协同增效”的经营方针，以“精准发力、突出服务”为运营主基调，保企业盈利、保市场稳定、保现金流安全，努力推进向产品服务升级。公司在资源整合平台、供应链保障平台、O2O消费者服务平台建设方面取得进步，在市场开拓、创新研发、加工贸易、资源整合等产品力、销售力、成本控制力方面有所提升。主要工作如下：第一，深耕市场，提升经营管理质量；第二，技术引领，推动产业持续发展；第三，聚焦主业，加强成本费用管控。公司转让客运公司等资产与业务，进一步聚焦主营业务，盘活了资产，优化了产业结构，公司财务状况与资产流动性有所改善，偿债能力有所增强，公司现金流安全和盈利能力得到提升。公司收缩投资项目、降低物资采购成本、压缩办公区面积等一系列具体措施，使公司财务、销售、管理费用均同比明显下降。

（2）年报附注资料显示Z公司出售子公司股权的交易对方为Z的控股股东，通过处置子公司股权产生的投资收益为0.44亿元，处置子公司收到的现金净额为1.20亿元。

要求：

（1）阅读上述资料并计算Z公司20×6年的销售净利率、总资产周转率、权益乘数等财务指标，根据杜邦财务分析体系中净资产收益率与上述几个指标之间的关系，计算Z公司20×6年的净资产收益率。Z公司20×5年净资产收益率为-28.83%，利用杜邦财务分析法分析其20×6年度的盈利能力及其变化的原因。

（2）阅读上述资料并结合Z公司20×6年的资产负债表，计算Z公司的资产负债率，分析Z公司20×6年的资本结构是否合理并说明理由。

（3）判断Z公司在20×4年巨额亏损、面临退市风险的情况下，20×6年扭亏为盈的真正原因是什么？如果你是Z公司的CEO，你会采取哪些措施改变公司目前的状况？

第 5 章　财务预测与增长管理

5.1　导　学

5.1.1　本章思维导图

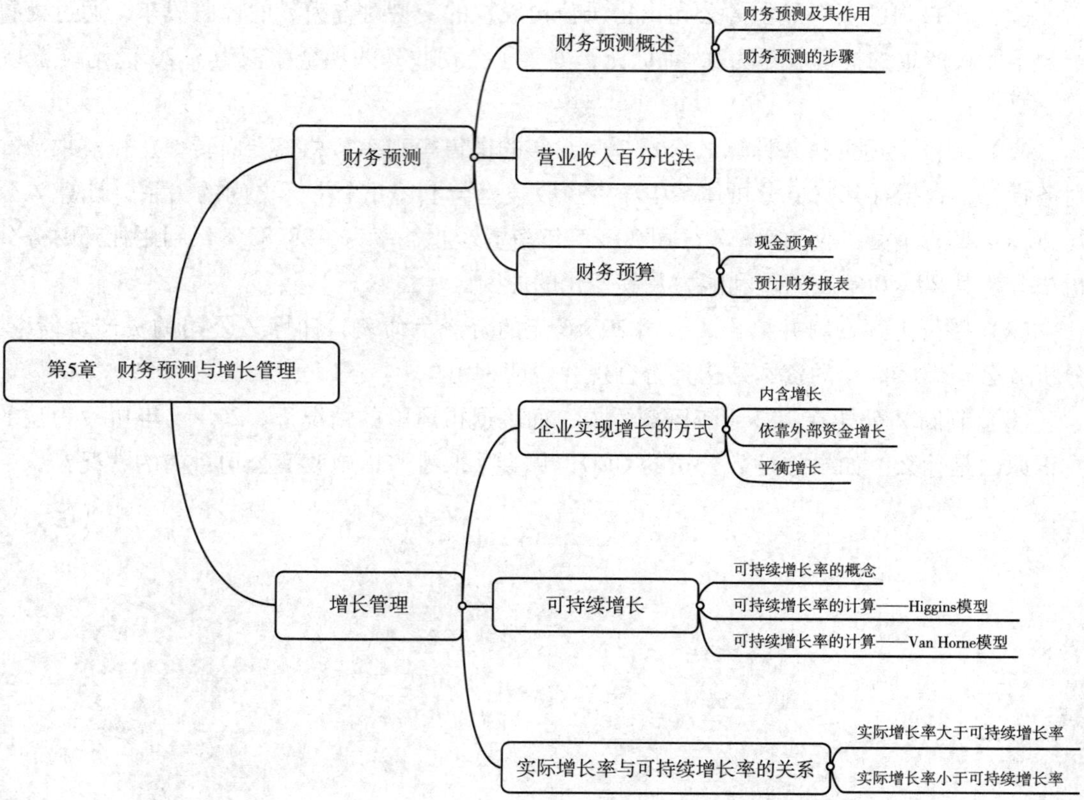

5.1.2　学习目标与要求

本章主要阐述财务预测的概念与作用、财务预测的步骤、财务预测的方法、现金预算的概念与编制方法、预计财务报表的编制依据与方法、可持续增长的概念、可持续增长率的计算，以及调整可持续增长率与实际增长率差异的方法。通过本章学习应了解财务预测的概念与作用及财务预测的步骤；掌握财务预测的方法；掌握现金预算、预计财务报表的编制依据与方法；了解可持续增长的概念；掌握可持续增长率的计算与分析。

5. 1. 3　预习要点

1. 主要概念

（1）财务预测　（2）营业收入百分比法　（3）现金预算

（4）内含增长　（5）可持续增长率

2. 关键问题

（1）财务预测的作用。

（2）财务预测的步骤。

（3）营业收入百分比法的应用步骤。

（4）现金预算表的编制。

（5）预计财务报表的编制。

（6）可持续增长率的计算公式及其与影响因素之间的关系。

（7）可持续增长率与实际增长率之间的关系与调整方法。

5. 2　重点与难点

本章的重点：财务预测的概念与作用；财务预测的实施步骤；预算的概念与内容；现金预算的内容；预计财务报表的内容与编制依据；企业实现增长的方式；可持续增长率的概念与计算。

本章的难点：财务预测的方法——营业收入百分比法的实施步骤和计算应用；可持续增长率计算模型的选择与比较分析；实际增长率与可持续增长率之间的关系分析；企业快速增长与低速增长的原因与应对策略。

5. 2. 1　财务预测概述

1. 财务预测及其作用

财务预测是根据财务活动的历史资料，考虑现实的要求和条件，对企业未来的财务活动和财务成果做出科学预计和测算。它是财务管理的环节之一，其主要任务在于：测算各项生产经营方案的经济效益，为决策提供可靠的依据，预计财务收支的发展变化情况，以确定经营目标，测定各项定额和标准，为编制计划、分解计划指标服务。

2. 财务预测的步骤

财务预测通过以下步骤进行：（1）了解企业的市场策略，明确企业市场策略对收入和利润的影响；（2）分析企业过去及当期财务报表显示的业绩状况，对营业收入进行预测；（3）根据企业的资产需求预测、负债需求预测、利润及权益需求预测，对融资需求进行预测；（4）根据融资需求的预测，规划企业的融资来源，根据分析结果对营业收入预期增长率进行调整。

3. 财务预测的方法——营业收入百分比法

营业收入百分比法是财务预测的方法之一，它根据资产负债表和利润表中有关项目与营业收入之间的依存关系来预测资本需要量。这种方法假设：第一，报表中的主要项目或要素与营业收入紧密联系；第二，目前资产负债表中的各项水平对当前的营业收入来讲都是最佳水平。其基本步骤如下：（1）确定各资产和负债项目的营业收入百分比；（2）根据预测期销售额和营业收入百分比确定预测期各项资产和负债的预计数；（3）确定预测期可动用的金融资产；（4）根据基期利润表各项目与营业收入的比例关系，确定留存收益变动额；（5）确定外部融资需求量。

外部融资需求量 = 预计资产总额 - 预计负债总额 - 预计所有者权益总额

外部融资需求量 = 预计资产增加额 - 预计负债增加额 - 预计所有者权益增加额

4. 现金预算

现金预算是以包括销售预算、生产预算、成本与费用预算在内的业务预算、资本预算为基础编制的，反映企业在预算期内全部现金流入与现金流出，以及为满足最佳现金持有量而进行现金投融资的短期预算。现金预算由期初现金余额、现金流入、现金流出、实际现金余额、现金投放与筹措五部分构成，其中，期初现金余额 + 现金流入 - 现金流出 = 实际现金余额。

预算期的现金流入主要是销售取得的现金收入，数据主要来自业务预算中企业根据预测的销售量、销售单价确定的销售预算。预算期的现金流出包括直接材料费用、直接人工费用、制造费用、销售及管理费用、所得税费用、股利分配等各项现金支出。

5. 预计财务报表

预计财务报表包括预计利润表和预计资产负债表。预计利润表用来综合反映企业在预算期的经营成果，其编制的依据是各业务预算、资本预算和现金预算。预计利润表编制完成后，即可编制预计资产负债表。预计资产负债表的主要作用是反映和衡量企业的资本来源与运用及其与整个财务结构的关系，展示企业未来的财务前景。该表是利用期初资产负债表，结合预算期各业务预算、资本预算、现金预算和预计利润表编制而成的。

5.2.2 增长管理

1. 企业实现增长管理的方式

企业实现增长管理的方式有三种：

（1）内含增长。它是指仅依靠企业自身的留存收益以及自发性的商业信用融资支持企业营业收入实现的最大增长。

（2）依靠外部资金增长。这种增长方式主要依靠包括债务融资和股权融资在内的外部融资实现企业营业收入的增长。

（3）平衡增长。它是指企业在保持现有的财务结构和与此相关的财务风险且不发行新股的前提下，按照留存收益的增长比率增加借款进而支持企业营业收入的增长。

2. 可持续增长

可持续增长是研究增长管理的核心概念，是指在不增发新股并保持经营效率和财务政策条件下，企业销售所能增长的最大比率。其中的经营效率是指销售净利率和总资产周转率，财务政策是指股利支付率和资本结构。可持续增长率可通过以下两种模型计算：

（1）Higgins 模型下的可持续增长率为：

$$g^* = \frac{\text{股东权益变动值}}{\text{股东权益}_{bop}}$$

$$g^* = P \times A \times \hat{T} \times R = P \times A \times \hat{T} \times (1-d)$$

bop 表示期初股东权益；*P* 为销售净利率；*A* 为总资产周转率；*T* 为权益乘数（即资产与权益比，加上“^”符号是作为一个提示，它等于资产除以期初股东权益而不是期末股东权益）；*d* 为股利支付率。

（2）Van Horne 模型下的可持续增长率为：

$$g = \frac{P \times A \times T \times (1-d)}{1 - P \times A \times T(1-d)} = \frac{ROE \times (1-d)}{1 - ROE \times (1-d)}$$

g 表示根据期末股东权益计算的可持续增长率（SGR），*ROE* 表示净资产收益率，*P*、*A*、*d* 含义同上式。特别需要说明的是，权益乘数 *T* 等于资产除以期末股东权益而不是期初股东权益。

3. 实际增长率与可持续增长率的关系

可持续增长率是企业实现平衡增长的标志，其核心是为管理层提供管理企业增长速度的基本参照值，但是企业实际经营中的实际增长率与可持续增长率并不完全一致，当出现不一致时管理者应该事先预计并解决企业超过或低于可持续增长率以后所带来的财务问题，对营业收入的增长进行管理，使之与企业的财务能力相协调。在实际中，企业的实际增长率与可持续增长率常常有以下两种情况：

（1）实际增长率大于可持续增长率。实际增长率大于可持续增长率意味着企业现金短缺。处于初创期和成长期的企业容易发生现金短缺。当实际增长率达到可持续增长率的 4 ~6 倍时，银行已经不愿向企业提供贷款，企业从营业收入中取得的现金流量会被迅速增长的营运资本自发吸收，如果企业没有富裕的自由现金流量，就会处于资金周转相对紧张的阶段。如果管理层预判企业高增长状况是可持续的，就可以结合实际情况采取以下可能的措施：增发新股融资；提高财务杠杆；剥离低效业务等。

（2）实际增长率小于可持续增长率。当实际增长率小于可持续增长率时，意味着企业对资金的需求程度下降，处于成熟期和衰退期的企业容易产生多余的现金。当企业的实际增长率达不到可持续增长率时，企业面临的问题是怎样处理出现的现金过剩，即如何利用该现金流为企业带来价值增值。如果管理层预判企业低增长状况还将持续，可以结合实际情况采取以下可能的措施：增发股利、回购股票；偿还债务、新增投资；转型升级、稳定增长等。

5.3 习题与案例

5.3.1 单项选择题

1.（　　）是企业在预测与决策的基础上，围绕战略规划、经营目标和资源状况，对预算期内企业各财务资源进行配置，是对企业未来一定时期内经营、投融资、现金流量等活动的具体计划和详细安排。

A. 投资　　B. 预算　　C. 筹资　　D. 分析与评价

2. 企业成长的最主要特征是（　　）的增长。

A. 营业收入　　B. 净利润　　C. 资产　　D. 现金流量

3. 下列预算中，不属于业务预算内容的是（　　）。

A. 销售预算　　B. 生产预算　　C. 资本支出预算　　D. 制造费用预算

4.（　　）是根据财务活动的历史资料，考虑现实的要求和条件，对企业未来的财务活动和财务成果做出科学的预计和测算。

A. 财务预算　　B. 财务测算　　C. 财务分析　　D. 财务预测

5. 与企业资金收支、财务状况或经营成果等有关的预算是（　　）。

A. 经营预算　　B. 专门决策预算　　C. 财务预算　　D. 生产预算

6. A公司要预估本年第三季度车间生产数量，现已知第二季度末的产成品还有库存160件，预计第三季度能够销售330件，第三季度末产成品剩余90件，则预计第三季度的生产量为（　　）件。

A. 260　　B. 400　　C. 420　　D. 500

7. 乙公司上年销售收入为2 000万元，预计下一年的通货膨胀率为5%，销售量增长率为10%，所确定的外部筹资额为销售收入的20%，则对应外部应追加的资金为（　　）万元。

A. 62　　B. 25　　C. 75　　D. 60

8. 在企业有盈利的情况下，下列有关外部融资需求的表述正确的是（　　）。

A. 销售增加，必然引起外部融资需求的增加

B. 销售净利率的提高必然引起外部融资的减少

C. 股利支付率的提高必然会引起外部融资额增加

D. 资产周转率的提高必然引起外部融资额增加

9. 营业收入百分比法下的主变量是（　　）。

A. 存货　　B. 资金　　C. 营业收入　　D. 销售成本

10. 如果企业新增股东权益仅来自留存收益，则当年留存收益增加额的计算公式为（　　）。

A. 净利润 ×（1 – 股利支付率）　　B. 净利润 × 股利支付率

C. 净利润增加额 ×（1 – 股利支付率）　　D. 净利润 ×（1 – 留存收益比率）

11. 以下项目中不属于敏感性资产项目的是（　　）。

A. 现金　　B. 应收账款　　C. 应收票据　　D. 存货

12. 可持续增长率是指企业在不增发新股并保持经营效率和财务政策条件下，企业销售所能增长的（　　）。

A. 最大比率　　B. 最低比率　　C. 最适宜比率　　D. 内含比率

13. 在实务中，如果企业不能获得外部资金，其销售增长不能突破（　　）。

A. 内含增长率　　B. 可持续增长率　　C. 20%　　D. 10%

14. 下列说法中，不正确的是（　　）。

A. 如果企业的实际增长率等于内含增长率，则企业不增加负债

B. 若外部融资销售增长比为负数，则说明不需要从外部融资

C. 狭义的财务预测指估计企业未来的融资需求

D. 平衡增长就是保持目前的财务结构和与此有关的财务风险，按照股东权益的增长比例增加借款，以此支持销售增长

15. 如果财务杠杆比率不变，随着股东权益的增长，必须以相同比率增长的是（　　）。

A. 资产　　B. 所有者权益　　C. 负债　　D. 股本

16. A 公司处于可持续增长状态。2021 年初总资产为 1 000 万元，总负债为 200 万元，预计 2021 年净利润为 100 万元，股利支付率为 20%。运用 Higgins 模型计算 A 公司 2021 年可持续增长率为（　　）。

A. 8%　　B. 10%　　C. 11.1%　　D. 2.5%

17. 下列关于可持续增长率的说法中，正确的是（　　）。

A. 可持续增长率是指企业仅依靠内部筹资时，可实现的最大销售增长率

B. 可持续增长率是指不改变经营效率和财务政策时，可实现的最小销售增长率

C. 在经营效率和财务政策不变时，可持续增长率等于实际增长率

D. 在可持续增长状态下，企业的资产、负债和权益保持同比增长

18. 下列关于 Higgins 模型下的可持续增长率的表述中，正确的是（　　）。

A. 当可持续增长率等于销售实际增长率时，企业保持平衡增长

B. “可持续增长率”和“内含增长率”的共同点是都不会引起资产负债率的变化

C. 若总资产净利率为 12%，期初权益乘数为 2，股利支付率为 40%，则可持续增长

率为9.5%

D. 可持续增长率等于股东权益增长率

19. 企业可以通过（　　）的方式提高自己的可持续增长率。

A. 减少债务　　B. 回购股份　　C. 增加并购　　D. 增加留存收益

20. 甲企业上年的可持续增长率为10%，净利润为500万元（留存300万元），上年利润分配之后资产负债表中留存收益为800万元，若预计今年处于可持续增长状态，则今年利润分配之后资产负债表中留存收益为（　　）万元。

A. 1 010　　B. 1 100　　C. 1 130　　D. 1 170

5.3.2 多项选择题

1. 财务预测的作用有（　　）。

A. 财务预测是融资计划的前提

B. 财务预测是企业经营活动顺利进行的基础

C. 财务预测有助于改善投资决策

D. 财务预测有助于增强企业的应变能力

2. 在营业收入百分比法中，以下项目不属于敏感项目的有（　　）。

A. 应收账款　　B. 实收资本　　C. 短期借款　　D. 非流动负债

3. 以下各项中属于财务预测步骤的有（　　）。

A. 明确企业市场策略对收入和利润的影响

B. 营业收入预测

C. 融资需求预测

D. 对营业收入预期增长率进行调整

4. 在长期负债与股东权益比率一定的情况下，公司追加借款的数额取决的因素有（　　）。

A. 留存收益　　B. 总资产周转率　　C. 权益乘数　　D. 杠杆比率

5. 如果一个企业增长所需资金完全来自内部资金，那么经过一段时间后公司资金总额中出现的现象有（　　）。

A. 股东权益不断减少　　B. 负债比率不断上升

C. 负债比率不断下降　　D. 股东权益不断增加

6. 运用营业收入百分比法预测外部资金需求量时，与其呈同方向变动的因素有（　　）。

A. 获利能力　　B. 股利支付率

C. 销售变动额　　D. 随销售变动的资产项

7. 营业收入百分比法是一种比较简单粗略的预测方法。该方法的缺陷表现为（　　）。

A. 假设各项经营资产和经营负债与营业收入保持稳定的百分比，可能与事实不符

B. 假设计划销售净利率可以涵盖借款利息的增减，也不一定合理

C. 假设企业每年发放股利，可能与事实不符

D. 假设存在一部分可动用金融资产，不一定合理

8. 以下各项中属于利润预算的内容有（　　）。

A. 营业收入的预算　　B. 营业利润的预算

C. 税后利润的预算　　D. 利润总额的预算

9. 以下属于现金预算构成部分的有（　　）。

A. 现金流入量　　B. 现金流出量　　C. 期初现金余额　　D. 现金投放与筹措

10. 在内含增长的情况下，下列说法不正确的有（　　）。

A. 负债不增加　　B. 不从外部融资　　C. 资产负债率不变　　D. 股东权益不增加

11. 下列各项中，用 Higgins 模型计算可持续增长率的相关说法正确的有（　　）。

A. 公司增加的股东权益仅来自留存收益　　B. 杠杆比率保持不变

C. 股利支付率保持不变　　D. 资产增长与销售增长相等

12. 位于平衡增长线下方的缓慢扩张、高盈利的公司可以通过（　　）的措施实现平衡增长。

A. 改变营业收入增长率　　B. 改变目标经营效率总资产净利率

C. 修正财务政策　　D. 提高留存收益率

13. 下列各项中，与 Van Horne 模型计算的可持续增长率呈同方向变动的因素有（　　）。

A. 净资产收益率　　B. 股利支付率　　C. 留存收益率　　D. 财务杠杆系数

14. 甲企业上年的可持续增长率为18%，预计本年不增发新股和回购股票，销售净利率下降，其他财务比率不变，则（　　）。

A. 本年实际增长率高于18%　　B. 本年可持续增长率低于18%

C. 本年实际增长率低于18%　　D. 本年可持续增长率高于18%

15. 实际增长率大于可持续增长率意味着企业现金短缺，企业可以通过（　　）措施来应对快速增长。

A. 增发新股融资　　B. 提高财务杠杆　　C. 剥离低效业务　　D. 降低财务杠杆

16. 如果一个企业增长所需资金完全来自内部，这些资金有（　　）。

A. 新增的留存收益　　B. 自然性筹资形成的资金

C. 折旧扣除当年更新改造的金额　　D. 负债筹资形成的资金

17. 下列计算“可持续增长率”的公式正确的有（　　）。

A. 可持续增长率 = 资产周转率 × 销售净利率 × 期初权益乘数 × 收益留存率

B. 可持续增长率 = 净资产增长率

C. 可持续增长率 = 所有者权益收益率 × 收益留存率

D. 可持续增长率 = 留存收益 ÷ 期初所有者权益

18. A 公司 2020 年度财务报表主要数据为：收入 5 000 万元，税后利润 500 万元，股

利200万元，留存收益300万元，负债5 000万元，负债及股东权益合计为10 000万元。假设A公司2021年可以保持2020年的经营效率和财务政策。产品能为市场接受，不变的销售净利率可以涵盖不断增加的利息，不准备发行新股，则下列说法正确的有（　　）。

A. 该公司的可持续增长率为6.38%　　B. 2021年预期营业收入增长率为0

C. 2021年预期营业收入增长率为6.38%　　D. 2021年预期收益留存率为40%

19. 在可持续增长的情况下，下列等式正确的有（　　）。

A. 营业收入增长率 = 资产增长率　　B. 股东权益增加 = 留存收益增加

C. 营业收入增长率 = 股东权益增长率　　D. 股利增长率 = 营业收入增长率

20. 假设企业本年的经营效率、资本结构和股利支付率与上年相同，目标营业收入增长率为30%（大于可持续增长率），则下列说法中正确的有（　　）。

A. 本年权益净利率为30%　　B. 本年净利润增长率为30%

C. 本年新增投资的报酬率为30%　　D. 本年总资产增长率为30%

5.3.3　判断题

1. 在营业收入百分比法下，预计利润表与实际利润表、预计资产负债表与实际资产负债表的内容和格式都是相同的。（　　）

2. 如果生产能力已饱和，增加营业收入，将会引起固定资产的增加，这时可以把固定资产作为敏感性项目。（　　）

3. 利润预算是企业预算期营业利润、利润总额和税后利润的综合预算，是企业综合性最强的预算。（　　）

4. 企业的全面预算主要由业务预算、资本预算和财务预算构成。（　　）

5. 在企业的全面预算中，财务预算的预算期最长，资本预算次之，业务预算的预算期最短。（　　）

6. 全面预算主要用于落实企业的长期战略目标规划，而非短期。（　　）

7. Higgins模型和Van Horne模型的区别在于：Higgins利用期初股东权益计算可持续增长率，而Van Horne是利用期末权益股东权益计算可持续增长率。（　　）

8. 如果利用营业收入百分法计算企业的外部资金需要量为 -30万元，说明企业资金不足，需要对外筹资。（　　）

9. 营业收入百分比法下，调整变量的选择既可以是公司债，也可以是股东权益，还可以两者同时变动。（　　）

10. 如果企业的预计营业收入增长率超过可持续增长率，企业如果不采取措施，会面临资金短缺问题。（　　）

11. 计算可持续增长率假设财务杠杆不变，这里的财务杠杆既可以用有息债务/股东权益表示，也可以用股利支付率表示。（　　）

12. 可持续增长率的计算与资产收益率无关。（　　）

13. 通常计算的可持续增长率高于内含增长率。（　　）

14. 采用营业收入百分比法预测筹资需求量的前提条件是公司所有资产及负债与营业收入额保持稳定百分比关系。（　　）

15. 财务可持续增长问题就是管理由不平衡增长所引起的现金顺差或现金逆差。（　　）

16. 如果企业不发行新股，且销售净利率、资产周转率、留存收益率、权益乘数保持不变，此时平衡增长率与可持续增长率相等。（　　）

17. 一个公司预计扩张的前提是，预计营业收入增长率高于可持续增长率。（　　）

18. 资本预算是企业在预算期内进行资本性投资活动的预算，主要包括固定资产投资预算、权益性资本投资预算和债券投资预算等。（　　）

19. 当企业的实际增长率小于可持续增长率时，如果管理层预判企业低增长状况还将持续，可以结合实际情况采取增长股利、回购股票、减少投资等措施应对。（　　）

20. 当企业的营业收入增长与总资产净利率的组合偏离平衡增长线时，要么产生现金逆差，要么产生现金顺差。（　　）

5.3.4　计算分析题

1. 甲公司只生产一种产品，预计每个季度实现的营业收入均以赊销方式售出，其中 70% 在本季度内收到现金，其余 30% 要到下一季度收讫，假定不考虑坏账因素。部分与营业收入预算有关的数据如表 5－1 所示。根据资料计算并确定用字母表示的数值。

表 5－1　　甲公司营业收入相关数据　　单位：元

项　目	一季度	二季度	三季度	四季度
预计营业收入	117 000	117 000	128 700	128 700
期初应收账款	20 800	*	*	*
第一季度营业收入当期收现额	A	*		
第二季度营业收入当期收现额		B	*	
第三季度营业收入当期收现额			*	*
第四季度营业收入当期收现额				D
经营现金收入合计	*	117 000	C	128 700

说明：表中 * 表示省略的数据。

2. D 公司 2021 年预计营业收入为 40 000 万元，预计营业净利率为 10%，股利支付率为 60%。试测算 D 公司 2021 年的内部资金来源。

3. 已知 E 公司 2020 年营业收入为 25 000 万元，营业净利率为 12%，净利润的 60% 分配给投资者。表 5－2 为 E 公司 2020 年 12 月 31 日的资产负债表（简表）。

表 5 - 2　　　　资产负债表（简表）

2020 年 12 月 31 日　　　　单位：万元

资产	期末余额	负债及所有者权益	期末余额
货币资金	1 000	应付账款	3 000
应收账款	3 000	长期借款	9 000
存货	6 000	实收资本	4 000
固定资产	7 000	留存收益	2 000
无形资产	1 000		
资产总计	18 000	负债及股东权益合计	18 000

E 公司计划 2021 年营业收入比上年增长 20%，为实现这一目标，公司需要新增设备一台，价值 148 万元。根据历年财务数据分析，公司流动资产与负债随营业收入同比例增减。假定该公司 2021 年的营业净利率和利润分配政策与上年保持一致。要求：

（1）计算 2021 年 E 公司需要增加的营运资金。

（2）预测 2021 年 E 公司需要对外筹集的资金量。

4. A 公司希望保持每年 10% 的增长速度，并且目前的负债权益比为 1/4，现金股利支付率为 30%，以及总资产与销售收入保持 1.2∶1 的比例不变，假设 A 公司不增发股票，所有涉及资产负债表内的项目均以期末数计，那么 A 公司的销售净利率必须达到多少？

5. G 公司上年的可持续增长率为 8%，净利润为 500 万元（留存 240 万元），上年利润分配之后资产负债表中留存收益为 600 万元，预计本年处于可持续增长状态，则本年利润分配之后资产负债表中的留存收益为多少万元？

5.3.5　案例分析题

1. 乙公司 2020 年营业收入为 100 000 万元，销售净利率为 10%，2020 年分配的股利为 5 000 万元，如果 2021 年营业收入增长率为 10%，假定销售净利率仍为 10%，公司采用的是固定股利支付率政策。乙公司 2020 年有关资料如表 5 - 3 所示。

表 5 - 3　　　　资产负债表

2020 年 12 月 31 日　　　　单位：万元

资产	金额	与营业收入的关系	负债及所有者权益	金额	与营业收入的关系
货币资金	2 000	变动	短期借款	12 000	不变动
应收账款	28 000	变动	应付账款	18 000	变动
存货	30 000	变动	应付债券	15 000	不变动
固定资产	40 000	变动	实收资本	30 000	不变动
			留存收益	25 000	不变动
资产总计	100 000		负债及所有者权益合计	100 000	

要求根据以上资料回答下列问题：

（1）按营业收入百分比法预测 2021 年需要增加的资金。

（2）按营业收入百分比法预测 2021 年需要从外部追加的资金。

（3）若 2021 年所需从外部追加的资金均采用发行债券方式取得，每张债券面值为 1 000 元，票面利率 8%，期限 5 年，每年年末支付利息，到期还本，发行价格为 900 元，所得税税率为 25%，假定不考虑筹资费用的影响，运用一般模式计算债券的资本成本。

（4）根据以上计算结果，计算填列该公司 2021 年预计的资产负债表（见表 5－4）。

表 5－4　　**预计资产负债表**

2021 年 12 月 31 日　　单位：万元

资产	金额	负债及所有者权益	金额
货币资金		短期借款	
应收账款		应付账款	
存货		应付债券	
固定资产		实收资本	
		留存收益	
资产总计		负债及股东权益合计	

2. 丙公司是一家生产日用消费品的企业，2020 年的利润表显示营业收入为 200 万元，净利润为 40 万元，分红为 10 万元。资产负债表显示其流动资产为 40 万元，固定资产为 360 万元。流动负债为 20 万元，长期负债为 100 万元，普通股 200 万元，留存收益 80 万元。结合以上资料，请回答如下问题：

（1）丙公司的可持续增长率为多少？

（2）如果 2021 年丙公司希望其营业收入达到 240 万元，那么该公司需要多少外部融资？假设丙公司 2020 年生产能力已经达到极限，净利润与营业收入的比例和分红占净利润的比例不变。

（3）可持续增长率不是一成不变的，丙公司在未来的发展过程中如何改变其可持续增长率？

3. 丁公司是国内一家从事建筑装饰材料生产与销售的股份公司。2020 年底，国家宏观经济增势放缓，房地产行业也面临着严峻的宏观调控形势。为应对挑战，2021 年初丁公司召集由中高层管理人员参加的公司战略规划研讨会，部分参会人员发言要点如下：

市场部经理：尽管宏观经济增势放缓，但公司仍有发展空间，公司宜扩大规模，谋求更快发展。近年来，本公司的主要竞争对手 A 公司年均营业收入增长率达 12% 以上，而本公司同期年均营业收入增长率仅为 4%，仍有市场拓展余地。建议进一步拓展市场，争取今明两年把销售增长率提升至 12% 以上。

财务部经理：财务部将积极配合公司战略调整，同时建议公司战略调整要考虑现有的财务状况和财务政策。本公司 2020 年末资产总额为 50 亿元，负债总额为 25 亿元，所有者权益为25亿元；2020年度营业收入总额为40亿元，净利润为2亿元，分配现金股利1亿元。近年来，公司一直维持50%的资产负债率和50%的股利支付率的财务政策。

总经理：公司的发展应稳中求进，既要抓住机遇加快发展，也要积极防范财务风险。根据董事会有关决议，公司资产负债率不得高于60%这一行业平均值，股利支付率一般不得低于40%，公司有关财务安排不能突破这一红线。

假定不考虑其他因素。要求：

（1）根据丁公司2020年度财务数据，计算该公司的可持续增长率。

（2）在保持2021年经营效率和财务政策不变以及不从外部进行股权融资的前提下，判断市场部经理的建议是否合理，并说明理由。

（3）在保持董事会设定的资产负债率和股利支付率指标值不变，以及不从外部进行股权融资的前提下，计算丁公司可实现的最高营业收入增长率。

4. 甲公司是一家新能源材料生产企业，为做好2022年财务计划，拟进行财务报表分析与预测。甲公司2021年主要财务数据见表5－5、表5－6。公司没有优先股且没有外部股权融资计划，股东权益变动均来自留存收益。公司采用固定股利支付率政策，股利支付率为60%。销售部门预测公司2022年营业收入增长率为10%，公司所得税税率为25%。

表5－5　利润表　　单位：万元

项　目	2021年度	2022年度预计数
营业收入	32 000	
减：营业成本	20 000	
税金及附加	1 120	
销售费用	2 000	
管理费用	4 000	
财务费用	480	
利润总额	4 400	
减：所得税费用	1 100	
净利润	3 300	

表5－6　资产负债表　　单位：万元

项目	2021年末数	2022年预计数	项目	2021年末数	2022年预计数
货币资金	1 200		应付账款	2 000	
应收账款	3 200		其他流动负债	4 000	
存货	3 000		长期借款	6 000	
固定资产	16 600		股东权益	12 000	
资产总计	24 000		**负债及股权总计**	24 000	

要求：

（1）根据甲公司 2021 年资产负债表和利润表中的相关数据计算以下财务指标：净资产收益率、销售净利率、总资产周转率、资产负债率、权益乘数；写出上述指标之间的关系式。

（2）假设 2022 年公司除长期借款外，所有资产和负债项目占营业收入的百分比与 2021 年相同，所有成本费用占营业收入的百分比与 2021 年相同。用营业收入百分比法计算甲公司 2022 年的外部融资需求。

（3）假设：2022 年甲公司除货币资金、长期借款外，所有资产和负债项目占营业收入的百分比与 2021 年相同；除财务费用和所得税费用外，所有成本费用项目占营业收入的百分比与 2021 年相同；2022 年新增财务费用按新增长期借款期初借入计算，所得税费用按当年利润总额计算。为满足资金需求，甲公司根据（2）测算的外部融资需求，以百万元为单位向银行申请贷款，贷款利率 8%，贷款金额超出融资需求部分计入货币资金。请编制公司 2022 年预计资产负债表和预计利润表（预计数填入表 5－5、表 5－6 相应空白处）。

（4）计算甲公司 2021 年的可持续增长率，并从价值创造的角度阐述企业战略及财务活动与可持续增长率之间的关系。

第 6 章　项目投资决策

6.1　导　学

6.1.1　本章思维导图

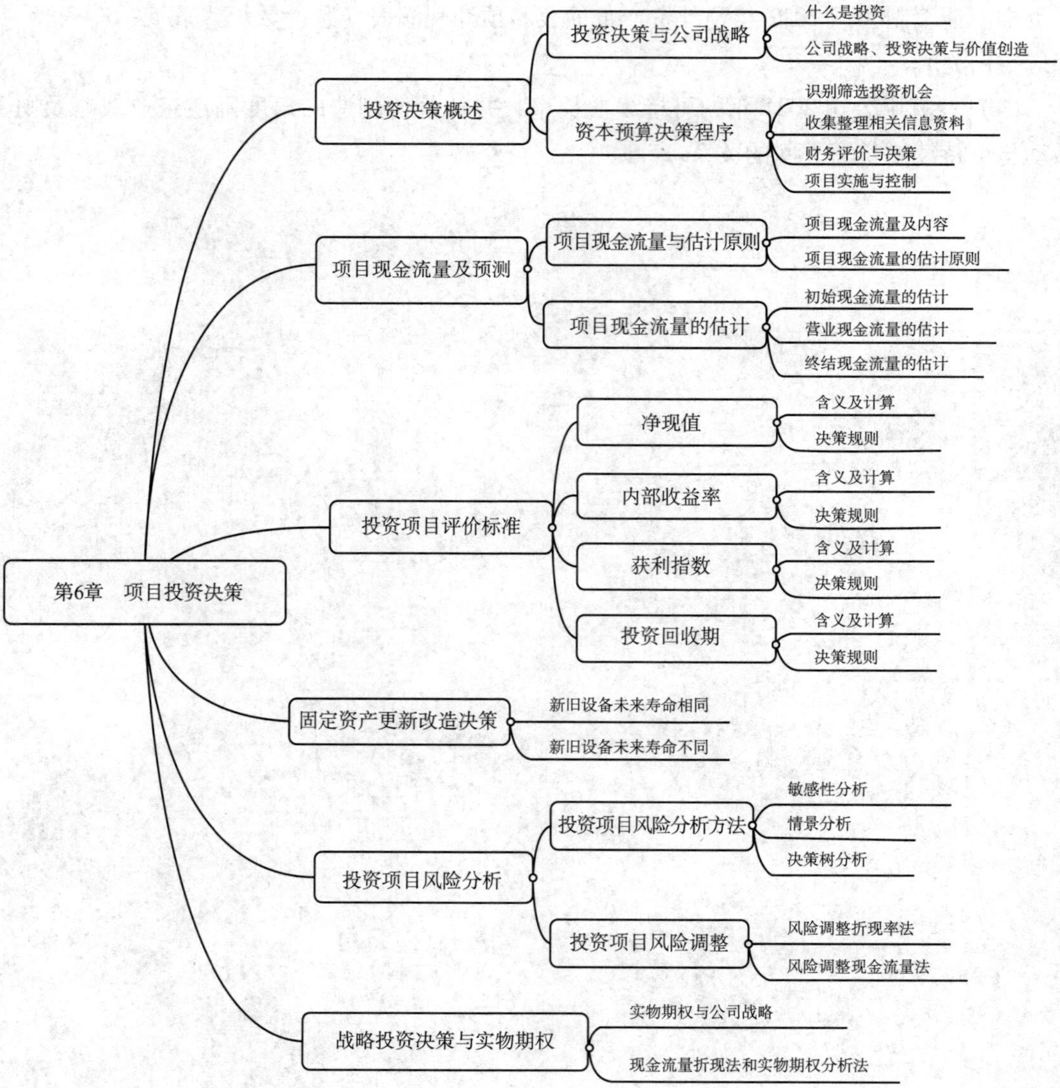

6.1.2 学习目标与要求

通过本章学习，学生应理解投资决策与公司战略、价值创造之间的关系；了解投资决策的类型与资本预算决策的程序；掌握项目现金流量的预测原则和预测方法；掌握净现值、内部收益率、获利指数、投资回收期的计算与决策标准，并能够熟练运用这些指标进行投资决策；熟悉项目风险敏感性分析、情景分析、决策树分析；熟悉风险调整的基本方法；了解实物期权在战略投资中的应用。

6.1.3 预习要点

1. 主要概念

（1）投资决策	（2）资本预算	（3）现金流出
（4）增量现金流量	（5）沉没成本	（6）机会成本
（7）初始现金流量	（8）存续期现金流量	（9）终结现金流量
（10）净现值	（11）内部收益率	（12）获利指数
（13）投资回收期	（14）互斥项目	（15）差额分析法
（16）等额年金法	（17）平均年成本法	（18）项目风险
（19）敏感性分析	（20）情景分析	（21）决策树分析
（22）风险调整折现率法	（23）风险调整现金流量法	（24）实物期权分析法

2. 关键问题

（1）公司战略、投资决策与价值创造的联系。

（2）资本预算决策的程序。

（3）项目现金流量的内容、项目增量现金流量的识别与估计原则。

（4）项目初始现金流量、营业净流量与终结现金流量的估计。

（5）净现值的原理、计算、决策规则及优缺点。

（6）获利指数的原理、计算、决策规则及优缺点。

（7）内部收益率的原理、计算、决策规则及优缺点，互斥投资项目决策问题。

（8）投资项目财务可行性的判断。

（9）税负与折旧对项目投资决策的影响。

（10）固定资产更新改造决策（新旧设备未来使用寿命相同、新旧设备未来使用寿命不相同）。

（11）敏感性分析的原理、具体步骤与敏感性分析中的安全错觉问题。

（12）情景分析及其与敏感性分析的联系。

（13）决策树分析的基本原理与决策过程。

（14）投资项目的风险调整问题。

（15）现金流量折现法与实物期权分析法。

6.2 难点与重点

本章的重点：投资决策与公司价值创造的关系、资本预算决策的程序、项目现金流量的估计；净现值、内部收益率、获利指数等主要评价指标的含义、计算公式和评价准则；投资决策评价标准的应用等。

本章的难点：利用时间轴，分析项目现金流的分布特征，估计不同时点的现金流量；内部收益率中互斥投资项目的规模问题；固定资产更新改造决策问题；敏感性分析、情景分析与决策树分析；风险调整折现率法与风险调整现金流量法；实物期权分析法等。

6.2.1 投资决策与公司价值创造

1. 投资决策及其对公司价值创造的影响

投资是指投入当前资金或其他资源以期望在未来获得收益的行为。投资决策是实现公司增长战略、业务布局、实施资源配置的关键性财务决策。对任何一个项目的投资，都是反映和实施公司总体战略的行动方案，是在既定的经营战略下，依托公司组织能力，以及资金筹集与资本结构、现金创造与现金管理等财务战略的实施，对投入资本进行配置、管理与有效运用的过程，其目的在于提高公司超越竞争对手的优势。

投资决策连接经营战略与财务战略，决定公司的资产规模、资产结构与质量，进而决定公司的成本结构，影响公司未来的增长及风险，是公司持续价值创造的核心环节。成功的投资决策将会对公司未来多年的财务业绩做出积极贡献，对公司未来发展方向有着决定性影响。投资项目是否可行，以最终是否有利于公司价值创造为决策依据。

2. 资本预算决策

经营性资产投资决策通常称为资本预算、资本性支出决策。资本预算决策就是发现、评价并实现投资机会的过程，其目的是发掘有助于增强公司竞争优势、增加公司价值的投资项目。资本预算决策通常包括识别与筛选投资机会、搜集整理与投资项目相关的信息资料、财务评价与决策、资本预算项目的实施与控制等几个步骤。

6.2.2 现金流量的估计

1. 项目现金流量

投资项目现金流量是指与投资项目相关的各项现金流入量与现金流出量的统称，包括现金流入量、现金流出量与现金净流量。需要注意的是，由于项目计算期不同阶段上发生的现金流入量和现金流出量并不同步，因此各阶段的现金净流量表现出不同的特点，如建设期内现金净流量一般为负值或等于零；运营期内的现金净流量则多为正值。

2. 现金流量估计原则

在任何投资决策中，起点都是识别相关现金流量，即增量现金流量。项目的增量现金流量是指接受某个投资项目时公司预计现金流量与拒绝某个投资项目时公司预计现金流之间的差额。估计项目现金流量时主要应遵循以下原则：考虑机会成本的影响；不考虑沉没成本；考虑所得税的影响。

3. 项目现金流量的估计

从整个资本预算项目的寿命周期来看，项目的全部现金流量可以分为三部分：初始现金流量、营业现金流量和终结现金流量。

（1）初始现金流量。初始现金流量是指为建成投资项目并投入运营而发生的全部现金流量，也就是投资项目现金流出量中的原始投资额，包括建设投资和垫支的营运资本投资。另外，若投资项目存在机会成本，还应考虑机会成本（即丧失的机会收益）。

（2）营业现金净流量。营业现金净流量是指投资项目在运营期内由于生产经营活动的开展而产生的现金流量。包括运营期营业现金收入、运营期经营付现成本和运营期相关税金等。同时要考虑折旧等非付现成本的抵税效应。营业现金净流量一般按年度进行计算，有直接法、间接法和税盾法三种计算方法：

直接法：营业现金净流量 = 营业收入 − 付现成本 − 所得税。

间接法：营业现金净流量 = 净利润 + 非付现成本。

税盾法：营业现金净流量 =（营业收入 − 付现成本）×（$1-T$）+ 非付现成本 × T。

（3）终结现金流量。终结现金流量是指投资项目终结时所发生的现金流量，主要包括：项目终结时固定资产出售或报废时的变现价值；固定资产变现净损益形成的纳税或抵税金额；垫支营运资金的收回金额；恢复的机会收益等。

6.2.3　投资项目评价标准

1. 投资回收期

投资回收期是指从投资方案实施开始到收回初始投入资金所需要的时间。

当项目初始投资在建设起点一次性投入，而且项目在运营期内每年产生的现金净流量相等时：

$$\text{投资回收期(PP)} = \frac{\text{初始投资额}}{\text{每年现金净流量}}$$

当初始投资额在建设期内分次投入，或项目在运营期内各年现金净流量不相等时：

$$\text{PP} = \text{累计现金净流量最后一次为负值对应的年份 N} + \frac{\text{第 N 年年末尚未回收的初始投资额}}{\text{第 N+1 年的现金净流量}}$$

投资回收期的决策规则：如果投资回收期小于或等于预先规定的目标回收期，则项目可行，如果投资回收期大于预先规定的目标回收期，则项目不可行。

投资回收期的优点：计算简单，便于理解，提供了回收项目投资时间的信息；一定程度上考虑了投资的风险状况。

投资回收期的缺点：没有考虑货币时间价值；没有考虑回收期内的现金流量序列；没有考虑回收期后的现金流量；投资回收期的决策依据主观臆断。

2. 净现值

净现值是指在投资项目的寿命期内各年现金净流量按一定的折现率计算的现值之和。计算式如下：

$$NPV = \sum_{t=0}^{n} \frac{NCF_t}{(1+r)^t}$$

净现值法的决策规则：对于独立项目而言，净现值大于或等于零，项目可行，接受项目。净现值小于零，则项目不可行，拒绝项目；对于互斥项目而言，接受正的净现值最大的项目。如果没有正的净现值，则拒绝所有项目。

净现值的优点：净现值以项目净现金流的现值（而不是会计收益）为基础进行方案选择；对项目未来预期收益的实际时间反应敏感，考虑了货币的时间价值，使收益和支出在逻辑上具有可比性；按净现值标准接受的项目会增加公司的价值，符合企业理财目标。

净现值的缺点：不能揭示投资项目本身可能达到的收益率的大小，不能解决独立项目的排序问题。

3. 获利指数

获利指数是投资项目整个寿命周期内的未来现金净流量的现值与初始投资额的比率，是从投资效率的角度来评价每个单位投资的现值能够产生多少现金净流入量现值。计算公式为：

$$PI = \sum_{t=1}^{n} \frac{NCF_t}{(1+r)^t} \div CF_0$$

获利指数的决策规则：若获利指数大于1或等于1，则可以接受项目；若获利指数小于1，则应该放弃项目。

获利指数的优点：考虑了货币时间价值，能真实地反映投资项目的盈利能力；获利指数用相对数来表示，考虑了项目的原始投资规模，可以进行独立项目获利能力的比较。

获利指数的缺点：获利指数只代表获得收益的能力而不代表实际可能获得的财富，忽略了互斥项目之间投资规模上的差异，所以在多个互斥项目的选择中，可能会导致错误的决策。

4. 内部收益率

内部收益率是指使投资项目的预期现金流入量现值等于现金流出量现值时的折现率，也就是使项目的净现值等于零时的折现率。可以利用下式计算得出：

$$NPV = NCF_0 + \frac{NCF_1}{(1+IRR)^1} + \frac{NCF_2}{(1+IRR)^2} + \cdots + \frac{NCF_n}{(1+IRR)^n} = \sum_{t=0}^{n} \frac{NCF_t}{(1+IRR)^t} = 0$$

内部收益率是投资项目的预期收益率。如果项目的内部收益率大于投资的必要收益率或项目的资本成本，就可以接受项目；如果项目的内部收益率小于要求的投资必要收益率或项目的资本成本，就应放弃项目。

内部收益率的优点：当项目的资本成本不确定时（计算内部收益率不需知道资本成本），估计项目的内部收益率比估计净现值更容易；用内部收益率这一个数字就能够概括出投资项目的特性，涵盖项目的主要信息，方便对项目进行分析评价；使用内部收益率决策规则比净现值规则更容易传递项目潜在的获利能力信息。

内部收益率法的缺点：当存在多重收益率时，内部收益率法不能给出正确的结论；在互斥项目投资中，该方法因忽略项目的投资规模（规模问题）而可能以较高的收益率掩盖所获取收益绝对值偏低的情况，可能会导致决策的失误；不能解决互斥项目中的时间序列问题。

6.2.4　固定资产更新改造决策

固定资产更新改造决策是对技术上或经济上不宜继续使用的旧资产，用新的资产替换，或用先进技术对原有设备进行局部改造。固定资产更新改造决策是继续使用旧设备与购置新设备两个互斥投资方案之间的选择。当新旧设备未来使用寿命相同时，可以采用比较总成本现值或采用差额分析法进行方案选择；当新旧设备未来使用寿命不相同时，可以采用等额年金法、平均年成本法、共同年限法等进行方案选择。

6.2.5　投资项目风险分析

1. 投资项目风险分析方法

（1）敏感性分析，是从众多不确定性因素中找出对投资项目经济效益指标（如 *NPV* 或 *IRR*）有重要影响的敏感性因素，分析、测算其对项目经济效益指标的影响程度和敏感性程度，判断项目承受风险能力。敏感性分析的步骤包括：确定敏感性分析的对象；选择不确定因素作为分析变量；估测各变量在乐观、正常和悲观等不同状态下的估计值；假定其他变量保持不变，以正常状态下投资项目的评价指标 *NPV* 为标准，分析 *NPV* 对各变量的敏感度；最后再判断项目承受风险能力并进行决策。

（2）情景分析，主要考察综合了各种因素影响的特定情景下，多个变量发生变化时对分析对象的影响。

（3）决策树分析。决策树可以直观地表示多阶段项目决策中每一个阶段的投资决策和可能发生的结果及其概率，可用于识别净现值分析中的系列决策过程，是对不确定性投资项目进行分析的一种方法。

2. 投资项目的风险调整

投资项目的风险调整是指把项目的风险因素反映在项目的资本成本或预期现金流量中，通过调整资本成本或预期现金流量实现对风险因素的调整。

（1）风险调整折现率法。该方法是通过调整净现值公式中的分母来考虑投资项目的风险问题。项目的风险越大，折现率就越高，项目收益的现值就越小；反之，项目的风险越小，折现率就越低，项目收益的现值就越大。

风险调整折现率通常有如下几种确定方法：根据项目的类别调整折现率、按资本资产定价模型来调整折现率、按风险收益率模型来调整折现率。

（2）风险调整现金流量法。该方法是依据项目风险的大小估计出肯定当量系数，再按这一系数把含有风险的不确定现金流量调整为无风险的确定现金流量，然后用无风险收益率作为项目资本成本计算其净现值并进行决策的方法。

$$NPV = \sum_{t=0}^{n} \frac{\alpha_t \times NCF_t}{(1 + R_f)}$$

6.2.6　实物期权分析法

以净现值为代表的现金流量折现法隐含着对未来机会的预先假定是“要么现在投资，要么永远不投资”，没有考虑不确定环境下，公司“等等再看”的决策价值。这种对灵活性、管理弹性价值的忽视可能会使公司错失好的投资项目。在实物期权的视角下，项目投资价值主要来源于一系列公司未来投资机会的期权集合。项目的初始投资不仅给公司直接带来现金流量，而且赋予公司对有价值的“增长机会”进一步投资的权利，即未来以一定价格取得或出售一项实物资产或投资项目。

一个具有未来机会的项目投资价值，来自目前拥有资产直接产生的现金流，加上一个对未来投资机会的选择权价值，即考虑了实物期权价值后的项目总价值（OANPV）为：

项目总价值＝项目本身的净现值＋项目的期权价值

如果项目总价值>0，则项目可行。

6.3　习题与案例

6.3.1　单项选择题

1. 资本预算的目的是发掘有助于增强公司竞争优势、增加公司价值的投资项目。资本预算首先要（　　）。

A. 识别与筛选投资机会　　　　B. 搜集整理相关信息资料

C. 财务评价与决策　　D. 项目实施与控制

2. 甲公司2020年末处置现有的闲置设备一台（本年度的折旧已计提），收到现金30 000元，无其他相关费用。该设备于2012年末以100 000元购入，使用年限为10年（与税法规定相同），按直线法计提折旧，预计净残值率10%。公司适用的企业所得税税率为25%，则甲公司处置该设备对2020年现金流量的影响是（　　）。

A. 减少30 000元　B. 减少28 000元　C. 增加30 000元　D. 增加29 500元

3. 某投资方案，当折现率为16%时，其净现值为338元；当折现率为18%时，其净现值为-22元。该方案的内部收益率为（　　）。

A. 15.88%　B. 16.12%　C. 17.88%　D. 18.14%

4. 当折现率为8%，某项目的净现值为500元，则说明该项目的内部收益率（　　）。

A. 高于8%　B. 低于8%　C. 等于8%　D. 无法界定

5. 在资本总量有限的情况下，应选择互斥投资项目中（　　）。

A. 净现值最大的项目　　B. 现值指数最大的项目

C. 内部收益率最大的项目　　D. 投资回收期小于项目计算期一半的项目

6. 某公司计划投资建设一条新生产线，投资总额为60万元，预计新生产线投产后每年可为公司新增净利润4万元，生产线的年折旧额为6万元，则该投资的静态回收期为（　　）年。

A. 5　B. 6　C. 10　D. 15

7. 某企业正在讨论更新现有的生产线，有两个备选方案。甲方案的净现值为400万元，内部收益率为10%；乙方案的净现值为300万元，内部收益率为15%，若两个方案的有效年限相同，据此可以认定（　　）。

A. 甲方案较好　　B. 乙方案较好

C. 两个方案一样好　　D. 需要利用等额年金法才能做出判断

8. 在对某独立投资项目进行财务评价时，下列各项中不能据以判断该项目具有财务可行性的是（　　）。

A. 以必要收益率作为折现率计算的项目，现值指数大于1

B. 以必要收益率作为折现率计算的项目，净现值大于0

C. 项目静态投资回收期小于项目寿命期

D. 项目折现投资回收期小于项目寿命期

9. 对投资规模不同的两个独立投资项目进行评价，应优先选择（　　）。

A. 净现值大的方案　　B. 项目周期短的方案

C. 投资额小的方案　　D. 内部收益率大的方案

10. 不管其他投资方案是否被采纳和实施，其收入和成本都不因此受到影响的投资项目与其他投资项目彼此间是（　　）。

A. 互斥方案　B. 独立方案　C. 互补方案　D. 互不相容方案

11. 对寿命周期相同而原始投资额不同的两个互斥投资项目进行决策时，适合单独采

用的方法是（　　）

A. 回收期法　　B. 现值指数法　　C. 内部收益率法　　D. 净现值法

12. 下列不属于净现值指标缺点的是（　　）。

A. 不能直接反映投资项目的实际收益率水平

B. 当各项目原始投资额现值不等时，仅用净现值无法确定独立投资方案的优劣

C. 所采用的折现率不易确定

D. 没有考虑投资的风险性

13. 某投资项目年营业收入为180万元，年付现成本为60万元，年折旧额为60万元，所得税税率为25%，则该项目年营业现金流量为（　　）万元。

A. 81.8　　B. 105　　C. 82.4　　D. 76.4

14. 下列各项中，不属于投资项目现金流出量内容的是（　　）。

A. 固定资产投资　　B. 折旧与摊销　　C. 无形资产投资　　D. 新增经营成本

15. 关于固定资产更新改造决策，下列说法不正确的是（　　）。

A. 这是继续使用旧设备与购置新设备两个互斥投资方案之间的选择问题

B. 新旧设备未来使用寿命相同时，可以采用差额分析法分析决策

C. 新旧设备未来使用寿命不同时，可以采用差额分析法分析决策

D. 新旧设备未来使用寿命不同时，可以采用等额年金法分析决策

16. 某企业拟投资一个完整工业项目，预计第一年和第二年相关的流动资产需用额分别为2 500万元和3 500万元，两年相关的流动负债需用额分别为1 500万元和2 000万元，则第二年新增的流动资金投资额应为（　　）万元。

A. 2 000　　B. 1 500　　C. 1 000　　D. 500

17. 甲设备原值为100 000元，税法规定残值率为10%，最终报废残值8 000元，企业所得税税率为25%，则该设备由于残值带来的现金流入量为（　　）元。

A. 8 500　　B. 8 000　　C. 6 000　　D. 9 500

18. 在进行是继续使用旧设备还是购置新设备决策时，如果这两个方案的未来使用年限不相同，且只有现金流出，没有新的现金流入，则最为合适的评价方法是（　　）。

A. 比较两个方案总成本的高低　　B. 比较两个方案净现值的大小

C. 比较两个方案内部收益率的大小　　D. 比较两个方案平均年成本的高低

19. 从众多不确定性因素中找出对投资项目经济效益指标（如NPV）有重要影响的敏感性因素，并分析、测算其对项目经济效益指标的影响程度和敏感性程度，进而判断项目承受风险能力。这种分析方法是（　　）。

A. 情景分析　　B. 敏感性分析

C. 决策树分析　　D. 蒙特卡罗模拟分析

20. 下列属于风险调整折现率优点的是（　　）。

A. 符合风险调整逻辑关系且应用较为普遍

B. 现金流量容易确定

C. 同时完成时间调整和风险调整

D. 能够合理估计远期现金流量的风险

6.3.2　多项选择题

1. 搜集整理与投资项目相关的信息资料是投资项目评价的前提。需要搜集的项目相关信息资料主要包括（　　）。

A. 市场前景信息　　B. 实施与管理项目所需的资源信息

C. 实施与管理项目所需的能力信息　　D. 财务评价需要的信息

2. 关于投资决策、公司战略与价值创造的关系，以下说法正确的有（　　）。

A. 任何一项项目投资都是反映和实施公司战略的行动方案

B. 投资决策连接经营战略与财务战略

C. 投资决策是公司持续价值创造过程中的核心环节

D. 投资决策不需要考虑企业的财务资源与组织能力

3. 计算投资方案的增量现金流量时，一般需要考虑方案的（　　）。

A. 机会成本　　B. 沉没成本　　C. 关联效应　　D. 所得税的影响

4. 下列各项中，属于现金流出项目的有（　　）。

A. 建设投资　　B. 运营期内的付现成本

C. 长期待摊费用摊销　　D. 固定资产折旧

5. 采用净现值法评价投资项目可行性时，折现率选择的依据通常有（　　）

A. 市场利率　　B. 投资必要收益率

C. 企业加权平均资本成本　　D. 投资项目的内部收益率

6. 某企业投资某项资产 12 000 元，投资期 3 年，每年收回投资 4 600 元，则其内部收益率（　　）。[(P/A,6%,3)=2.6730,(P/A,7%,3)=2.6243,(P/A,8%,3)=2.5771]

A. 大于 8%　　B. 小于 8%　　C. 大于 7%　　D. 小于 6%

7. 投资项目评价标准中，考虑货币时间价值的分析方法有（　　）。

A. 净现值法　　B. 内部收益率法　　C. 回收期法　　D. 会计收益率法

8. 下列关于投资项目营业现金净流量的计算中，正确的有（　　）。

A. 营业现金净流量等于税后营业利润加上非付现成本

B. 营业现金净流量等于营业收入减去付现成本再减去所得税

C. 营业现金净流量等于税后收入减去税后付现成本再加上非付现成本引起的税负减少额

D. 营业现金净流量等于营业收入减去营业成本再减去所得税

9. 下列关于净现值的说法中，正确的有（　　）。

A. 对于独立项目，净现值大于零时，可以接受

B. 对于互斥项目，应接受正的净现值最大的项目

C. 利用净现值法进行投资决策时，并不需要考虑投资项目之间的相互关系

D. 按净现值标准接受的项目会增加公司的价值，符合企业的理财目标

10. 下列关于内部收益率的说法中正确的有（　　）。

A. 内部收益率是未来现金净流量现值与原始投资额现值的比率

B. 内部收益率是方案本身的投资收益率

C. 内部收益率是使方案净现值等于零的折现率

D. 内部收益率是使方案现值指数等于零的折现率

11. 下列关于静态投资回收期法的说法中，正确的有（　　）。

A. 忽略了货币时间价值

B. 需要一个主观确定的最长的可接受回收期作为评价依据

C. 不能测度项目的盈利性

D. 考虑了回收期满以后的现金流量

12. 下列关于投资项目评价方法的表述中，正确的有（　　）。

A. 获利指数法克服了净现值法不能直接比较投资规模不同的项目的局限性，它在数值上等于投资项目的净现值除以原始投资额

B. 动态回收期法克服了静态回收期法不考虑货币时间价值的缺点，但是仍然不能衡量项目的盈利性

C. 内部收益率是项目本身的投资收益率，不随投资项目预期现金流的变化而变化

D. 内部收益率法不能直接评价两个投资规模不同但寿命期相同的互斥项目的优劣

13. 在互斥项目投资中，内部收益率法因忽略项目的投资规模，可能导致决策的失误。其解决方法包括（　　）。

A. 净现值法　　B. 增量净现值法

C. 增量内部收益率法　　D. 获利指数法

14. 完全具备财务可行性的投资项目，需要具备以下条件（　　）。

A. 投资项目的净现值大于零

B. 投资项目的获利指数大于1

C. 投资项目的内部收益率大于投资必要收益率

D. 项目投资回收期小于项目计算期的一半

15. 投资项目风险的来源主要有（　　）。

A. 项目收益风险　　B. 经营风险　　C. 财务风险　　D. 市场风险

16. 投资项目进行敏感性分析的步骤包括（　　）。

A. 确定敏感性分析对象

B. 确定影响分析对象的全部因素

C. 估测各变量在乐观、正常和悲观等不同状态下的估计值

D. 分析敏感性分析对象对各变量的敏感度

17. 敏感性分析法的局限性有（　　）。

A. 没有考虑各种变量在未来发生变动的概率分布状况

B. 敏感性分析可以避免净现值法造成的“安全错觉”

C. 敏感性分析不能避免净现值造成的“安全错觉”

D. 敏感性分析只是孤立地处理每个变量的变化

18. 决策树分析是对不确定性投资项目进行分析的一种方法，其决策步骤包括（　　）。

A. 划分投资决策的阶段，并列出每一阶段的可能结果及其概率

B. 计算每一个结果对投资项目现金流量的影响

C. 从后向前逆向确定决策树各个阶段所应采取的决策行为

D. 确定第一阶段应采取的最佳决策行为

19. 运用等额年金法对设备重置方案进行决策时，应考虑的现金流有（　　）。

A. 旧设备年运营成本　　B. 旧设备残值变价收入

C. 旧设备的初始购置成本　　D. 旧设备目前的变现价值

20. 实物期权分析法认为投资项目的不确定性具有以下含义（　　）。

A. 以现金流量度量的未来收益是一个粗略估计，不足以准确反映投资项目的真实价值

B. 以现金流量度量的未来收益是一个精确估计，可以准确反映投资项目的真实价值

C. 投资决策的机会取决于项目发展状况，未来投资的不确定性越大，期权价值就越大

D. 投资决策的机会取决于项目发展状况，未来投资的不确定性越大，期权价值就越小

6.3.3 判断题

1. 投资项目是否具有财务可行性，完全取决于该项目在整个寿命周期内获得的利润总额是否超过整个项目投资成本。（　　）

2. 实务中对于期限不等的互斥方案比较，一般是转化成同样的投资期限，然后按照净现值法进行比较。（　　）

3. 按照现金流量的发生时间，投资活动的现金流量又可以被分为初始现金流量、营业现金流量和终结现金流量。（　　）

4. 投资决策是实现公司增长战略、业务布局、实施资源配置的关键性财务决策，对公司未来发展方向有着决定性影响。（　　）

5. 投资决策决定公司的资产规模、资产结构与质量，并会影响公司的成本结构。（　　）

6. 一般情况下，使某投资方案的净现值小于零的贴现率，一定高于该投资方案的内部收益率。（　　）

7. 固定资产投资方案的内部收益率一定只有一个。（　　）

8. 净现值法不仅适用于独立投资方案的比较决策，而且能够对寿命期不同的互斥投

资方案进行直接决策。（　　）

9. 独立方案的采纳与否不受其他方案的影响，只取决于方案本身的经济价值，所以可以运用净现值、内部收益率等投资评价指标进行评价分析，决定方案的取舍。（　　）

10. 敏感性分析是衡量不确定因素的变化对项目评价标准（NPV、IRR）的影响程度，这一方法考虑了对敏感性分析对象有重要影响的不确定因素在未来发生变动的概率分布，因而有助于进行正确的风险分析。（　　）

11. 对同一独立项目进行评价时，净现值、内部收益率和获利指数可能会得出不同的结论。（　　）

12. 在进行敏感性分析时，可根据不同投资项目的特点，挑选出最能反映项目效益的指标作为分析对象。（　　）

13. 利用内部收益率法评价投资项目时，计算出的内部收益率是方案本身的投资报酬率，因此不需再估计投资项目的资金成本或最低报酬率。（　　）

14. 如果项目风险与其实施该项目的公司风险相等，那么公司加权平均成本就是项目的资本成本。（　　）

15. 风险调整折现率法把风险报酬与时间价值混在一起，并依此进行现金流量的贴现，这样必然会使风险随时间的推移而人为地逐年扩大，有时与事实不符。（　　）

16. 与金融性资产投资相比，资本预算项目往往是出于各种战略的考虑，其决策结果会决定公司未来所处的行业及经营特征。（　　）

17. 在估计投资项目现金流量时，须关注折旧等非付现费用的抵税效应。折旧额越大，折旧带来的间接现金流入就越小。（　　）

18. 如果考虑实物期权，投资战略规划中不可能出现传统现金流量折现法下净现值小于零的项目。（　　）

19. 实物期权分析法认为，许多投资决策的机会取决于项目的发展状况，未来投资的不确定性越大，期权的价值就越大。（　　）

20. 一个具有未来机会的项目投资价值，来自目前拥有的资产直接产生的现金流，加上一个对未来投资机会的选择权价值。（　　）

6.3.4　计算分析题

1. 某公司拟投资一条新的生产线用于生产产品。生产线的购置成本、运输及安装成本等共计 1 000 万元。生产线开始投产时需垫支 100 万元的营运资金。该生产线预计使用寿命为 5 年，直线法折旧，5 年后净残值为 50 万元。5 年中年产销量预计分别为 50 000 台、80 000 台、120 000 台、100 000 台和 60 000 台，第 1 年产品单位售价为 400 元，预计其单位售价每年增长 2%。同时用于制造产品的付现单位变动成本第 1 年为 200 元，预计以后每年增长 10%。公司所得税税率为 25%。试估算该项目各年的现金净流量。

2. 某公司为提高生产能力，进行了一年时间的研究，实际支出研究费用 20 万元。后来，公司技术人员提出可以引进一台价值200万元的先进电脑生产系统，该系统不仅可以取代现行繁杂的人工程序，降低人工成本，而且可大大提升产品的质量。如果购入该系统，需花费2万元的运输费及3.5万元的安装费，系统使用寿命5年，直线法折旧，无残值。5年中，公司预计增加的税前未扣除折旧的利润为每年80万元。同时，由于质量提升，销售增长，公司的存货随之增加18万元，应付账款增加3万元。假设该公司的资本成本为10%，所得税税率为15%。根据上述资料，计算并回答以下问题：

（1）估计该项目各年的现金净流量。

（2）计算该投资项目的投资回收期、净现值与盈利指数。另外，已知该项目的内部收益率为21.52%，请判断该项目的财务可行性。

3. 某公司一直设法维持着较高的投资回报率。它成功的秘密在于具有战略眼光的、适时地开发、生产和销售可供不同工业部门使用的创新型产品。当前，公司管理者正在考虑生产一种新产品作为电子产品的包装材料。公司的研发小组提出了两个方案。A方案的初始投资成本稍高，但却具有较高的规模经济效益。B方案的开办成本较低。两个方案小组的负责人都提交了他们的现金流量预测，并提供了足够的资料来支持他们各自的方案。A、B两个方案的现金流量如表6-1所示：

表6-1　　A、B方案各年预计净现金流量　　单位：万元

方案	第0年	第1年	第2年	第3年	第4年	第5年
A方案	-1 000 000	350 000	400 000	500 000	650 000	700 000
B方案	-800 000	600 000	400 000	300 000	200 000	200 000

假设公司要求投资的必要收益率为10%，根据公司A方案和B方案的相关资料，分析回答下列问题：

（1）计算两个方案的净现值并进行方案选择。

（2）如果计算出A方案的内部收益率为36.60%，B方案的内部收益率为43.09%，是否应该据此选择B方案？为什么？

4. 某公司拟采用新设备取代已使用3年的旧设备，旧设备原价14 950万元，当前估计尚可使用5年，每年操作成本2 150万元，预计最终残值为1 750万元，目前变现价值为8 500万元，购置新设备需花费13 750万元，预计可使用6年，每年付现操作成本850万元，残值收入为2 500万元。假设折现率为9%，所得税税率为25%，税法规定该类设备应采用直线法折旧，折旧年限为6年，残值为原值的10%。要求：进行是否应该更新设备的分析决策，并列出计算过程。

6.3.5 案例分析题

假设你是S公司的财务人员，工程组近期开发了以清洁能源为动力的飞机发动机技术，但尚未进行市场测试。市场部门建议S公司生产一些这种发动机，进行市场测试。企

划部估计这个准备阶段将持续 1 年时间，费用约 1.5 亿元，包括进行产品展示、市场推广以及操作指导等活动。另外企划部相信市场测试成功的概率为 75%，如果市场测试成功，S 公司将确定进行大规模生产。第 1 年年末项目投资 30 亿元，项目寿命期为 5 年，按直线法折旧。发动机每年的市场规模为 10 000 架，S 公司市场份额为 30%，单位售价 400 万元，单位变动成本 200 万元，固定成本（不含折旧）每年 35.82 亿元，折旧每年 6 亿元，公司所得税税率为 25%，折现率为 15%，其他相关数据如表 6－2 所示。

表 6－2　　S 公司清洁能源动力发动机项目的现金流量预测　　单位：亿元

项目	第 1 年	第 2－6 年
初始投资额	－30	
收入		120
变动成本		60
固定成本		35.82
折旧		6
税前利润		18.18
所得税（税率 25%）		4.545
净利润		13.635
现金流量		19.635

思考与讨论：

（1）假设不考虑市场测试及测试期因素，根据净现值法，S 公司是否应该大规模生产该发动机项目？存在的问题是什么？

（2）假设不考虑市场测试及测试期因素，考虑表 6－3 中与收入、成本有关的潜在假设及对各变量在不同状态下的估计值，应采用什么方法对 S 公司清洁能源发动机项目进行分析？为什么？

（3）假设公司的财务分析师同时提供了市场规模、市场份额、销售单价、单位变动成本、固定成本和初始投资额等变量，在悲观、正常、乐观状态下的估计值（见表 6－3）。那么，如何对该项目进行敏感性分析？结合对该发动机项目净现值的敏感性分析，净现值法是否完全值得信赖？敏感性分析能避免资本预算中的“安全错觉”吗？

表 6－3　　S 公司清洁能源动力发动机项目不同变量的估计

变　量	悲观估计	正常估计	乐观估计
市场容量（架/年）	5 000	10 000	20 000
市场份额（%）	20	30	50
销售单价（万元）	380	400	420
变动成本（万元/架）	230	200	170
固定成本（亿元/年）	37.82	35.82	34.28
初始投资（亿元）	38	30	20

（4）假设空难情景下 S 公司清洁能源动力发动机项目的市场规模为 7 000 架（正常状态的 70%），市场份额为 20%（正常状态下的 2/3），其他变量正常（见表 6－2、表 6－3）。如何进行情景分析？

（5）假设考虑 S 公司清洁能源动力发动机项目的市场测试及相关测试期因素，你如何分析第一阶段市场测试后，是否应该继续投资该项目？

第 7 章　证券投资决策

7.1　导　学

7.1.1　本章思维导图

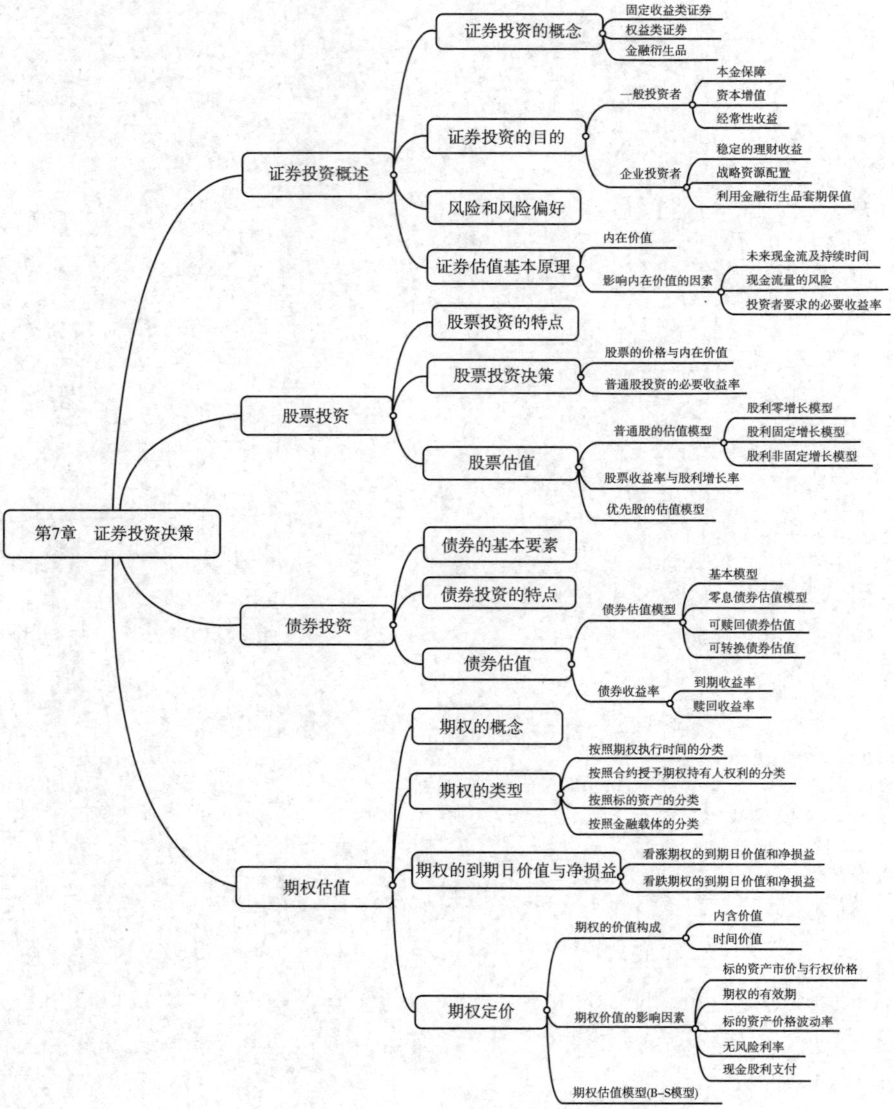

7.1.2 学习目标与要求

通过本章的学习，学生应该熟悉证券投资工具的种类；了解证券投资的目的；掌握证券估值的基本原理；熟悉股票投资的特点和股票投资决策；能够对不同类型的股票进行估值；了解债券的基本要素和投资特点；掌握债券估值方法；了解期权的概念和类型；熟悉期权到期日价值与净损益；掌握期权价值的构成和影响因素，以及期权定价等内容。

7.1.3 预习要点

1. 主要概念

（1）固定收益类证券　（2）权益类证券　（3）金融衍生品
（4）内在价值　（5）股利零增长模型　（6）股利固定增长模型
（7）股利非固定增长模型　（8）股票收益率　（9）债券到期收益率
（10）债券赎回收益率　（11）可转换债券的转换价值与期权价值
（12）行权价格（执行价格）　（13）看涨期权　（14）看跌期权
（15）期权的内含价值　（16）期权的时间价值

2. 关键问题

（1）证券估值的基本原理。
（2）股票的价格与内在价值。
（3）普通股的估值模型。
（4）优先股的估值模型。
（5）债券估值的基本模型。
（6）债券收益率。
（7）可转换债券的价值构成。
（7）期权的类型。
（8）布莱克—斯科尔斯模型（简称B－S模型）。

7.2 重点与难点

本章的重点：证券投资工具及证券估值的基本原理；不同类型股票的估值方法；不同类型债券的估值模型；期权的估值模型。

本章的难点：股票收益率与股利增长率的计算；债券收益率的计算；可转换债券的估值；B－S模型的应用。

7.2.1 证券投资工具

证券投资是指公司通过投资其他公司的证券（股票、债券等金融资产）融出资金获取收益的行为。证券投资工具包括固定收益类证券、权益类证券和金融衍生品等。

常见的固定收益类证券主要包括国债、地方政府债、企业债、公司债和资产支持债券；权益类证券主要包括普通股和优先股；金融衍生品包括各种形式的金融期权、期货、远期和利率互换合约等。这些金融工具的价值随其他资产价格的变化而变化。

7.2.2 证券估值基本原理

证券内在价值的估计是证券投资决策的基础。所谓内在价值，是指证券（资产）预期产生的未来现金流量按投资者要求的必要收益率折现的现值。

$$V = \sum_{t=1}^{n} \frac{CF_t}{(1 + r)^t}$$

影响证券（资产）内在价值的因素主要有：未来预期现金流的大小与持续时间；所有这些现金流的风险；投资者进行该项投资所要求的必要收益率。

7.2.3 股票投资

1. 股票的价格与内在价值

股票的价格与内在价值并非同一概念，股票价格是当前的市场价格，上市公司很容易观测到。但内在价值是公司股票“真正的”价值，需要估计。政治法律环境、经济环境、税务和金融市场环境等外部环境及管理者行为都会影响公司未来现金流的水平、风险以及折现率，并影响公司股票的内在价值。股票价格是市场参与者反应的总体效应，价格有时候等于价值，但更多时候是偏离价值的。

2. 普通股估值模型

持有普通股可以获得的未来现金流量包括两部分：持有股票期间每期的预期股利；股票出售时可以获得的预期价格。股票估值的基本模型为：

$$P_0 = \sum_{t=1}^{\infty} \frac{D_t}{(1 + r_s)^t}$$

由于普通股股票股利增长方式不同，具体估值模型分为股利零增长模型、股利固定增长模型和股利非固定增长模型。

股利零增长股票每年末的股利表现为永续年金形式，即：

$$P_0 = \frac{D}{r_s}$$

股利固定增长的股票，每年支付的股利通常以一个固定比例 g 增长，即：

$$P_0 = \frac{D_1}{r_s - g} \quad (r_s > g)$$

股利非固定增长股票的内在价值是：高速增长部分股利的现值与高速增长期之后固定增长部分的股利现值之和。

3. 普通股投资的必要收益率

在普通股的估值中，投资者要求的必要收益率是影响股票价值大小的一个重要因素。根据风险与收益权衡量的基本原理可以知道，如果资本市场是有效的，投资者要求的必要收益率等于预期收益率。预期收益率由预期的股利收益率和资本利得收益率两部分构成，其中后者是预期股票价格的年变化率。

普通股投资的必要收益率的确定通常有两种方法：利用资本资产定价模型确定；根据预期收益率确定。

股利零增长股票的预期收益率为：$r_s = \dfrac{D}{P_0}$

股利固定增长模型股票的预期收益率为：$r_s = \dfrac{D_1}{P_0} + g$

7.2.4　债券投资

1. 债券估值模型

债券估值的基本模型：票面利率固定，每年末计算并支付当年利息、到期偿还本金。债券的内在价值为：

$$P_b = \sum_{t=1}^{n} \frac{I_t}{(1 + r_b)^t} + \frac{F}{(1 + r_b)^n}$$

可赎回债券的价值：等于赎回前正常利息收入的现值与赎回价格（面值 + 赎回溢价）的现值之和。

可转换债券价值的影响因素包括纯粹债券价值、转换价值与期权价值。纯粹债券价值是指假设可转换债券仅被投资者作为普通债券持有情况下的市场价值；转换价值是指可转换债券在执行时可以获取的普通股市值，即转换比率乘以普通股的每股市价。可转换债券的价值底线取决于纯粹债券价值和转换价值中的较高者；可转换债券的持有者通过等待并在将来利用纯粹债券价值与转换价值孰高来选择对自己有利的策略，这份通过等待而得到的期权也有价值，它导致了可转换债券的价值高于纯粹债券价值和转换价值。可转换债券的价值等于其纯粹债券价值和转换价值中的最高者与其期权价值的和。即：

可转换债券价值 = max（纯粹债券价值，转换价值）+ 期权价值

2. 债券收益率

债券收益率可以分为到期收益率（YTM）和赎回收益率（YTC）。

债券到期收益率是指以特定价格购买债券并持有至到期日可以获得的收益率，可以利用以下公式计算出债券到期收益率：

$$P_0 = \sum_{t=1}^{n} \frac{I}{(1 + YTM)^t} + \frac{F}{(1 + YTM)^n}$$

如果债券被赎回，投资者应根据债券赎回收益率而不是到期收益率来估算债券的预期收益率。

7.2.5 期权估值

1. 期权的类型

期权是一种金融合约，它赋予期权持有人在某一特定日期或该日期之前的任何时间以合约约定价格购进或售出标的资产的权利。期权按照执行时间分类，可分为欧式期权和美式期权；按照合约授予期权持有人的权利分类，可分为看涨期权和看跌期权；按标的资产分类，可分为金融期权和实物期权；按期权的金融载体分类，可以分为股票期权、利率期权、外汇期权、期货期权等。

2. 期权的到期日价值与净损益

期权的到期日价值是期权到期时可以赚取的净收入，它依赖于标的股票的到期日价格和执行价格。

看涨期权的执行净收入，被称为看涨期权到期日价值，它等于股票价格减去执行价格的价差。欧式看涨期权空头方在到期日的价值与多头方相反，多头和空头彼此是零和博弈，即：

$$-\max(S_T - X, 0) = \max(S_T - X, 0)$$

看跌期权的执行净收入，被称为看跌期权到期日价值，它等于执行价格减去股票价格的价差。欧式看跌期权空头方在到期日的价值与多头方相反，多头和空头彼此是零和博弈，即：

$$-\max(X - S_T, 0) = \max(X - S_T, 0)$$

3. 期权定价

期权价值是投资者购买期权而支付的期权费，或者说是出售方出售期权收取的权利金。期权的价值由内含价值和时间价值构成。当期权处于无价或平价状态时，期权价值完全由其时间价值构成；当期权处于有价状态时，期权价值由内含价值和时间价值两部分构成。期权到期时时间价值为零，期权价值完全由内含价值构成。

期权价值的影响因素包括：标的资产价格与行权价；期权的有效期；标的资产价格波动率；无风险利率；现金股利支付。

布莱克—斯科尔斯模型的基本思路是利用期权和有关证券组合，进行无风险投资保值，导出期权估价模型：

$$C = SN(d_1) - Xe^{-rT}N(d_2)$$

其中：$d_1 = \dfrac{\ln(S/X) + (r + \sigma^2/2)T}{\sigma\sqrt{T}}$，$d_2 = d_1 - \sigma\sqrt{T}$。

7.3 习题与案例

7.3.1 单项选择题

1. 股票投资与债券投资相比（　　）。

A. 风险高　　B. 收益小　　C. 价格波动小　　D. 变现能力差

2. 投资人在进行股票评价时主要使用（　　）。

A. 开盘价　　B. 收盘价　　C. 最高价　　D. 最低价

3. 某公司发行的股票，最近刚支付的股利为每股2元，估计股利年增长率为10%，假设购买公司股票的投资者要求的必要收益率为20%，则该种股票的价格为（　　）元。

A. 20　　B. 24　　C. 22　　D. 18

4. 某企业以10 000元购得面额为10 000元的新发行债券，票面利率12%，每年支付一次利息，到期一次还本。该企业若持有该债券至到期日，其到期收益率为（　　）。

A. 12%　　B. 16%　　C. 8%　　D. 10%

5. 某公司发行债券1 000万元，票面利率为12%，偿还期限5年，该债券每年付息一次，到期一次还本。发行费率3%，所得税税率为25%，则债券资金成本为（　　）。

A. 12.87%　　B. 16.45%　　C. 8.29%　　D. 8.04%

6. 债券到期收益率小于票面利率，该债券将按照（　　），随着到期时间临近，该债券会（　　）。

A. 折价发行，减少折价　　B. 折价发行，增加折价

C. 溢价发行，减少溢价　　D. 溢价发行，增加溢价

7. 某债券的票面价值为100元，票面利率10%，30年到期，目前的市场价格为98元，那么，该债券的收益率应该是（　　）。

A. 大于10%　　B. 小于10%　　C. 等于10%　　D. 无法判断

8. 如果固定收益类债券的投资者希望持有价格波动率最大的债券，则其应当持有（　　）的债券。

A. 短期、高息票　　B. 长期、低息票

C. 长期、零息票　　D. 短期、低息票

9. 假设A企业每年的净利润固定为4 400万元，并且所有净利润都作为股息发放给投

资者，该企业共发行了1 100万股的股票，假设股息的折现率为10%，股息从第一年后开始第一次发放，那么该企业股票当前的价格是（　　）元。

A. 4　　B. 44　　C. 400　　D. 40

10. 下列各项中，不属于证券投资风险的是（　　）。

A. 违约风险　　B. 流动性风险　　C. 经营风险　　D. 期限风险

11. 某公司刚支付了2.25元的股利，并预计股利会以每年5%的速度一直增长下去，若该公司的风险水平对应的折现率为11%，则该公司的股价为（　　）元。

A. 20.45　　B. 21.48　　C. 37.50　　D. 39.38

12. V公司有一部分发行在外的优先股股份，每年支付每股4.5元的股息直到永远。如果该优先股当前的价格为87元/股，则必要收益率为（　　）。

A. 3.13%　　B. 4%　　C. 5.17%　　D. 5.53%

13. 任何一个期权合约都有多头方和空头方两个交易方。关于期权的多头方、空头方的说法正确的是（　　）。

A. 期权多头方最初支付期权费购入期权，拥有以约定价格在约定期限内买入或卖出标的资产的权利

B. 期权多头方最初收取期权费，承担潜在的义务

C. 期权空头方最初支付期权费购入期权，承担潜在的义务

D. 期权空头方最初收取期权费，拥有以约定价格在约定期限内买入或卖出标的资产的权利

14. “真实的预计现金流”和“真实的风险”是假设掌握与公司相关的全部信息时所预计的现金流与风险、折现率等，以此为基础估计的价值就是公司股票的（　　）。

A. 市场价值　　B. 账面价值　　C. 公允价值　　D. 内在价值

15. 债券投资的风险不包括（　　）。

A. 信用风险　　B. 违约风险　　C. 系统风险　　D. 利率风险

16. 金融衍生品主要包括（　　）。

A. 金融期权　　B. 普通股　　C. 优先股　　D. 企业债

17. 可转换债券是一种混合型金融产品，可以被看作普通公司债券与证券期权的组合体，其特殊性在于它所特有的（　　）。

A. 转换特性　　B. 股权性质　　C. 债权性质　　D. 不确定性

18. 投资于国库券时可不必考虑的风险是（　　）。

A. 利率风险　　B. 违约风险　　C. 购买力风险　　D. 再投资风险

19. 某公司股票每股盈利4元，市盈率为12，同行业股票的平均市盈率为15，则该股票的价格为（　　）。

A. 48　　B. 60　　C. 12　　D. 5

20. 如果在到期日股票价格高于执行价格，看涨期权的到期日价值随标的资产价值上升而上升，此时期权处于（　　）。

A. 平值状态　　B. 虚值状态　　C. 实值状态　　D. 无法判断

7.3.2　多项选择题

1. 常见的固定收益类证券主要包括（　　）。

A. 国债　　B. 地方政府债　　C. 企业债　　D. 公司债

2. 股票投资具有的特征有（　　）。

A. 投资收益高　　B. 价格波动性大

C. 风险性较小　　D. 具有较强的流动性

3. 下列表述中，符合股票含义的有（　　）。

A. 股票是有价证券　　B. 股票是物权凭证

C. 股票是书面凭证　　D. 股票是债权凭证

4. 股票按照股东权利和义务不同可分为（　　）。

A. 始发股　　B. 新股　　C. 普通股　　D. 优先股

E. 法人股

5. 普通股特点包括（　　）。

A. 普通股股东享有公司的经营管理权

B. 公司破产清算时，普通股股东对公司剩余财产请求权位于优先股之后

C. 普通股股利分配在优先股之后进行，并依公司盈利情况而定

D. 普通股一般不允许转让

6. 与股票投资相比，债券投资的特点包括（　　）。

A. 债券代表一种债权关系　　B. 债券的求偿权优先于股票

C. 债券投资者无权参与企业决策　　D. 债券投资的风险小于股票

7. 可赎回债券持有者的现金流量包括（　　）。

A. 赎回前正常的利息收入　　B. 债券面值

C. 赎回溢价　　D. 赎回折价

8. 影响看涨期权价值的因素主要有（　　）。

A. 期权的执行价格　　B. 距到期日的时间

C. 标的资产的现行价格（股票价格）　　D. 标的资产的波动性及无风险利率

9. 影响可转换债券价值的因素主要包括（　　）。

A. 纯粹债券价值　　B. 转换价值　　C. 期权价值　　D. 市场价值

10. 债券的基本要素为（　　）。

A. 债券面值　　B. 债券的存续期与到期日

C. 债券的票面利率　　D. 付息方式

11. 按照合约授予期权持有人权利的类别，期权分为（　　）。

A. 欧式期权　　B. 美式期权　　C. 看涨期权　　D. 看跌期权

12. 期权的价值由（　　）构成。

A. 内含价值　　B. 市场价值　　C. 时间价值　　D. 经济附加值

13. 期权的要素主要包括（　　）。

A. 期权的标的资产　　B. 期权的执行价格

C. 期权的数量　　D. 期权的到期日

14. 按照期权执行时间的分类（　　）。

A. 欧式期权　　B. 美式期权　　C. 看涨期权　　D. 看跌期权

15. 期权价值的影响因素包括（　　）。

A. 标的资产价格与行权价　　B. 期权的有效期

C. 标的资产价格波动率　　D. 无风险利率

16. 按照期权标的资产不同期权可以分为（　　）。

A. 金融期权　　B. 实物期权　　C. 利率期权　　D. 汇率期权

17. 按照金融载体分类的不同期权可以分为（　　）。

A. 股票期权　　B. 外汇期权　　C. 利率期权　　D. 期货期权

18. 债券收益率包括（　　）。

A. 预期收益率　　B. 必要收益率　　C. 到期收益率　　D. 赎回收益率

19. 债券风险包括（　　）。

A. 利率风险　　B. 汇率风险　　C. 违约风险　　D. 破产风险

20. 布莱克—斯科尔斯模型的重要假设包括（　　）。

A. 股票或期权的买卖没有交易成本　　B. 看涨期权是美式期权

C. 允许卖空　　D. 看涨期权是欧式期权

7.3.3　判断题

1. 对于股东而言，优先股比普通股有着更加优厚的回报，有更大的吸引力。（　　）

2. 我国的企业债一般由中央政府部门所属机构、国有独资企业或国有控股企业发行，最终由国家发展和改革委员会核准。（　　）

3. 国债种类有凭证式国债、无记名（实物）国债、记账式国债三种。（　　）

4. 资产支持证券是由受托机构发行的、代表特定目的的信托的信托受益权份额。受托机构以信托财产为限向投资机构承担支付资产支持证券收益的义务。（　　）

5. 公司破产时，优先股对公司资产的索偿权位于债券之后，位于普通股之前。

（　　）

6. 股票的内在价值决定其市场价格，但市场价格又不完全等于其内在价值。（　　）

7. 凡我国企业均可以发行公司债券。（　　）

8. 投资者持有普通股可以获得的未来现金流量包括两部分：持有股票期间每期的预期股利，股票出售时可以获得的预期价格。（　　）

9. 股票的市场价格等于内在价值。 (　　)

10. 股利增长率 = 净资产收益率 × 留存收益比率。 (　　)

11. 如果公司不新增外来资本，股利增长的来源是留存收益以及预期该留存收益用于再投资所带来的回报增长。 (　　)

12. 可转换债券的价值等于纯粹债券价值和转换价值中的最高者与其期权价值的和。 (　　)

13. 债券的票面利率是评价债券收益的标准。 (　　)

14. 可赎回债券持有者的现金流量包括赎回前正常的利息收入和买入价格。 (　　)

15. 看跌期权标的资产价格越低，行权价越高，期权费就越高。 (　　)

16. 标的资产价格波动会使得期权持有者只享受有利波动的收益，而不会承担不利波动带来的损失。因此，期权的价值随标的资产价格波动率的增加而上升。 (　　)

17. 投资者将持有的可转换债券转换为股票，此后投资者仍能获得利息收入。 (　　)

18. 对于看涨期权而言，标的资产价格越高，行权价越低，期权费就越高。 (　　)

19. 如果债券被赎回，投资者应根据到期收益率来估算债券的预期收益率。 (　　)

20. 期权的购买方为期权的空头方。 (　　)

7.3.4 计算分析题

1. A 公司发行的债券面值为 1 000 元，期限为 20 年，息票率为 7%，半年支付一次利息。当市场上同类债券的收益率分别为 7%、9%、5% 时，投资者购买债券的价格分别是多少?

2. B 公司计划进行长期股票投资，公司管理层拟从甲、乙两家公司的股票中选择一只进行投资。已知甲公司股票现行市价为每股 6 元，上年每股股利为 0.2 元，预计以后每年以 5% 的增长率增长。乙公司股票现行市价为每股 8 元，每年发放的固定股利为每股 0.6 元。当前市场上无风险收益率为 3%，风险收益率为 5%。要求:

(1) 利用股票估价模型，分别计算甲、乙公司股票价值并为该企业做出股票投资决策。

(2) 计算如果 B 公司按照当前的市价购入 (1) 中所选择股票的持有期收益率。

3. 某股票当前支付的股利为每股 2 元。市场上的无风险利率为 6%，该股票的风险溢价为 4%。则:

(1) 如果分析师预测该股票年分红将维持每股 2 元不变，那么这只股票估值为多少?

(2) 如果分析师预测该股票年分红将以常数 2% 增长，那么这只股票估值为多少?

(3) 如果分析师预测该股票年分红的稳定增长率略高于 2%，那么将如何影响分析师对于股票的估值?

4. 某投资者投资于 M 公司股票，该公司计划在未来两年中每年末支付相等的股息，从第 3 年开始公司支付的股利息以每年 4% 的比率增长。当前 M 公司股票的市价为53元/股。如果该投资者要求的必要收益率为11%，则其下一年可以获得的股利是多少？

5. 某企业近期准备进行证券投资：一是投资一张面值为50 000元的3年期E公司债券。该债券的票面利率为8%，每年末支付一次利息。二是准备从F公司、G公司和H公司三家的股票中选择一只进行投资。其中，F公司股票目前的市价为7元/股，当前支付的股利为0.3元/股，预计以后每年以4%的比率增长，预期净资产收益率为9%；G公司股票现行市价为14元/股，当前支付的股利为每股1.2元，G公司采用固定股利支付政策，预期净资产收益率为7%；H公司股票目前市价为25元，公司股利支付率为40%，H公司预期明年的每股收益为2.5元，每股股利为1元，预期净资产收益率为14%。要求：

（1）当购买E公司债券价格是51 000元时，计算债券的到期收益率。

（2）分别计算F、G、H三家公司股票的必要收益率，并做出股票投资决策。

6. 2021年12月，某公司流通在外的可转换债券的相关数据如下：债券面值1 000元，息票率5%（该类非转换债券的息票率为5.75%），2028年6月到期。债券每年末付息一次，到期一次性还本。在到期日前，每张债券可转换25.32股股票，转股价格为39.49元；公司的评级为A，相同评级和相同期限的纯粹债券收益为9%；2021年12月股票价格为32.50元，以历史数据为基础计算的股票价格对数标准差为50%；无风险利率为7.75%；公司流通在外的普通股为4 735万股，可转换债券执行后将会增加253.2万股股票。要求：计算该公司可转换债券的价值。

7. 假设A公司股票期权的信息如下：目前股票价格为83元，行权价格为80元，无风险年利率为6%，连续复利计算，期限为6个月，年度标准差为47%。要求：

（1）计算该股票期权的看涨期权与看跌期权的内含价值。

（2）计算该股票期权的看涨期权与看跌期权的时间价值。

7.3.5 案例分析题

1. 2021年9月2日，福建元力活性炭股份有限公司（以下简称元力股份）发布公告称：将于2021年9月6日向不特定对象发行可转换公司债券。本次发行的可转债简称“元力转债”，每张面值为人民币100元，共900万张，按面值发行，共计90 000万元。元力转债具体信息见表7－1。2021年9月6日元力股份股票市价为每股16.70元。某投资者于可转债发行当日投资1 000万元购买了10万张元力转债。

表7－1　　元力转债（SZ 123125）条款

基本情况			
发行规模	90 000万元	可转债张数	900万张
债券面值	100元	发行价格	100元

续表

债券条款			
债券期限	6年，即2021.09.06～2027.09.05	起息日	2021.09.06
到期赎回价格	105元/张（含最后一期利息）		
票面利率	0.1%，0.3%，0.8%，1.3%，1.8%，2.3%		
还本付息方式	递进利率，每年付息一次，到期归还本金和最后一年利息		
信用评级	公司主体信用等级为AA^-，债券的信用等级为AA^-		
转股条款			
初始转股价格	17.61元/股		
初始转股比率	5.679（100÷17.61）		
转股期	2022.03.10～2027.09.05		
特殊条款			
向下修正条款	在本次发行的可转债存续期间，当公司股票在任意连续三十个交易日中至少有十五个交易日的收盘价低于当期转股价格的85%时，公司董事会有权提出转股价格向下修正方案并提交公司股东大会表决		
赎回条款	（1）到期赎回条款：在本次发行的可转债期满后五个交易日内，发行人将按债券面值的105%的价格赎回未转股的可转债 （2）有条件赎回条款：在本次发行的可转债转股期内，如果公司A股股票连续30个交易日中至少有15个交易日的收盘价格不低于当期转股价格的130%（含130%）；或当本次发行的可转债未转股余额不足3 000万元时，公司董事会有权决定按照债券面值加当期应计利息的价格赎回全部或部分未转股的可转债		
回售条款	（1）有条件回售条款：在本次发行的可转债最后两个计息年度，如果公司股票在任何连续三十个交易日的收盘价格低于当期转股价的70%时，可转债持有人有权将其持有的可转债全部或部分按面值加上当期应计利息的价格回售给公司 （2）附加回售条款：若公司本次发行的可转债募集资金投资项目的实施情况与公司在募集说明书中的承诺情况相比出现重大变化，根据中国证监会的相关规定被视作改变募集资金用途或被中国证监会认定为改变募集资金用途的，可转债持有人享有一次回售的权利		

资料来源：巨潮咨询网（http：//www.cninfo.com.cn）。

根据中国债券信息网中债收益率曲线中2021年9月6日各主要关键期限到期收益率，可以算出2021年9月6日中债国债6年期到期收益率为2.755%，AA^-中债企业6年期到期收益率为6.745%。假设元力股份股票隐含波动率为40%。要求：

（1）假设该投资者持有该债券到期，根据上述资料计算元力转债的到期收益率（YTM）。

（2）在元力债券到期日前，投资者在什么样的情况下会行使转股权？

（3）计算元力转债在2021年9月6日的纯粹债券价值、转换价值及转换溢价率、期权价值，并计算确定元力债券的价值。

（4）2022年3月10日，元力股份股票市价为14.33元/股，假设不考虑派送红股、转增股本、增发新股、配股以及派发现金股利等情况，该投资者是否应在2022年3月10日行使转股权？为什么？

2. 假设你是一名财务分析师，应邀评估国内某著名商超集团公司的一个新商场建设项目对公司股票价值的影响。具体资料如下：

（1）公司本年度净收益为2 000万元，每股支付现金股利2元，新建商场开业后，净收益第一年、第二年均增长15%，第三年增长8%，第四年及以后将保持这一净收益水平。

（2）该公司一直采用固定增长的股利支付政策，并打算今后继续实行该政策。

（3）公司的β系数为1，如果将新项目考虑进去，β系数将提高到1.5。

（4）无风险收益率（国库券）为4%，证券市场平均收益率为8%。

（5）预计第三年年末公司股价为28.6元。

你打算利用股利贴现模型，同时考虑风险因素对股票进行估值。该公司的一位董事却提出，如果采用股利贴现模型，则股利越高，股价越高，所以公司应改变原有的股利政策提高股利支付率。要求：

(1) 参考股利固定增长模型，分析这位董事的观点是否正确。

（2）评估该公司股票价值。

第 8 章　并购与重组决策

8.1　导　学

8.1.1　本章思维导图

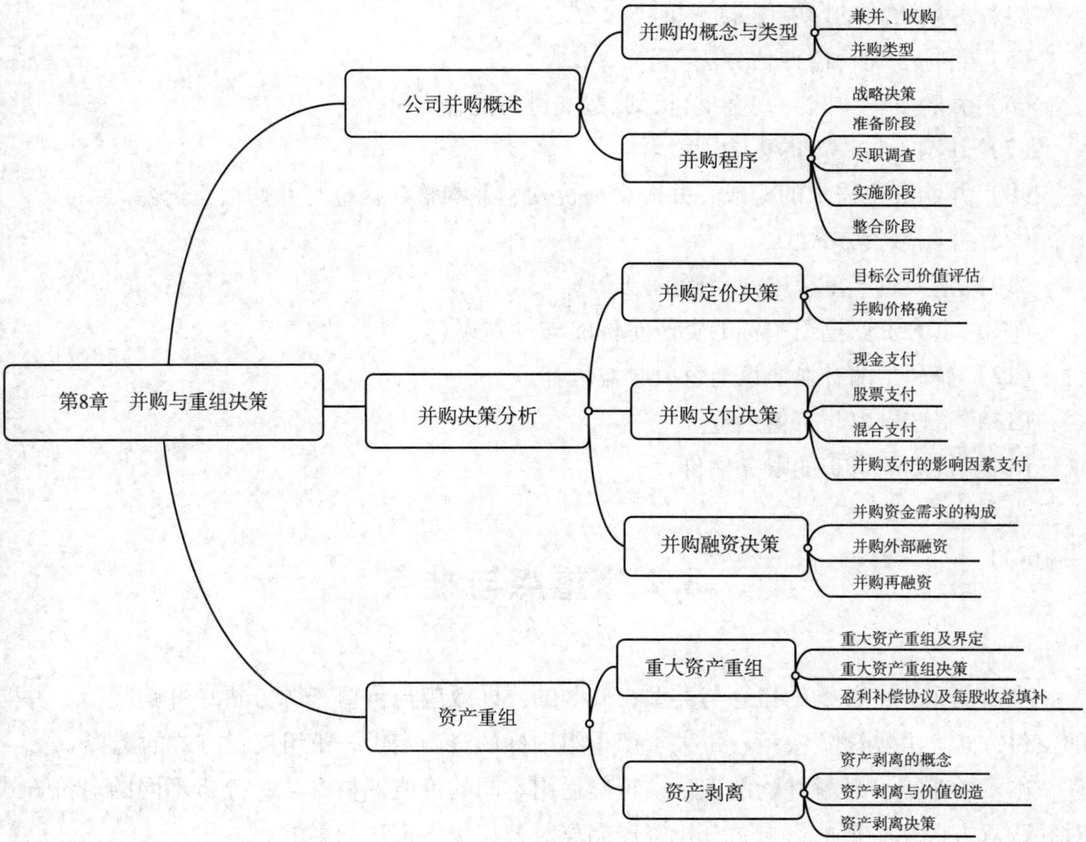

8.1.2　学习目标与要求

通过本章学习，熟悉并购的类型，并购协同效应与价值来源；理解并购的理论，并能用这些理论解释并购的动机；重点掌握并购的价值评估方法、并购价格和并购的支付方式；熟悉资产出售、股权分割等重组对公司价值的影响。

8.1.3 预习要点

1. 主要概念

（1）吸收合并　（2）新设合并　（3）横向并购　（4）纵向并购
（5）混合并购　（6）敌意收购　（7）杠杆并购　（8）公司重组
（9）资产剥离　（10）协同效应

2. 关键问题

（1）并购与企业价值创造。
（2）并购的概念、类型与动机。
（3）并购程序：战略决策、准备阶段、尽职调查、实施阶段、整合阶段。
（4）并购价格的影响因素。
（5）目标公司价值评估方法。
（6）并购支付方式：现金支付、股票支付与混合支付。
（7）并购支付决策的影响因素。
（8）并购资金需求的构成：并购交易价款、并购整合资金与并购运营资金。
（9）并购融资方式。
（10）重大资产重组中交易标的定价。
（11）重大资产重组中标的资产对价的支付方式。
（12）盈利预测补偿协议与每股收益填补。
（13）资产剥离与价值创造。
（14）被剥离资产的财务估价。

8.2 重点与难点

本章的重点：并购的概念与类型；并购的协同效应与价值来源分析；并购定价、并购的支付方式、并购融资决策；重大资产重组中标的资产定价、重组支付方式的选择。

本章的难点：理解并购的理论；正确运用不同的价值评估方法；分析不同的对价方式对并购双方股东价值的影响；分析资产剥离对公司价值创造的影响。

8.2.1 并购的概念和理论

1. 概念和类型

公司并购活动通常包括兼并、收购与合并。

兼并是指一家公司购买其他公司的产权，并使被兼并公司失去法人资格的一种经济行为。收购是指为了获取目标公司的控制权，以现金、非现金资产或股权购买其资产或股权的经济行为。合并是指两个或两个以上的企业合并成为一个新的企业。根据我国的《公司法》《证券法》《上市公司收购管理办法》等相关法律法规的规定，合并包括吸收合并、新设合并两种形式。

按照不同的划分标准，并购有不同类型的分类。按并购双方所处行业性质的不同，分为横向并购、纵向并购和混合并购；按并购支付方式分为现金购买资产或股权、股票换取资产或股权、混合并购、承担债务换取资产或股权；按并购程序分为善意并购和敌意并购；按是否通过证券交易所的证券交易分为要约收购和协议收购；按照并购资金来源分类分为杠杆并购和非杠杆并购。

2. 并购程序

并购决策是实现企业发展战略和价值创造的战略性决策，虽然企业并购的具体程序不尽相同，但通常包括战略决策、准备阶段、尽职调查、实施阶段和整合阶段几个步骤。

8.2.2　并购决策分析

1. 并购定价决策

对目标公司进行价值评估是确定并购价格的基础。目标公司价值评估的基本模型是现金流量折现模型。对目标公司的估值应注意：首先要考虑并购对并购方与目标公司价值产生的影响，重视对并购协同效应与并购溢价的研究；其次，目标公司的估值，应注意方法的多样性和对其内涵的理解。不要局限于单一参数和趋于静态的取值；不要只关注战略部署的实现，而忽视了回报、增长及风险等价值关键驱动因素的可能变化对估值的影响。

2. 并购支付决策

公司并购支付方式主要有现金支付、股票支付和混合支付。现金支付是指并购方以现金为支付手段完成对目标公司的收购。股票支付是指并购方以增发本公司股票作为支付手段来并购目标公司。混合支付方式是指并购方以现金、股票、认股权证、可转换债券等多种形式的组合作为并购目标公司的支付方式。

并购支付决策时应考虑以下因素：并购方举债能力和拥有的现金流量；并购方公司股权集中度的高低；并购方股价水平；目标公司股东对支付方式的偏好；收购规模；融资成本和税收因素；法律规范。

3. 并购融资决策

确定并购融资需求是并购融资决策的前提。并购所需资金主要包括三部分内容：并购交易价款、并购整合资金与并购运营资金。

并购融资有内部融资与外部融资两大渠道。内部融资是指公司依靠自身积累的资金进行并购，但由于并购往往需要庞大的资金量，所以更多时候，并购方会利用外部融资来解决并购资金需求。并购的外部融资主要包括债务融资、权益融资和混合融资。

8.2.3 企业重组与资产剥离

重大资产重组是指上市公司及其控股或者控制的公司在日常经营活动之外购买、出售资产或者通过其他方式进行资产交易达到规定的比例，导致上市公司的主营业务、资产、收入发生重大变化的资产交易行为。在重大资产重组决策中，需要注意：交易标的的定价和交易支付方式。实践中最常见的支付方式是发行股份购买资产方式。

资产剥离是指公司将其拥有的某些子公司、部门、产品生产线、固定资产等出售给其他经济主体，以获得现金或有价证券的交易行为。资产剥离之所以能提升企业价值创造能力，主要基于以下原因：核心竞争力的提升、信息效应与公司股票市价、资本市场的因素、负协同效应、增加现金流入量等。

公司在进行资产剥离时，应对计划出售的子公司、部门或资产进行价值评估。估值方法可以采用现金流量折现模型。从理论上说，两家公司的价值应该与分离前单个公司的价值没有差别，但剥离后的实证研究表明，积极性的资产剥离具备价值创造的潜力。

8.3 习题与案例

8.3.1 单项选择题

1. A公司与B公司合并，合并后A、B两家公司解散，成立一家新的公司C，这种合并是（　　）。

A. 吸收合并　　B. 新设合并　　C. 横向并购　　D. 混合并购

2. 一家整车生产企业并购一家汽车配件生产企业，这种并购属于（　　）。

A. 横向并购　　B. 纵向并购　　C. 新设并购　　D. 混合并购

3. 收购公司仅利用少量的自有资本，主要以被收购公司的资产和将来的收益作抵押筹集大量资本用于收购，这种收购属于（　　）。

A. 混合并购　　B. 善意并购　　C. 敌意并购　　D. 杠杆并购

4.（　　）是公司最稳妥、最有保障的资金来源。

A. 公司内部自有资金　　B. 银行贷款筹资

C. 股票筹资　　D. 债券筹资

5. 公司并购采用股票支付方式的优点是（　　）。

A. 目标公司原有股东不会丧失其股权　　B. 并购公司原有股东控制权不会被稀释

C. 手续简便快捷，可迅速完成并购　　D. 不会引起股票价格波动

6. 下列关于资产剥离的表述中，不正确的是（　　）。
A. 资产剥离后，公司资产总量会减少　　B. 资产剥离后，公司业务范围缩减
C. 资产剥离有助于提高资源利用效率　　D. 资产剥离有助于提高管理效率
7. 下列关于资产剥离的说法中，正确的是（　　）。
A. 资产剥离是出售所持有的子公司股权　　B. 资产剥离会使公司的经营业务收缩
C. 资产剥离会产生负协同效应　　D. 资产剥离通常会使公司的资产总额减少
8. 重大资产重组中相关资产以资产评估结果作为定价依据的，资产评估机构原则上应当采取（　　）评估方法进行评估。
A. 1 种　　B. 2 种　　C. 2 种以上　　D. 3 种以上
9. 下列不属于按并购双方的行业关联性划分的收购方式是（　　）。
A. 混合收购　　B. 要约收购　　C. 横向收购　　D. 纵向收购
10. 关于公司并购的现金支付方式，下列说法错误的是（　　）。
A. 容易导致并购公司的现金流量紧张
B. 会影响公司的股权结构
C. 无法延迟税收，目标公司股东不能获得税收利益
D. 股权支付会使目标公司原有股东缴纳资本利得税
11. 关于并购的支付方式，下列说法错误的是（　　）。
A. 敌意收购多采用现金支付方式
B. 现金支付是买壳上市中的主要支付手段
C. 股权支付容易导致反收购或吸引竞争性并购者
D. 股权支付会使目标公司原有股东缴纳资本利得税
12. 大规模收购不适合选择的支付方式是（　　）。
A. 现金支付　　B. 股票支付　　C. 混合支付　　D. 可转换债权支付

8.3.2　多项选择题

1. 公司并购按照并购双方所处行业性质不同可以分为（　　）。
A. 吸收合并　　B. 新设合并　　C. 横向并购　　D. 纵向并购
2. 公司并购按照出资方式不同可以分为（　　）。
A. 出资购买资产式并购　　B. 出资购买股票式并购
C. 以股票换取资产式并购　　D. 以股票换取股票式并购
3. 按照并购程序不同，并购分为（　　）。
A. 要约并购　　B. 协议收购　　C. 善意收购　　D. 敌意收购
4. 并购的协同效应主要体现在（　　）。
A. 管理协同效应　　B. 经营协同效应　　C. 财务协同效益　　D. 内涵式协同效应
5. 并购理论主要有（　　）。

A. 竞争理论　　B. 信号传递理论　　C. 效率理论　　D. 差别税收理论

6. 并购采用现金支付方式的优点有（　　）。

A. 简便快捷，易于为并购双方所接受

B. 不会形成沉重的财务负担

C. 可以保证并购公司股权结构不受影响

D. 目标公司股东可以立即收到现金，承担的风险较小

7. 采用股票支付方式进行公司并购需要考虑的影响因素有（　　）。

A. 并购公司的股权结构　　B. 每股利润的变化

C. 每股净资产的变化　　D. 财务杠杆的变化

8. 公司进行资产剥离的主要原因有（　　）。

A. 提升核心竞争力　　B. 负协同效应

C. 增加现金流入量　　D. 资本市场的因素

9. 资产剥离的价值来源体现在（　　）。

A. 核心竞争力效应　　B. 信息效应

C. 市场形象效应　　D. 消除负协同效应

10. 关于并购中的现金对价方式，说法正确的有（　　）。

A. 如果并购后的净现值大于零，这种并购活动就是可行的

B. 股票如何交换，交换比例如何确定是合并双方能否合并成功的关键

C. 由并购方支付一定数量的现金，从而取得被并购公司的所有权

D. 通过向目标公司股东增发本公司股票，换取目标公司股东合并前持有的本公司股票

11. 根据信号传递理论，并购信息的宣布可能会给市场参与者传递（　　）的信息。

A. 被并购企业未来有较好的投资机会

B. 被并购企业的原管理者受到了来自新所有者的冲击

C. 目标企业未来的现金流量和未来估价的可能会增加

D. 被并购的企业价值被低估

12. 并购通常会经过的步骤有（　　）。

A. 战略决策　　B. 准备阶段　　C. 尽职调查　　D. 实施和整合

13. 并购中目标公司的价值评估常用方法有（　　）。

A. 股权现金流量模型　　B. 公司现金流量模型

C. 市盈率估价模型　　D. 市净率估价模型

14. 并购资金的需求主要有（　　）。

A. 并购前的调查资金　　B. 并购交易价款

C. 并购整合资金　　D. 并购运营资金

15. 资产剥离可能出售的内容有（　　）。

A. 总公司　　B. 子公司　　C. 部门　　D. 生产线

8.3.3 判断题

1. 公司通过横向并购可以消除竞争、扩大市场份额。 （ ）

2. 纵向并购后更容易整合，提高公司整体经营效率。 （ ）

3. 公司通过混合并购可以实现多元化经营，分散投资风险。 （ ）

4. 盈利预测补偿协议可以降低资产重组交易中目标公司的信息不对称成本。 （ ）

5. 企业资产重组是对目标公司全部或部分股权与资产的购买和置换，从而对企业资源进行重新配置。 （ ）

6. 股权高度集中或高度分散的公司，在并购中更倾向选择股票支付方式。 （ ）

7. 并购的外部融资方式主要包括债务融资和权益融资。 （ ）

8. 采用股票支付方式进行公司并购会使并购公司原有股东的控制权被稀释。 （ ）

9. 公司进行资产剥离不会使其经营规模缩减。 （ ）

10. 协议并购和要约并购都需要通过证券交易所的证券交易完成。 （ ）

11. 并购只针对价值被低估的企业。 （ ）

12. 并购中目标公司的价值由自身自由现金流量折现值和并购溢价两部分构成。 （ ）

13. 并购中产生的经营协同和管理协同效应既能带来增量自由现金流，也能降低公司的加权平均成本。 （ ）

14. 按照各种方法评估出的目标公司价值就是最终的交易价格。 （ ）

15. 并购协同效应越大，目标公司自身估值与并购公司所能支付的最高报价之间的差距就越小。 （ ）

8.3.4 计算分析题

1. 甲公司的总市值为 26 000 万元，乙公司的总市值为 14 000 万元。甲公司计划以现金支付方式收购乙公司的全部股权，估计并购之后会产生协同效应，合并后的公司经营效率将得到明显提高。估计并购后公司价值将达 55 000 万元，甲公司收购乙公司股份时将支付 2 000 万元的溢价，并且会产生并购费用 200 万元。要求：计算甲公司该项收购活动可获得的并购净收益。

2. 某电器公司计划并购 A 公司，准备采用相对估值模型对 A 公司进行价值评估。经调查，在市场上找到三个与 A 公司相似的可比公司，分别为 B 公司、C 公司和 D 公司。三个公司的相关资料如表 8－1 所示。经预测，并购目标企业 A 公司在未来决策期内预计年平均净利润 500 万元，年平均净资产 6 000 万元，年平均销售收入 1 亿元，请评估 A 公司的价值。

表 8 – 1　　可比公司的相关指标

指标	B 公司	C 公司	D 公司
市盈率	20	15	25
市净率	1.7	1.3	1.5
市销率	1.3	1.2	1.1

3. M 公司是一家拥有 5 个分店的地区快餐连锁公司，凭借先进的管理方法和多样的销售手段，一直保持着较好的经营业绩。M 公司的主要竞争对手是 J 公司。J 公司是一家拥有 8 个分店的快餐连锁公司，但最近两年经营业绩下滑明显，开始亏损。因此 J 公司的股东有意退出，并开始与 M 公司接触洽谈并购事项。经双方协商，M 公司决定以 1 800 万元的价格收购 J 公司。表 8 – 2 是两家公司中的单个分店的主要财务数据（假定这两家公司每个分店的经营业绩相同）。

表 8 – 2　　M 公司和 J 公司单个分店的主要财务数据　　单位：万元

项目	M 公司	J 公司
营业收入	4 500	3 600
经营成本（付现成本）	3 500	3 200
管理费用	500	500
折旧	40	300
税前利润	500	–100
所得税	125	
税后利润	375	–100

如果 M 公司收购 J 公司，会立即关闭 J 公司的 3 个与自己连锁店距离较近的分店，并且以每店 200 万元的价格卖掉，留下的连锁店需要进行升级改造，每个店投入 100 万元（假定 100 万元均为第 1 年初一次性支付），改造后每家连锁店的年折旧为 40 万元，预计留下的每个店会保持当前亏损状态 1 年，之后会有和 M 连锁店相同的经营业绩。经测算，M 公司确定的风险调整折现率为 12%，M 公司的所得税税率为 25%。要求：

（1）假设收购对 M 公司原有的 5 个分店没有影响，并且收购后 J 公司产生的现金流量是固定和永续的，请对 J 公司进行价值评估，并判断该项收购是否可行。

（2）如果决定收购 J 公司，除了价格你认为还要考虑哪些因素？

8.3.5　案例分析题

在中国零售业对外资还没有完全开放时，沃尔玛集团（WalMart）为了取得进入中国市场的牌照，符合持股比例不得超过 65% 的要求，与深国投公司成立沃尔玛中国合资公司，华润入股合资公司，但对合资公司没有控制权，仅在合资公司董事会占少数席位，也一直未直接参与沃尔玛合资公司的管理，华润万家零售与沃尔玛零售业务也无法产生协同效应；合资公司本身的回报水平良好，与行业标杆接近，但华润拥有的股权分红比例仅 2% 左右。沃尔玛每年会向合资公司收取接近 2% 的管理费；当沃尔玛通过合资公司开店时，沃尔玛会要求华润集团按照股权比例新增资本金。时过境迁，2015 年的中国零售行业，政策和市场环境已经发生了翻天覆地的变化，沃尔玛已经停止通过合资公司开设新店，分店多属进入成熟期的老店，增长较为乏力，已经低于行业平均水平，同时还存在继续下滑的趋势，甚至有关店的可能。根据公开信息，2015 年华润集团旗下资产管理公司拟以合计人民币 33.35 亿元的挂牌价格，转让其所持的 21 家沃尔玛中国合资公司的股权及部分债权。①

根据上述资料，并进一步上网搜集相关资料，回答以下问题：

（1）结合 2015 年中国零售行业的环境，从业务战略、投资回报和增长方面分析，华润为什么在 2015 年选择出售其持有的沃尔玛中国合资公司的股权及部分债权？

（2）公司应如何根据外部环境、市场条件以及公司战略、内部管理能力等调整优化资产结构？资产剥离是否有利于公司价值创造？

① 魏斌．价值之道——公司价值管理的最佳实践［M］．北京：中信出版集团，2018：301－302.

第 9 章　长期融资

9.1　导　学

9.1.1　本章思维导图

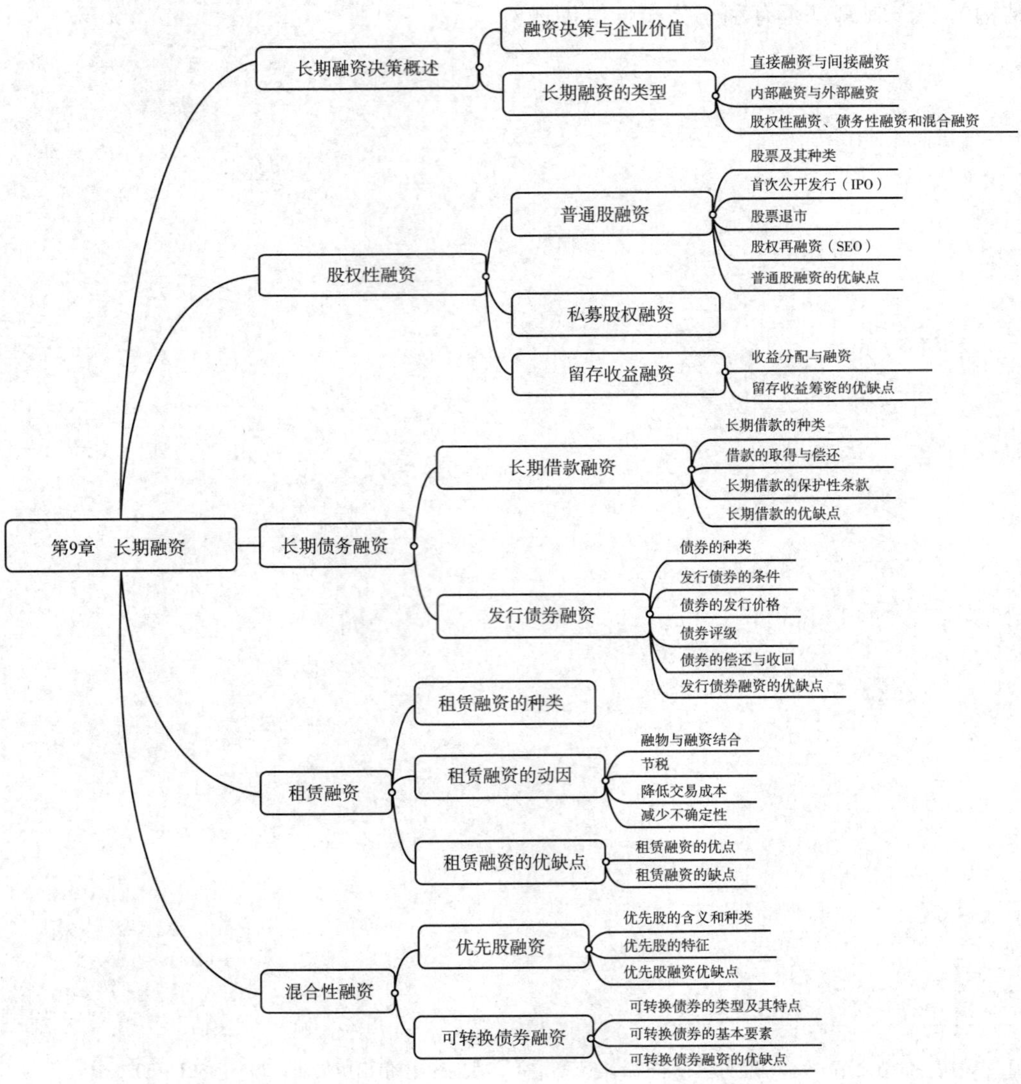

9.1.2 学习目标与要求

通过本章学习，掌握长期债权融资各种方式的特点及具体操作方法，租赁融资策略及其应用；理解股权融资的政策及条件；了解公司长短期资金融通的方式。

9.1.3 预习要点

1. 主要概念

（1）直接融资	（2）间接融资	（3）机构投资者
（4）IPO	（5）私募股权融资	（6）核准制与注册制
（7）配股	（8）股权性融资	（9）长期借款融资
（10）租赁	（11）杠杆租赁	（12）可转换债券

2. 关键问题

（1）融资决策与企业价值的关系。

（2）股权再融资的主要形式。

（3）IPO 的定价机制。

（4）股票发行的核准制与注册制的区别。

（5）上市公司增发新股的条件。

（6）长期借款的保护性条款。

（7）影响债券发行价格的因素。

（8）债券的信用评级。

（9）直接租赁、杠杆租赁与售后租回。

（10）租赁的动因及对税收和资产负债表的影响。

（11）可转换债券及其基本要素。

（12）可转换债券融资的优缺点。

9.2 重点与难点

本章的重点：长期融资决策；股权性融资；长期债务融资；发行债券融资；租赁融资与混合性融资。

本章的难点：IPO 的定价机制；债券发行价格的确定；租赁融资对税收及资产负债表的影响；可转换债券的转换比率、赎回条款与回售条款。

9.2.1 长期融资决策

1. 融资决策与企业价值

价值创造是企业财务管理的根本目标，管理者应当采取恰当的经营战略和财务战略，通过对价值创造关键因素的管理，提升公司的价值创造能力。从对公司价值的影响来说，融资决策的核心要素主要包括规模和成本两个维度。融资规模变化会改变公司债务资本和权益资本的构成比例，融资所支持的战略性资本支出会改变公司的盈利能力，从而影响公司的价值。融资产生的债务资本成本和股权资本成本，构成公司的加权平均资本成本。债务资本成本一般低于股权资本成本，适度提高公司杠杆水平，有利于降低公司加权平均资本成本，提升公司价值。

2. 长期融资的类型

按是否借助于银行等金融机构，企业融资可分为直接融资和间接融资两种类型。

按资本来源范围的不同，企业融资可以分为内部融资和外部融资两种类型。

按资本权益特性的不同，企业融资可以分为股权性融资、债务性融资和混合融资。

9.2.2 股权性融资

1. 普通股融资

股票是股份有限公司为筹措股权资本而发行的有价证券，是表明持股人拥有公司股份及享有所有权的凭证。公司根据融资需求和投资者需求，可以发行不同种类的股票。

2. 首次公开发行（IPO）

股票发行的审批制度有三类：审批制、核准制和注册制。审批制一般是在证券市场发展初期，在特殊的市场环境下，一些国家和地区采用的一种股票发行制度。

3. 私募股权融资

私募股权融资是指公司以非公开方式向潜在的投资者筹集股权资本的行为，风险投资公司、天使投资者、机构投资者以及公司投资者是私募股权融资的主要来源。

9.2.3 长期债务融资

1. 长期借款融资

长期借款是指企业向银行或其他非银行金融机构借入的、期限在 1 年以上的各种借款。长期借款主要用于购建固定资产和满足长期流动资金占用的需要。

2. 长期借款的保护性条款

由于长期借款的期限长、金额大、风险高，按照国际惯例，银行通常会在借款合同中提出一些保护性条款，以确保企业按时足额偿还借款。保护性条款可以归为一般性保护条款和特殊性保护条款。

3. 长期借款融资的评价

优点：（1）融资速度快；（2）借款成本较低；（3）借款弹性较大；（4）与债券一样，利用长期借款融资可以发挥财务杠杆作用。

缺点：（1）融资风险较高；（2）限制条件多；（3）筹资数量有限。

9.2.4 发行债券融资

1. 债券的种类

公司根据融资需求和投资者需求，可以发行不同种类的债券：

（1）按债券是否有抵押担保，分为信用债券和抵押债券。

（2）按债券是否记名，分为记名债券和无记名债券。

（3）按能否转换为公司股票，可分为不可转换债券和可转换债券。

2. 债券的发行价格

公司债券的发行价格是债券发行人发行债券时所使用的价格，也是债券的原始投资者购买债券时实际支付的价格。决定债券发行价格的因素，主要有债券面值、票面利率、市场利率、债券期限。

3. 债券的偿还与收回

债券既可在到期日全额偿付，也可以在到期日前清偿。债券发行人通常可以采用以下办法偿还或收回债券：偿债基金、债券赎回、分批偿还债券、债券调换、转换成普通股。

9.2.5 租赁融资

1. 租赁融资的种类

（1）直接租赁。该种租赁是指出租人（租赁企业或生产厂商）直接向承租人提供租赁资产的租赁形式。直接租赁只涉及出租人和承租人两方。

（2）杠杆租赁。该种租赁是有贷款者参与的一种租赁形式。在这种形式下，出租人引入资产时只支付引入所需款项的一部分，其余款项则以引入的资产或出租权等为抵押，向另外的贷款者借入；资产出租后，出租人以收取的租金向贷款者还贷。

（3）售后租回。该种租赁是指资产的所有者在出售某项资产后，立即按照特定条款从购买者手中租回该项资产。

2. 租赁融资的动因

租赁融资的动因有：融物与融资结合；节税；降低交易成本；减少不确定性。

3. 租赁融资的评价

优点：租赁是一种融资与融物的结合，它通过融物达到融资的目的，实现了商品交易和融资活动的结合，减少了中间环节，提高了效率，这是其他融资方式无法比拟的；租赁融资支出可以抵减公司所得税；融资限制少；租赁融资可以转移资产贬值风险。

缺点：租赁融资成本高；当事人发生违约风险的可能性增大；受利率和税率变动影响的风险大。

9.2.6 可转换债券融资

可转换债券又称可转债，是由公司依法发行、债券持有人在特定时间内按约定条件可以转换为发行公司普通股股票的债券。可转换债券是一种混合型金融产品，是普通公司债券与证券期权的组合体，其特殊性在于它所特有的转换性。普通可转换债券的转股权与可转换债券不可分离，持有者直接按债券面额和约定的转股价格，在约定的期限内将债券转换为股票。其特点可以归纳为：证券期权性、资本转换性。

普通可转换债券的基本要素包括标的股票、转换价格、转换比率、转换期限、赎回条件、回售条款等内容。可转换债券的标的股票一般是可转换债券发行公司的股票，也可以是其他公司的股票，例如可转换债券发行公司的上市子公司的股票。

转股价格是指可转换债券在转换期内据以转换为普通股的折算价格，即将可转换公司债券转换为每股股份所支付的价格。

赎回条款是可转换债券发行公司可以在债券到期日之前按约定价格赎回尚未转股的可转换公司债券的规定。赎回条款包括不可赎回期、赎回期、赎回价格、赎回条件等内容。

回售条款是在可转换债券发行公司的股票价格持续低于转股价（即按约定可转换债券转换成股票的价格）的一定幅度时，债券持有人有权按照约定的价格将债券出售给发行公司的规定。设置回售条款是为了保护债券投资人的利益。

9.3 习题与案例

9.3.1 单项选择题

1. 下列融资方式中，属于债务性融资方式的是（　　）。

A. 吸收直接投资　　B. 融资租赁　　C. 发行股票　　D. 留存收益

2. 在长期借款的保护性条款中，属于特殊性保护条款的是（　　）。

A. 贷款专款专用　　B. 限制资产抵押

C. 限制企业非经营支出　　D. 限制租赁固定资产的规模

3. 相对于发行股票而言，发行公司债券筹资的优点为（　　）。

A. 筹资风险小　　B. 限制条款少　　C. 筹资额度大　　D. 资金成本低

4. 按照是否能够转换成公司股权，可将债券分为（　　）。

A. 记名债券和无记名债券　　B. 可转换债券和不可转换债券

C. 信用债券和担保债券　　D. 不动产抵押债券和证券信托抵押债券

5. 下列各项中，属于内部融资方式的是（　　）。

A. 发行股票　　B. 银行借款　　C. 留存收益　　D. 发行债券

6. 从公司理财角度看，与长期借款融资相比，普通股融资的优点是（　　）。

A. 融资速度快　　B. 借款成本低　　C. 融资风险小　　D. 借款弹性大

7. 关于直接融资和间接融资，下列说法错误的是（　　）。

A. 直接融资仅可以筹集股权资金　　B. 直接融资耗时长，费用高

C. 发行股票属于直接融资　　D. 融资租赁属于间接融资

8. 出租人既出租某项资产，又以该项资产为担保借入资金的租赁方式是（　　）。

A. 直接租赁　　B. 杠杆租赁　　C. 经营租赁　　D. 售后回租

9. 相对于债务筹资方式而言，采用发行普通股方式筹措资金的优点是（　　）。

A. 有利于降低资本成本　　B. 有利于集中企业控制权

C. 有利于降低财务风险　　D. 有利于发挥财务杠杆作用

10. 相对于借款购置设备而言，融资租赁设备的主要缺点是（　　）。

A. 筹资速度较慢　　B. 资金成本较高

C. 到期还本负担重　　D. 设备淘汰风险大

11. 在计算下列资本成本时，可以不用考虑筹资费用影响的是（　　）。

A. 普通股　　B. 债券　　C. 长期借款　　D. 留存收益

12. 关于普通股融资方式，下列说法错误的是（　　）。

A. 普通股融资属于直接融资　　B. 普通股融资不需要还本付息

C. 普通股融资降低公司的资本成本　　D. 普通股融资是公司良好的信誉基础

13. 关于可转换债券的赎回条款，下列表述错误的是（　　）。

A. 赎回条款通常包括不可赎回期间与赎回期间、赎回价格和赎回条件等

B. 赎回条款是发债公司按事先约定的价格买回未转股债券的相关规定

C. 赎回条款的主要功能是促使债券持有人积极行使转股权

D. 赎回条款主要目的在于降低投资者持有债券的风险

14. 下列有关增发和配股的说法中，不正确的是（　　）。

A. 配股一般采取网上定价发行的方式

B. 拟配售股份数量不能超过本次配售股份前股数总量的30%

C. 发行价格应不低于公告招股意向书前二十个交易日公司股票均价或前一个交易日的均价

D. 如果是公开增发新股，则最近三个会计年度加权平均净资产收益率平均不低于6%（扣除非经常性损益后的净利润与扣除前的净利润相比，以高者作为加权平均净资产收益率的计算标准）

15. 下列关于普通股说法错误的是（　　）。

A. 面值股票是在票面上标有一定金额的股票

B. 按股票有无记名，分为记名股票和无记名股票

C. B 股是境外上市，并以外币认购和交易的股票

D. H 股、N 股和 S 股等，分别指在我国境内注册公司，在香港证券交易所、纽约证券交易所和新加坡证券交易所上市交易的股票

16. 下列有关优先股说法不正确的是（　　）。

A. 支付的优先股股息可以税前扣除　　B. 优先分配公司剩余财产

C. 优先分配固定的股利　　D. 优先股股东一般无表决权

17. 下列关于租赁的说法中，错误的是（　　）。

A. 租赁的风险与租赁期满时租赁资产的余值有关

B. 杠杆租赁是有贷款者参与的一种租赁形式

C. 没有所得税制度，长期租赁可能不会产生和存在

D. 节税是短期租赁存在的重要原因

18. 要求企业主要领导人购买人身保险，属于长期借款保护条款中的（　　）。

A. 一般性保护条款　　B. 特殊性保护条款

C. 例行性保护条款　　D. 例行性保护条款和特殊性保护条款

19. 下列各种融资方式中，不属于长期融资的是（　　）。

A. 保理业务　　B. 长期借款　　C. 融资租赁　　D. 发行股票和债券

20. 下列各种融资方式中，限制条件相对较少的是（　　）。

A. 发行债券　　B. 租赁融资　　C. 长期借款　　D. 发行股票

9.3.2　多项选择题

1. 下列属于债务性融资方式的有（　　）。

A. 商业信用　　B. 融资租赁　　C. 优先股　　D. 普通股

2. 下列融资方式中属于间接融资的有（　　）。

A 优先股融资　　B. 融资租赁　　C. 银行借款融资　　D. 发行债券

3. 下列关于优先股融资说法正确的有（　　）。

A. 优先股融资成本的计算无须考虑发行费用

B. 对于同一公司来说，优先股融资成本低于债务融资成本

C. 对于同一公司来说，优先股融资成本低于普通股融资成本

D. 优先股的股利通常被视为固定成本，会增加公司的财务风险

4. 关于债券的特征，下列说法正确的有（　　）。

A. 债券代表着一种债权债务关系　　B. 债券不能折价发行

C. 债券持有人无权参与企业决策　　D. 债券具有分配上的优先权

5. 下列各项中，（　　）属于股权筹资的缺点。

A. 资本成本负担较重　　B. 财务风险较大

C. 容易分散公司的控制权　　D. 信息沟通与披露成本较大

6. 与增发新股融资相比，留存收益融资的优点有（　　）。

A. 融资成本低　　B. 有助于增强公司社会声誉

C. 有助于维持公司的控制权分布　　D. 融资规模大

7. 相对于普通股而言，优先股的优先权包含的内容有（　　）。

A. 股利分配优先权　　B. 配股优先权

C. 剩余财产分配优先权　　D. 表决优先权

8. 下列属于留存收益筹资特点的有（　　）。

A. 资金成本较普通股低　　B. 筹资数额没有限制

C. 保持普通股股东的控制权　　D. 增强公司的信誉

9. 在长期借款的保护性条款中，（　　）属于一般性保护条款。

A. 限制资产抵押

B. 限制企业非经营支出

C. 不允许企业投资短期内不能收回资金的项目

D. 限制企业高级职员的薪金和奖金

10. 根据我国的《证券法》和《公司法》的相关规定，下列关于发行公司债券说法正确的有（　　）。

A. 企业债券发行人具备健全且运行良好的组织机构

B. 最近三年平均可分配利润足以支付企业债券一年的利息

C. 具有合理的资产负债结构和正常的现金流量

D. 国务院规定的其他条件

11. 租赁融资按照当事人之间的关系，租赁可以划分为（　　）。

A. 经营租赁　　B. 直接租赁　　C. 杠杆租赁　　D. 售后租回

12. 公司债券的发行价格通常有（　　）三种情况。

A. 面值发行　　B. 市价发行　　C. 溢价发行　　D. 折价发行

13. 资信状况符合标准的公开发行的公司债券，专业投资者和普通投资者可以参与认购，下列说法正确的有（　　）。

A. 发行人最近一年期末净资产规模不少于 100 亿元

B. 发行人最近三年无债务违约或者延迟支付本息的事实

C. 发行人最近三年平均可分配利润不少于债券一年利息的 1.5 倍

D. 发行人最近 24 个月内累计公开发行债券不少于 3 期，发行规模不少于 100 亿元

14. 股票上市对公司可能的不利影响有（　　）。

A. 信息披露成本变高　　B. 财务风险变大

C. 公司价值不易确定　　D. 商业机密容易泄露

15. 下列关于杠杆租赁的表述中，正确的有（　　）。

A. 出租人既是债权人又是债务人

B. 租赁的设备通常是出租方已有的设备

C. 涉及出租人、承租人和资金出借人三方当事人

D. 出租人引入资产时只支付引入所需款项的一部分

16. 根据规定，公开发行公司债券筹集的资金，不得用于（　　）。

A. 流动资产投资　　B. 弥补亏损

C. 非生产性支出　　D. 生产性固定资产投资

17. 债券的偿还，可以分为（　　）。

A. 提前偿还　　B. 到期分批偿还　　C. 到期一次偿还　　D. 滞后偿还

18. 下列各种融资类型中，既能筹集股权资本，又能筹集债务资本的有（　　）。

A. 短期融资　　B. 内部融资　　C. 长期融资　　D. 外部融资

19. 某公司近来资金紧张，经证监会批准，发行股票 4 000 万股，筹集资金 2 亿元。公司的此项融资属于（　　）。

A. 短期融资　　B. 外部融资　　C. 直接融资　　D. 衍生工具融资

20. 在计算个别资本成本时，需要考虑所得税抵减作用的筹资方式有（　　）。

A. 银行借款　　B. 长期债券　　C. 优先股　　D. 普通股

9.3.3　判断题

1. 股权资本财务风险较小，资本成本较高；相反，债务资本财务风险较高，资本成本较低。（　　）

2. 对附有提前赎回条款的债券，当预测未来资本市场利率下降时可提前赎回债券，以降低资本成本。（　　）

3. 优先股的优先权体现在剩余财产清偿分配顺序上居于债权人之前。（　　）

4. 因为公司债务必须付息，而普通股不一定支付股利，所以普通股资本成本小于债务资本成本。（　　）

5. 直接筹资是企业直接从社会取得资金的一种筹资方式，一般只能用来筹集股权资金。（　　）

6. 对公司而言，发行债券的风险高；对投资者而言，购买股票的风险高。（　　）

7. 留存收益筹资不会发生筹资费用，因此没有资本成本。（　　）

8. 公开发行公司债券筹集的资金，可以用于弥补亏损和非生产性支出。（　　）

9. 如果公司发行的是可转换债券，那么，可通过转换成普通股来收回债券。（　　）

10. 按照国际惯例，债券等级分为 3 等 9 级，其中只有 AAA 级债券值得投资。（　　）

11. 当公司解散、清算时，正确的清偿顺序是：债务、优先股、普通股。（　　）

12. 某公司当年可分配利润不足以支付优先股的全部股息时，所欠股息以后年度不予补发，则该优先股属于非累积优先股。（　　）

13. 企业可以用股票、债券、厂房和设备等作为质押品向商业银行申请质押贷款。 ( )

14. 认股权证具有实现融资和股票期权激励的双重功能。 ( )

15. 持有人只能获取一定股息但不能参加公司额外分红的优先股，称为非参与优先股。 ( )

16. 记名股票除了股票上所记载的股东外，其他人也可以行使其股权，并且股份转让有严格的法律程序与手续，需办理过户。 ( )

17. 我国可转换债券的期限最短为1年，最长为6年。上市公司发行可转换债券结束6个月后，持有人可以依据约定的条件随时转换股份。 ( )

18. 可转换债券回售条款，是为了保护债券投资人的利益。 ( )

19. 可转换债券的价值等于其纯债券价值和转换价值二者中的较小值与期权价值之和。 ( )

20. 在承租人的有效税率高于出租人，并且租赁费可以抵税的情况下，通过租赁可以节税。 ( )

9.3.4 计算分析题

1. A公司发行的可转换债券面值是100元，募集说明书约定转股价格是25元，而公司股票价格连续走低，其决定向下修正为原转换价格的80%，股票市价为15元，则可转换债券的转换比率为多少？

2. 某公司于2022年1月1日发行票面利率3%，面值为1 000万元，期限为5年的长期债券，每年支付一次利息，市场利率为5%。公司所发行债券的发行价格为多少万元？

3. 小张是一家公司的CFO，公司当前的股票总市值为20亿元，公司有发行在外的股票1亿股，每股交易价格为20元。公司需要筹集资金4亿元，且已宣布要配股发行。每一位现有股东，每持有1股股票，就有权利得到1份认股权。小张尚未确定现有股东要购买1股新股，得拥有几份认股权。如果发行价格为每股10元，小张要求现有股东有5份认股权才能购买1股新股；若以每股5元的价格购买2股新股，则要求股东有5份认股权。请计算分析，运用哪种方法，张某将筹集更多的资金？

4. F公司的资产与负债情况见表9-1。如果F公司花费6 000万元融资租赁一座仓库，则资产与负债情况将怎样变化？它的账面债务股权比率将是多少？如果采取经营租赁，资产与负债情况以及债务股权比率又将怎样变化？

表9-1　　F公司的资产与负债情况　　单位：万元

资产		债务与股权	
现金	2 500	债务	8 000
财产、厂房和设备	17 500	股权	12 000

5. Z公司目前拥有资金3 000万元，其中，长期借款1 000万元，年利率为10%；普通股2 000万元，每股面值1元，发行价格为每股10元，目前价格也是每股10元，上年发放现金股利每股1元，预计股利增长率为5%，所得税税率为25%。该公司计划筹集资金200万元，有两个筹资方案。方案一，增加长期借款200万元，借款利率上升到12%；方案二，增发普通股10万股，预计股利将上升为每股2.1元，普通股市价增加到每股20元。

要求：

（1）计算该公司筹资前加权平均资本成本。

（2）采用比较资本成本法确定该公司最佳资本结构。

9.3.5 案例分析题

近年来，随着我国电子商务的发展、城镇化进程的加快推进、基础设施的不断完善、居民消费水平的快速提高以及快递行业政策红利和制度红利的大规模释放，快递行业迎来了迅速扩张期。我国民营快递企业纷纷通过借壳或者IPO（首次公开募股）的方式实现上市筹集资金，其中A快递公司采用的就是借壳上市的方式。

2018年6月，B公司发布公告，拟作价10亿元置出全部资产和负债与作价450亿元的A公司置入资产中的等值部分进行置换，置入资产与置出资产之间的差额由B公司发行股票进行支付，此次股票发行价格为11.5元，需要发行41.50亿股。此次借壳交易完成之后，B公司的实际控制人将发生变更。

在此次借壳交易中，A公司作价450亿元与B公司置出资产10亿元的差额为440亿元，差额部分由B公司以发行等额股票的方式从A公司共计8名股东处购买。此次B公司以2017年12月31日为发行股票的定价基准日，要求发行股票购买差额资产的股票发行价格不低于2017年12月31日前60个交易日股票均价的90%，经A公司与B公司协商，确定交易价格为22元/股。2018年6月17日，B公司召开当年年度股东大会，审议通过了2017年年度利润分配预案，B公司以截至2017年12月31日的公司总股本117 640 000股为基数，每10股派发现金红利1.50元（含税），当年现金分红共计1 176.40万元。

2019年3月15日，B公司与A公司完成工商登记过户手续。此次借壳上市完成之后，B公司原有的资产以及负债被剥离，A公司100%的股权注入上市公司，上市公司的主营业务也从制造业变为物流服务业。

面对竞争对手在资本市场的率先领跑，作为国内快递行业重要一员的A公司，通过此次借壳上市实现了快速上市，正式跻身A股资本市场运作平台，为公司未来的融资和并购整合奠定了良好基础。

根据以上资料请思考以下问题：

（1）如果你是A公司的CEO或CFO，你会选择借壳上市吗？为什么？

（2）企业上市的方式有哪些？借壳上市有什么特点？借壳上市过程中需要注意哪些问题？

第 10 章　资本结构决策

10.1　导　学

10.1.1　本章思维导图

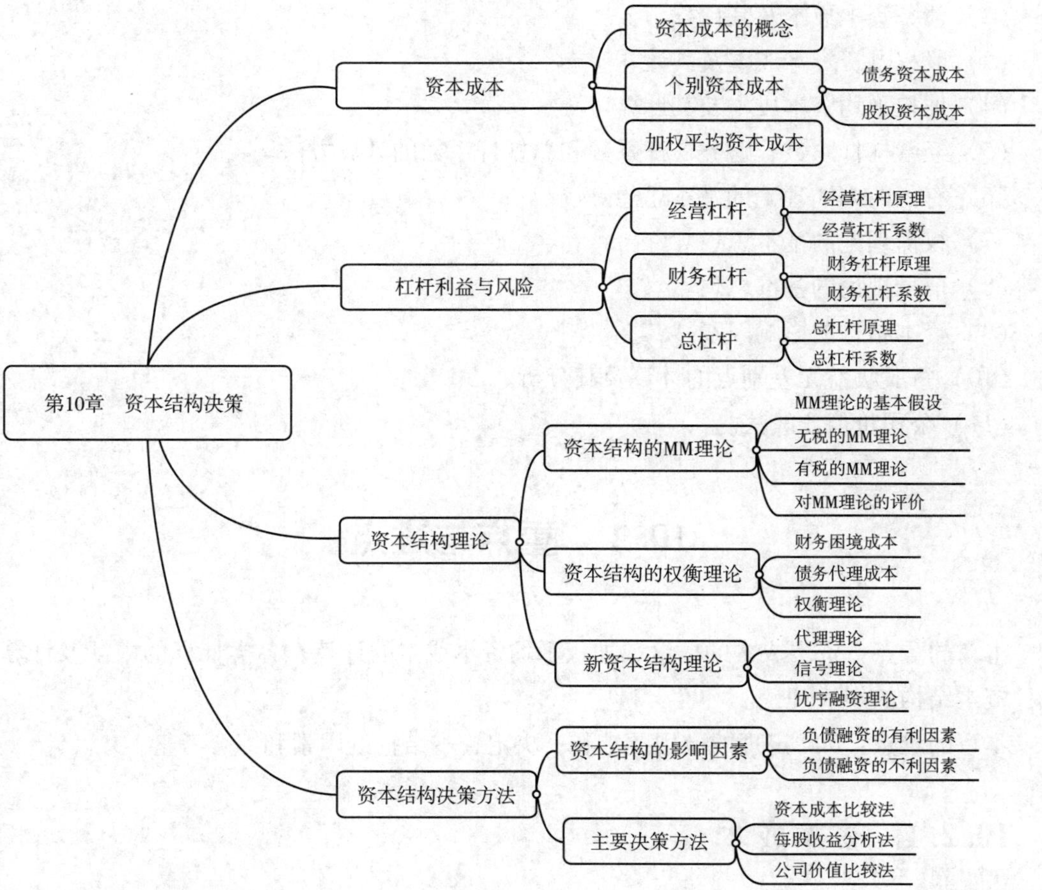

10.1.2　学习目标与要求

掌握完美资本市场中的资本结构理论；掌握资本市场有摩擦时的资本结构决策模型。

理解资本成本、经营杠杆、财务杠杆的概念及相关计算；理解资本结构的概念、种类。了解现代资本结构的主要理论。

10.1.3 预习要点

1. 主要概念

(1) 资本结构　(2) 资本成本　(3) 个别资本成本
(4) 加权平均资本成本　(5) 经营杠杆　(6) 财务杠杆
(7) 总杠杆　(8) MM 理论　(9) 权衡理论
(10) 每股收益无差别点分析法　(11) 公司价值比较法

2. 关键问题

(1) 资本成本在实体投资、证券投资和融资决策中的作用。
(2) 债务资本成本及其计算。
(3) 股权融资资本成本及其计算。
(4) 加权平均资本成本及其计算。
(5) 经营杠杆系数、财务杠杆系数和总杠杆系数的计算方法。
(6) 有税的 MM 理论的基本思想。
(7) 权衡理论的基本思想。
(8) 信号理论的基本思想。
(9) 资本结构的影响因素。
(10) 每股收益无差别点的计算及其分析。
(11) 公司价值比较法。

10.2 重点与难点

本章的重点：资本成本的概念、加权平均资本成本的计算、各类杠杆的内涵及计算方式；资本结构的 MM 理论。

本章的难点：MM 定理的应用及扩展；决定资本结构的因素和综合考量。

10.2.1 资本成本

资本成本是企业为筹集和使用资本而付出的代价，同时也表现为投资者让渡资金使用权所要求的回报。在有效的资本市场中，如果不考虑融资费用和所得税，资本成本既是融资者为获取资本所必须支付的代价，同时又是投资者提供资本所要求的最低收益率。

1. 债务资本成本

债务资本是指借款和发行债券的成本，因此债务资本成本可分为长期借款资本成本和债券资本成本。

长期借款资本成本的计算公式为：

$$L(1-f_d)=\sum_{t=1}^{n}\frac{I_t(1-T)}{(1+r_d)^t}+\frac{P}{(1+r_d)^n}$$

债券资本成本是指发行债券时收到的现金流入量的现值与预期未来现金流出量的现值相等时的折现率。考虑所得税和融资费用，典型传统债券（每年年末付息、到期偿还本金的债券）资本成本的计算公式为：

$$B_0(1-f_b)=\sum_{t=1}^{n}\frac{I_t(1-T)}{(1+r_b)^t}+\frac{B_n}{(1+r_b)^n}$$

2. 股权资本成本

普通股资本成本是在保持公司普通股市价不变的条件下，公司要为股权投资者创造的最低收益率。资本成本的计算方法主要有股利折现模型法、资本资产定价模型法和风险溢价法三种。

留存收益资本成本是一种机会成本。根据股利固定增长模型，留存收益资本成本计算如下：

$$r_e=\frac{D_1}{P_0}+g$$

3. 加权平均资本成本

加权平均资本成本是以各类资本占资本总额来源加权平均计算的公司综合资本成本的方法。

$$WACC=\sum_{j=1}^{n}w_jr_j$$

10.2.2　杠杆利益与风险

1. 经营杠杆

经营杠杆是指由于固定经营成本的存在，息税前利润的变动幅度大于营业收入的变动幅度的现象。经营杠杆系数指息税前利润变动率相当于营业收入变动率的倍数，反映息税前利润对营业收入变动的敏感程度。经营杠杆的大小可以用经营杠杆系数反映，其计算公式为：

$$DOL=\frac{\Delta EBIT/EBIT}{\Delta S/S}$$

2. 财务杠杆

财务杠杆是指由于固定债务利息和优先股股利的存在，普通股每股利润的变动幅度大于息税前利润变动幅度的现象。财务杠杆系数是指普通股每股利润变动率相当于息税前利润变动率的倍数，它反映每股利润对息税前利润变动的敏感程度。其计算公式为：

$$DFL = \frac{\Delta EPS/EPS}{\Delta EBIT/EBIT}$$

$$DFL = \frac{EBIT}{EBIT - I}$$

3. 总杠杆

总杠杆是经营杠杆和财务杠杆的综合。总杠杆系数是衡量总杠杆作用程度的指标，它指经营杠杆和财务杠杆的连锁作用，反映了企业的每股利润变动率相当于营业收入变动率的倍数。根据定义，其计算公式为：

$$DTL = \frac{\Delta EPS/EPS}{\Delta S/S}$$

$$DTL = DOL \times DFL$$

10.2.3 资本结构理论

1. 无税的 MM 理论和有税的 MM 理论

无税的 MM 理论基于一系列严格的假设，这些假设条件形成一个完美的资本市场。在这些假设中最重要的是假设没有公司所得税和个人所得税、没有财务危机成本。基于这些假设，无税的 MM 理论证明了两个著名命题：公司价值与其资本结构无关；负债公司的价值等于无负债公司的价值。无论公司负债与否，其价值都等于公司的息税前利润除以与其风险等级相对应的收益率；负债公司的权益成本等于同一风险等级中无负债公司的权益成本加上根据无负债公司的权益成本和负债成本之差以及负债比率而确定的风险溢价。该风险溢价是对杠杆公司财务风险的补偿。

有税的 MM 理论取消了无税的 MM 理论基本假设中“不存在公司所得税”的假设。假定公司的所得税税率为 T_c，则得出的有税条件下的 MM 理论为：负债公司的价值等于相同风险等级的无负债公司价值加上负债抵税利益（又称税盾效应）；在考虑所得税的情况下，负债公司的权益成本等于同风险等级无负债公司的权益成本加风险溢价。该风险溢价取决于无杠杆公司的权益成本和债务成本之差以及公司的所得税税率。

2. 权衡理论

权衡理论的观点认为最优资本结构是企业在负债的税收利益与破产成本现值之间进行权衡。在考虑了所得税、财务困境成本和债务代理成本之后，负债公司的价值为：

$$V_L = V_U + T_c \times B - FPV - TPV$$

10.2.4 资本结构决策方法

资本成本比较法是通过计算不同长期筹资组合方案的加权平均资本成本，来选择最佳融资方案，确定最佳资本结构的方法。

每股收益分析法假定能提高每股收益的资本结构是合理的，反之则不合理。实际上每股收益的高低受资本结构和销售或息税前利润的影响，处理它们之间的关系需要运用每股收益分析法。

公司价值比较法是在充分反映财务风险的前提下，以公司价值的大小为决策标准确定最佳资本结构的方法。相较于前两种决策方法，公司价值比较法较为充分地考虑了公司的财务风险和资本成本等因素的影响。

10.3 习题与案例

10.3.1 单项选择题

1. 资本成本包括筹资费用和占用费用两部分，下列各项中，属于占用费用的是（　　）。

A. 股票和债券的发行费　　B. 向股东分配的股利

C. 资信评估费　　D. 银行借款的手续费

2. 根据有税的 MM 理论，下列各项中会影响企业价值的是（　　）。

A. 债务利息抵税　B. 债务困境成本　C. 债务代理收益　D. 债务代理成本

3. 计算下列筹资方式的资本成本时需要考虑企业所得税因素影响的是（　　）。

A. 留存收益资本成本　　B. 债务资本成本

C. 普通股资本成本　　D. 优先股资本成本

4. 根据有税的 MM 理论，当企业负债比例提高时，（　　）。

A. 债务资本成本上升　　B. 股权资本成本上升

C. 加权资本成本上升　　D. 加权资本成本不变

5. 下列各项中，将会导致经营杠杆效应最大的情况是（　　）。

A. 实际销售额等于目标销售额　　B. 实际销售额大于目标销售额

C. 实际销售额等于盈亏临界点销售额　　D. 实际销售额大于盈亏临界点销售额

6. 考虑企业所得税但不考虑个人所得税的情况下，下列关于资本结构有税的 MM 理论的说法中，错误的是（　　）。

A. 财务杠杆越大，企业价值越大

B. 财务杠杆越大，企业权益资本成本越高

C. 财务杠杆越大，企业利息抵税现值越大

D. 财务杠杆越大，企业加权平均资本成本越高

7. 某公司向银行借款5 000万元，年利率8%，筹资费用率0.5%，该公司适用的所得税税率为25%，则该笔借款的资本成本是（　　）。

A. 6.01%　　B. 6.03%　　C. 8.01%　　D. 8.02%

8. 在个别资本成本的计算中，不必考虑融资费用影响因素的是（　　）。

A. 优先股成本　　B. 普通股成本　　C. 留存收益成本　　D. 债券成本

9. 一般来说，在企业各种资金来源中，资本成本最高的是（　　）。

A. 优先股　　B. 普通股　　C. 债券　　D. 留存收益

10. 某公司共有资金20 000万元，其中，债券6 000万元，优先股1 000万元，普通股8 000万元，留存收益5 000万元；各种资金的成本分别为6%、12%、15.5%、15%。则该公司的综合资本成本为（　　）。

A. 10%　　B. 12.2%　　C. 12%　　D. 12.35%

11. 某公司按面值发行1 000万元的优先股，融资费率为5%，每年支付10%的股利，则优先股的资本成本为（　　）。

A. 10%　　B. 10.53%　　C. 15.79%　　D. 5%

12. 只要存在固定成本，当企业息税前利润大于零时，那么经营杠杆系数必（　　）。

A. 恒大于1　　B. 与销售量成正比

C. 与固定成本成反比　　D. 与风险成反比

13. 当财务杠杆系数为1时，下列表述正确的是（　　）。

A. 固定经营成本为零　　B. 固定融资成本为零

C. 每股收益增长率为零　　D. 息税前经营利润增长率为零

14. 以下各种资本结构理论中，认为筹资决策无关紧要的是（　　）。

A. 代理理论　　B. 完美市场中的MM理论

C. 融资排序理论　　D. 权衡理论

15. MM理论的假设不包括（　　）。

A. 公司资产总额不变

B. 预期的*EBIT*在各年稳定增长

C. 没有公司和个人所得税

D. 所有投资者对证券的风险和收益具有同质预期

16. 有种观点认为，企业支付高现金股利可以减少管理者对于自由现金流的支配，从而在一定程度上抑制管理者的在职消费，这种观点理论是（　　）。

A. 代理理论　　B. MM理论　　C. 信号理论　　D. “手中之鸟”理论

17. 某公司基期息税前利润为1 000万元，利息费用为200万元，假设与财务杠杆相关的其他因素保持不变，则该公司计划期的财务杠杆系数为（　　）。

A. 2.5　　B. 1.25　　C. 1.67　　D. 1.88

18. 有一种资本结构理论认为，有负债企业的价值等于无负债企业价值加上税负节约现值，再减去财务困境成本的现值，这种理论是（　　）。

A. 代理理论　　B. MM 理论　　C. 优序融资理论　　D. 权衡理论

19. 下列关于资本结构的说法错误的是（　　）。

A. 迄今仍难以准确地揭示出资本结构与企业价值之间的关系

B. 能够使企业预期价值最高的资本结构，不一定是预期每股收益最大的资本结构

C. 在进行融资决策时，不可避免地要依赖人的经验和主观判断

D. 每股收益越高，则对应的资本结构越优

20. 下列方法中，能够用于资本结构优化分析并考虑了市场风险的是（　　）。

A. 利润敏感分析法　　B. 公司价值分析法

C. 杠杆分析法　　D. 每股收益分析法

10.3.2　多项选择题

1. 关于资本成本，下列说法正确的有（　　）。

A. 资本成本是衡量资本结构是否合理的重要依据

B. 资本成本一般是投资所应获得收益的最低要求

C. 资本成本是取得资本所有权付出的代价

D. 资本成本是比较筹资方式、选择筹资方案的依据

2. 下列各项中，属于资本成本中筹资费用的有（　　）。

A. 银行借款的手续费　　B. 股票和债券的发行费

C. 资信评估费　　D. 向股东分配的股利

3. 下列各项中，影响债券资本成本的有（　　）。

A. 债券发行费用　　B. 债券票面利率　　C. 债券发行价格　　D. 利息支付频率

4. 下列有关 MM 理论的表述，正确的有（　　）。

A. 按照无税的 MM 理论，负债比重不影响权益资本成本，也不影响加权资本成本

B. 按照无税的 MM 理论，负债比重只影响权益资本成本，但不影响加权资本成本

C. 按照有税的 MM 理论，负债比重既影响权益资本成本，又影响加权资本成本

D. 按照有税的 MM 理论，负债比重只影响权益资本成本，但不影响加权资本成本

5. 关于经营杠杆和财务杠杆，下列表述错误的有（　　）。

A. 经营杠杆反映了权益资本收益的波动性

B. 经营杠杆效应使得企业的业务量变动率大于息税前利润变动率

C. 财务杠杆反映了资产收益的波动性

D. 财务杠杆效应使得企业的普通股收益变动率大于息税前利润变动率

6. 下列财务决策方法中，可用于资本结构决策的有（　　）。

A. 安全边际分析法　　B. 公司价值比较法

C. 资本成本比较法　D. 每股收益分析法

7. 下列因素中，一般会导致企业资本成本下降的有（　　）。

A. 证券市场流通性高　B. 国民经济健康稳定

C. 通货膨胀水平提高　D. 企业盈利能力上升

8. 为降低经营风险，企业可以采取的措施有（　　）。

A. 增加销售量　B. 提高单位售价

C. 降低单位变动成本　D. 增加固定成本

9. 下列各项中，影响经营杠杆系数的因素有（　　）。

A. 债务利息　B. 销售量　C. 所得税　D. 固定性经营成本

10. 在个别资本成本中，须考虑所得税因素的有（　　）。

A. 债券成本　B. 普通股成本　C. 银行借款成本　D. 优先股成本

E. 留存收益成本

11. 影响资本成本的因素有（　　）。

A. 资本市场无风险收益率　B. 投资风险报酬率

C. 企业的融资规模　D. 资本市场的发育程度

E. 通货膨胀水平

12. 下列各项因素中，影响企业资本结构决策的有（　　）。

A. 企业的经营状况　B. 企业的信用等级

C. 国家的货币供应量　D. 管理者的风险偏好

13. 能影响优先股资本成本的主要因素有（　　）。

A. 企业所得税税率　B. 优先股融资费率

C. 优先股股利　D. 优先股总额

E. 普通股年股利

14. 在不存在优先股时，融资决策中的总杠杆具有的性质包括（　　）。

A. 总杠杆能够起到财务杠杆和经营杠杆的综合作用

B. 总杠杆能够表达企业边际贡献与税前盈余的比率

C. 总杠杆能够估计出销售额变动对每股收益的影响

D. 总杠杆系数越大，企业经营风险越大

E. 总杠杆系数越大，企业财务风险越大

15. 下列对财务杠杆的论述正确的有（　　）。

A. 财务杠杆系数越高，每股盈余也越高

B. 财务杠杆效益指利用债务融资给企业自有资金带来的额外收益

C. 与财务风险无关

D. 财务杠杆系数越大，财务风险越大

16. 资本结构分析中所指的资本包括（　　）。

A. 长期债务　B. 优先股　C. 普通股　D. 短期借款

E. 应付账款

17. 下列关于最佳资本结构的表述中，正确的有（　　）。

A. 最佳资本结构在理论上是存在的

B. 资本结构优化的目标是提高企业价值

C. 企业平均资本成本最低时资本结构最佳

D. 企业的最佳资本结构应当长期固定不变

18. 下列各项中，影响财务杠杆系数的因素有（　　）。

A. 营业收入　　B. 单位变动成本　　C. 固定成本　　D. 利息费用

19. 最佳资本结构的判断标准有（　　）。

A. 企业价值最大　　B. 加权平均资本成本最低

C. 资本规模最大　　D. 融资风险小

20. 权衡理论较 MM 理论，考虑了（　　）。

A. 股利发放　　B. 代理成本　　C. 债务危机成本　　D. 公司所得税

E. 个人所得税

10.3.3 判断题

1. 在无税收的情况下，MM 定理的结论是资本结构对企业价值没有影响，因此也不影响企业的股权资本成本。（　　）

2. 假设无税情况下 MM 理论成立，如果公司的债务是无风险债务（债务利率等于无风险利率），增加债务数量不会增加公司权益资本的风险。（　　）

3. 使企业税后利润最大的资本结构是最佳资本结构。（　　）

4. 平均资本成本比较法侧重于从资本投入角度对筹资方案和资本结构进行优化分析。（　　）

5. 经营杠杆能扩大市场和生产等因素变化对利润波动的影响。（　　）

6. 资本成本比较法是通过计算不同长期筹资组合方案的加权平均资本成本，并以此为标准来选择最佳融资方案，确定最佳资本结构的方法。（　　）

7. 在经营杠杆、财务杠杆与总杠杆中，作用最大的是总杠杆。（　　）

8. 最佳资本结构是使企业筹资能力最强、财务风险最小的资本结构。（　　）

9. 经营杠杆系数（DOL）、财务杠杆系数（DFL）和总杠杆系数（DTL）之间的关系是：$DTL = DOL \times DFL$。（　　）

10. 发行普通股筹资没有固定的利息负担，因此，其资本成本较低。（　　）

11. 代理理论认为均衡的企业所有权结构是由股权代理成本和债务代理成本之间的平衡关系来决定的。（　　）

12. 发行普通股筹资，既能为企业带来杠杆利益，又具有抵税效应，所以企业在筹资时应优先考虑发行普通股。（　　）

13. 经营杠杆并不是经营风险的来源，只是放大了经营风险。（　　）

14. 根据权衡理论的扩展模型可以看出债务越高，企业价值越大。（　　）

15. 若债券利息率、筹资费率和所得税税率均已确定，则企业的债券资本成本率与发行债券的价格无关。（　　）

16. 在计算债券资本成本时，债券筹资额应按发行价格确定，而不应按面值确定。（　　）

17. 优序融资理论的重要贡献是考虑了信息不对称对企业投资决策和融资行为的影响。（　　）

18. 资本成本包括融资费用和用资费用两部分，其中融资费用是资本成本的主要内容。（　　）

19. 在计算加权平均资本成本时，采用市场价值权数能够反映企业期望的资本结构，但不能够反映筹资的现时资本成本。（　　）

20. 债务资本包括各种长期借款和企业发行的债券，因此债务资本成本可分为长期借款资本成本和债券资本成本。（　　）

10.3.4 计算分析题

1. 某公司平价发行普通股股票500万元，筹资费用率5%，上年发放的股利额为85万元，预计未来股利每年增长5%，所得税税率25%，则该公司留存收益的资本成本为多少?

2. A公司20×0年边际贡献总额为400万元，经营杠杆系数为2，假设其他条件不变，如果20×1年销售量增长25%，则息税前利润预计是多少?

3. B公司是一家服装企业，只生产销售某种品牌的西服。2020年度固定成本总额为10 000万元，单位变动成本为0.4万元，单位售价为0.6万元，销售量为80 000套，B公司2020年度发生的利息费用为4 000万元。要求：

（1）计算20×0年度的息税前利润。

（2）以20×0年为基数，计算经营杠杆系数、财务杠杆系数、总杠杆系数。

4. 某企业只生产和销售A产品，其总成本习性模型为$Y=10\ 000+3X$。该企业20×0年度A产品销售量为10 000件，每件售价为6元；按市场预测20×1年A产品的销售数量将增长20%。要求：

（1）计算20×0年该企业的边际贡献总额。

（2）计算20×0年该企业的息税前利润。

（3）计算20×1年的经营杠杆系数。

（4）计算20×1年息税前利润增长率。

（5）假定企业20×0年发生负债利息5 000元，计算20×1年的财务杠杆系数和总杠杆系数。

5. 某公司适用的所得税税率为 25%。结合下年度的预算及资金需求，有以下三种经营方案：

方案一：维持目前的经营和财务政策。预计销售产品 50 000 件，售价为 150 元/件，单位变动成本为 100 元，固定成本和费用为 105 万元。公司的资本结构为：500 万元负债（利息率 5%），普通股 50 万股。

方案二：更新设备并用负债筹资。预计更新设备需投资 180 万元，产品生产和销售量以及售价不会变化，但单位变动成本将降低至 80 元/件，固定成本将增加至 120 万元。借款筹资 200 万元，预计新增借款的利率为 6%。

方案三：更新设备并用股权筹资。更新设备的情况与第二方案相同，不同的只是用发行新的普通股筹资。预计新股发行价为每股 25 元，需要发行 10 万股，以筹集 250 万元资金。

要求：

（1）分别计算三个方案下的总杠杆系数。

（2）根据上述结果分析哪个方案的风险最大？

（3）分别计算三个方案下，每股收益为零时的销售量（万件）。

（4）如果公司销售量下降至 21 000 件，方案二和方案三哪一个更好些？

6. Y 公司是一家上市公司，公司目前正在考虑收购处于同一行业的 N 公司全部股权，N 公司为非上市公司。

资料一：两家公司主要的财务信息见表 10－1。

表 10－1　　　　Y 公司与 N 公司主要财务数据　　　　单位：万元

项　目	Y 公司	N 公司
流动资产	700	700
非流动资产	3 600	2 500
资产合计	4 300	3 200
流动负债	300	400
应付公司债券（票面价值）	1 500	2 000
普通股（股本）	1 500	500
留存收益	1 000	300
负债与股东权益合计	4 300	3 200

资料二：Y 公司目前长期资本为 4 000 万元，其中普通股 1 500 万股，每股面值 1 元。公司普通股目前市价为每股 8.4 元，股票的 β 系数为 1.2，股票当前的市盈率为 8 倍；长期债券 1 500 万元，债券面值 100 元，票面利率 7%，期限 7 年，目前市场交易价格为每张 94.74 元。无风险收益率（年利率）为 4%，股票市场平均收益率为 10.5%，公司所得税税率为 30%。

资料三：N 公司目前长期资本为 2 800 万元，其中普通股 500 万股，每股面值 1 元。N

公司股权资本成本为12%，近几年的股利支付率保持在45%的水平，公司当前每股收益为1.6元。股利增长比率为4.5%；N公司债券的票面利率为9%，期限为2年。

资料四：Y公司目前的息税前利润为3 600万元，固定成本为800万元。Y公司董事会认为以现金支付方式收购N公司最有可能取得成功。根据对N公司股权价值的测算，并考虑到并购溢价，假设Y公司需筹资6 000万元才能满足收购N公司的资金需求。现有两种融资方式可供选择：一是增发普通股6 000万股，每股面值1元；二是增加长期借款6 000万元，年利息率为8%。

要求：

（1）假设债券的税后资本成本为$r_b=5.87\%$。根据资料一和资料二，利用CAPM模型计算Y公司的股权资本成本，并进一步计算公司的加权平均资本成本（基于市场价值而非账面价值计算）。

（2）根据资料一和资料三，运用股利固定增长模型计算N公司的股权价值。

（3）根据资料一、资料二和资料四，计算Y公司融资前和融资后的经营杠杆系数、财务杠杆系数和总杠杆系数。

（4）投资银行建议Y公司以借债方式为此次收购融资。请采用每股收益分析法计算说明Y公司应选择哪种融资方式？若根据计算分析结论和投资银行建议进行融资，Y公司未来会面临什么样的风险？

10.3.5 案例分析题

长期以来，我国基础建设以及房地产等行业的蓬勃发展，钢铁产品市场需求旺盛，我国大部分省份都把钢铁行业作为支柱产业，钢铁行业长期的大规模投资扩张，极大地扩大了产能。与此同时，由于融资渠道单一，钢铁行业偏向于通过银行贷款进行融资。2015年以前，我国钢铁行业资产负债率持续保持在70%左右，过高的负债水平一直困扰着整个钢铁行业。2015年末，党的十八届五中全会将“去杠杆”上升到国家战略层面。2016年，国务院出台政策对“去杠杆”的主要途径进行战略部署。在“去杠杆”的政策驱动下，钢铁行业的财务状况开始好转，钢铁行业资产负债率连续下降。虽然钢铁行业企业逐渐在“去杠杆”，降低资产负债率，但这是一个长期漫长过程。从长远来看，钢铁行业总体资产负债率相比较其他行业而言依然偏高，且不同企业之间差异较大，有的企业资产负债率高达70%以上，有的低于30%，行业整体面临融资困难、融资成本较高等问题。①

F集团以生产和运营钢铁产品为主，公司主要生产建筑用材和汽车零部件用钢，具有较高的品牌价值和知名度。在供给侧改革的背景下，F集团抓住机遇进行资本结构优化，在钢铁行业萧条时丝毫不受影响，努力利用自身优势创造更多价值，企业的综合竞争力不

① 根据巨潮资讯网方大特钢年报计算整理，http：//www.cninfo.com.cn/new/disclosure/stock？stockCode=600507&orgld.

断上升，完成了跨越性的发展。表 10－2 是 F 集团 2015～2020 年的资本结构与债务结构，表 10－3 是 F 集团 2015～2020 年的融资结构。

表 10－2　　2015～2020 年 F 集团的资本结构与债务结构　　单位:%

相关指标	2015 年	2016 年	2017 年	2018 年	2019 年	2020 年
资产负债率（F 集团）	75.63	65.46	39.99	29.96	47.03	31.15
资产负债率（行业平均值）	52.59	53.79	53.26	46.70	46.94	58.07
流动负债比率（流动负债/总负债）	98.52	98.31	97.88	97.22	97.75	98.01
长期负债比率（长期负债/总负债）	1.48	1.69	2.12	2.78	2.25	1.99
行业平均流动负债比率	71.61	77.37	82.36	76.64	74.48	79.20
行业平均长期负债比率	28.39	22.63	17.64	23.36	25.50	27.94

表 10－3　　2015～2020 年 F 集团的融资结构　　单位:%

年份	内源融资	外源融资	
		负债融资	股权融资
2015	6.73	78.05	15.22
2016	15.21	67.98	16.81
2017	41.63	41.62	16.76
2018	42.69	28.93	28.38
2019	27.19	47.19	25.61
2020	52.21	29.23	18.56

请根据以上资料请思考以下问题：

（1）分析 F 集团近六年的融资结构及变动趋势。

（2）钢铁行业企业的资本结构存在什么问题？F 集团的资本结构是如何优化的？

（3）企业资本结构优化的举措有哪些？

第 11 章　股利分配决策

11.1　导　学

11.1.1　本章思维导图

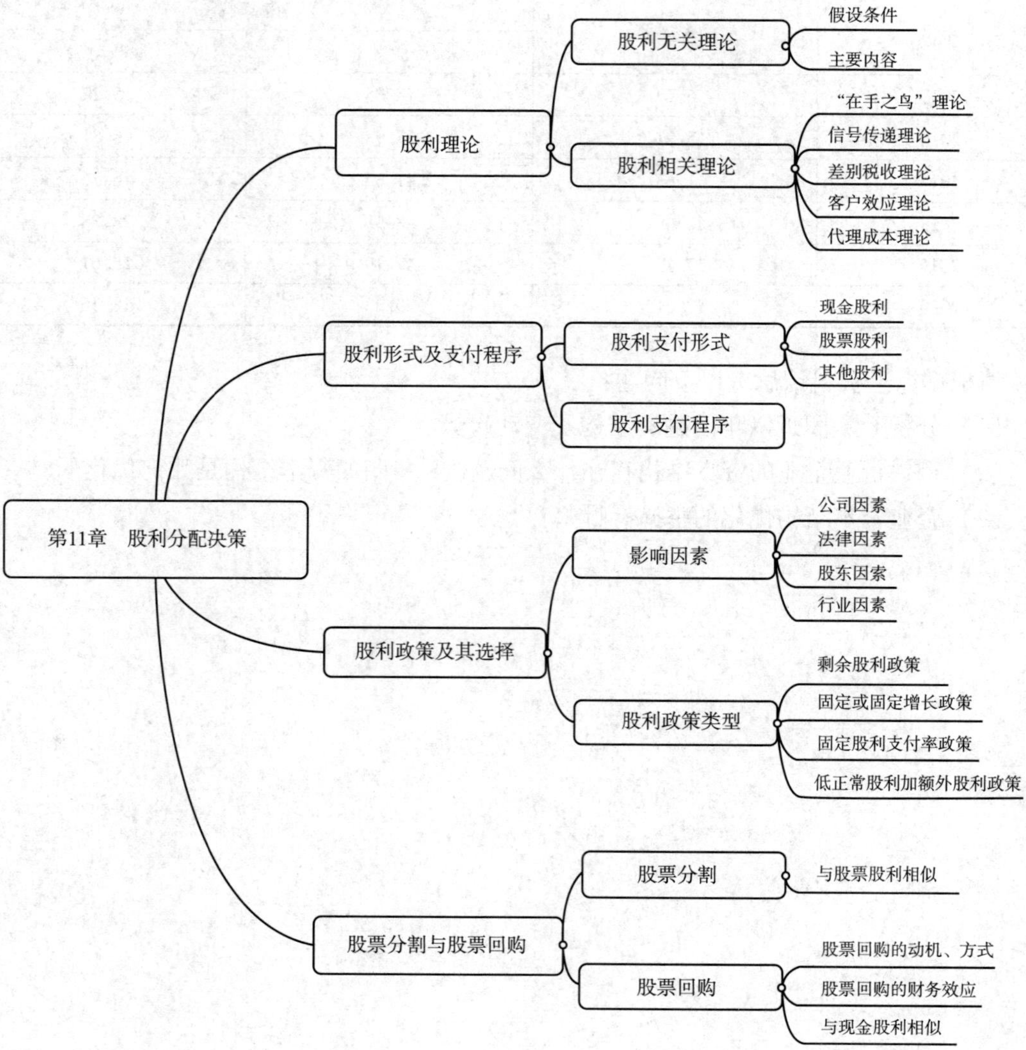

11.1.2　学习目标与要求

通过本章的学习，应熟悉股利政策的各种理论，了解股利政策与投资、筹资决策的关系，掌握股利政策的影响因素，不同类型股利政策的基本思想及实务中的基本做法，掌握股利支付的真正方式及替代方式。

11.1.3　预习要点

1. 主要概念

（1）股息　（2）股票股利　（3）现金股利
（4）股利宣告日　（5）股权登记日　（6）除息日
（7）股利支付日　（8）MM 股利理论　（9）“在手之鸟”理论
（10）差别税收理论　（11）剩余股利政策　（12）固定或稳定增长股利政策
（13）固定股利支付率政策　（14）低正常股利加额外股利政策
（15）股票分割　（16）股票回购

2. 关键问题

（1）股利支付的方式和相关日期。
（2）股利无关理论的基本内容。
（3）各种股利相关理论的基本内容。
（4）影响股利政策的基本因素。
（5）股利政策的主要内容。
（6）固定或稳定增长股利政策制定的基本思想和优缺点。
（7）固定股利支付率政策制定的程序。
（8）低正常股利加额外股利政策制定的基本思想和优缺点。
（9）股票分割与股票股利的异同点。
（10）公司进行股票回购的动机和方式。
（11）公司进行股票分割的动机和财务效应。

11.2　重点与难点

本章的重点：掌握股利支付方式（现金股利和股票股利）和股利的替代方式（股票分割和股票回购）；理解现金股利和股票回购的差异，以及股票股利和股票分割的差异。

本章的难点：理解股利无关论、差别税收理论、信号传递理论等各种股利政策理论的基本思想；掌握剩余股利政策、固定股利或稳定增长股利政策、固定股利支付率政策和低正常股利加额外股利政策等四种股利政策制定的程序和优缺点。

11.2.1 股利政策理论

股利政策理论包括股利政策无关论和股利政策相关论两类。股利政策相关论包括“在手之鸟”理论、差别税收理论、代理成本理论、客户效应理论、信号传递理论五种。

1. 股利政策无关论

该理论认为，在完美资本市场条件下，股利分配不会对公司价值产生任何影响。如果公司的投资决策和资本结构保持不变，那么公司价值的大小取决于投资项目的盈利能力和风险水平，与股利政策不相关。公司未来是否分配股利及如何分配股利都不会影响公司的市场价值。完美资本市场假设是 MM 股利无关理论的建立基础，具体表现为：完全竞争、信息完备、交易成本为零、不存在个人或公司所得税。

2. 股利政策相关论

（1）“在手之鸟”理论。该理论认为：现金股利是相对稳定的收益，好比“一鸟在手”；而资本利得具有较大的不确定性，好比“林中之鸟”，因此股东更偏爱现金股利。而且由于资本利得的风险大于现金股利的风险，随着股利支付率的上升，股票投资风险减小，股东愿意接受较低的必要收益率，从而降低企业的资本成本，股价上涨，提升公司价值。因此，企业应实行高比例现金分红政策，支付股利越多，企业市场价值也就越高。

（2）差别税收理论。该理论认为：在对股利和资本收益征收不同税率的假设下，由于资本利得税税率通常低于股利所得税税率，因此股利实质上有损于投资者的收益；另外由于股利的税收是在收到股利时支付，而资本利得的税收可以递延到股票真正出售时才支付，考虑到货币的时间价值，即使二者所征收的税率相同，实际的资本利得税也比股利收入税要低。所以在税负存在差别的前提下，公司选择不同的股利支付方式，不仅会影响公司的市场价值，还会使公司（或个人）的税收负担出现差异。企业应采用低股利政策，才能提升股价、增加股东财富和企业市场价值。

（3）代理成本理论。该理论认为，现金股利支付能够有效降低由于控制权和所有权分离产生的代理成本，有助于减缓管理者与股东之间、股东与债权人之间以及控股股东与中小股东之间的代理冲突。

（4）客户效应理论。首先提出客户效应概念的是莫迪利亚尼和米勒，他们认为，正如设计产品往往针对某一特定目标市场一样，公司在制定股利政策时同样遵从市场细分原理，每个公司都会试图以其特定的股利支付率来吸引一些喜好它的追随者。

（5）信号传递理论。该理论认为，管理层与企业外部投资者之间存在信息不对称的情况下，管理层可以通过股利政策向市场传递有关公司未来盈利能力的内部信息。如果他们预计公司的发展前景良好，未来业绩有大幅度增长，就会通过增加股利的方式将这一信息及时告诉股东和潜在的投资者；如果他们预计公司的发展前景不太好，往往维持甚至降低现有股利水平，这就等于向潜在的投资者和股东发出了利空信号。

11.2.2　股利支付方式

1. 现金股利

现金股利是指上市公司以现金形式向股东分配的股利，又称红利或股息。该方式是上市公司最常用的股利支付方式。支付现金股利会增加企业现金流出量，减少企业的留存利润，股东权益相应减少。

2. 股票回购

股票回购是指上市公司通过一定的法律程序和有效途径，从股票市场上购回本公司一定数额发行在外股票的行为。股票回购是公司向投资者支付现金股利的替代方式。

股票回购的动机主要有防止敌意收购、稳定公司股价、实施股权激励、调整资本结构、分配超额现金、为股东避税。

3. 股票股利

股票股利是指股份有限公司以股票的形式向股东分配的股利。股票股利不会导致公司的现金流出，也不增加公司的资产，股东权益账面价值的总额也不发生变化，只是权益资金在股东权益账户之间的转移，即将公司的未分配利润或盈余公积金转化为股本。

4. 股票分割

股票股利的替代方式是股票分割，是指将面额较高的股票交换成数股面额较低的股票的行为。股票分割的动机主要有降低股票价格、向市场投资者传递“公司正处于发展之中”的信息。从会计的角度分析，股票分割对公司的财务结构不会产生任何影响，一般只会使发行在外的股票数增加、每股面值降低，并由此使每股市价下跌，而资产负债表中股东权益各账户的余额都保持不变，股东权益合计数也维持不变。

股票股利和股票分割，除了会计处理不同之外，两者还有不少相似之处，主要表现为：一是两者都没有增加股东的现金流量；二是两者都使流通在外的普通股股数增加，且使股票市场价格下降；三是两者都没有改变股东权益总额，但前者使股东权益内部发生了变化，并必须以当期或留存收益进行股利支付，而股票分割却不受此限制，即使公司过去或现在没有留存收益。

11.2.3　股利政策

1. 影响股利政策的因素

影响股利政策的因素主要有法律因素、股东因素、公司因素和其他因素。

（1）法律因素。为了保护公司债权人和股东的利益，《中华人民共和国公司法》《中华人民共和国证券法》等有关法规对公司股利的分配进行了一定的限制，主要包括资本保全、公司积累、净利润、偿债能力和债务契约的约束。

（2）股东因素。站在股东的角度，影响股利政策的因素主要有股东对控制权的要求、稳定收入的要求、股东的税负水平。

（3）公司因素。站在公司的角度，影响股利政策的因素主要有公司的融资能力、盈利能力、未来投资机会、资产的变现能力、资本成本、资本结构等。

（4）其他因素。公司所处的生命周期、通货膨胀等。

2. 股利政策的类型

（1）剩余股利政策。剩余股利政策是在公司有着良好的投资机会时，根据目标资本结构（最优资本结构）测算出投资所需的权益资本，税后利润首先要满足项目投资所需要的股权资本，若有剩余才用于现金股利分配。这种股利政策，股利变动较大，许多公司会用该理论来帮助建立一个长期目标发放率。

（2）固定股利与稳定增长政策。这种政策主张将每股股利维持在某一特定的水平上，然后在一段时间内维持不变，只有当公司认为未来盈余的增加足以使它能够将股利维持在一个更高的水平时，公司才会提高股利的发放额。

（3）固定股利支付率政策。该政策主张企业确定一个股利占盈余的比率，并长期按该比率支付股利。采用这种股利政策的公司的各年股利额会随着企业经营业绩的好坏而上下波动，股利支付不稳定，从而导致股价上下波动。

（4）低正常股利加额外股利政策。该政策是指公司稳定地支付数额较低的正常股利，只在盈余较多时，根据情况发放额外股利。这种股利政策既能使公司在股利发放上保持较大的财务弹性，又能使投资者获得固定的股利收入，向市场传递积极的信号，增强投资者信心。

11.3 习题与案例

11.3.1 单项选择题

1. 某公司年初存在累计亏损 500 万元，其中 100 万元为 5 年前的亏损导致的，公司本年实现的净利润为 800 万元，法律规定的法定公积金计提比率为 10%，则本年计提的法定公积金为（　　）万元。

A. 80　　B. 50　　C. 40　　D. 30

2. 如果上市公司以其所拥有的其他公司的股票作为股利支付给股东，则这种股利的方式称为（　　）。

A. 现金股利　　B. 股票股利　　C. 财产股利　　D. 负债股利

3. 甲上市公司 2021 年度的利润分配方案是每 10 股派发现金股利 12 元，预计公司股利可以 10% 的速度稳定增长，股东要求的收益率为 12%，则股权登记日的甲公司股票的预期价格为（　　）元。

A. 60　　B. 61. 2　　C. 66　　D. 67. 2

4. 下列关于股利分配理论的说法中，错误的是（　　）。

A. 差别税收理论认为，当股票资本利得税与股票交易成本之和大于股利收益税时，应采用高现金股利支付率政策

B. 客户效应理论认为，对于高收入阶层和风险偏好投资者，应采用高现金股利支付率政策

C. “在手之鸟”理论认为，由于股东偏好当期股利收益胜过未来预期资本利得，故应采用高现金股利支付率政策

D. 代理理论认为，为解决控股股东和中小股东之间的代理冲突，应采用高现金股利支付率政策

5. 甲公司 2021 年实现税后利润 1 000 万元，2021 年初未分配利润为 200 万元，公司按 10% 提取法定盈余公积，预计 2022 年需要新增投资资本 500 万元，目标资本结构（债务：权益）为 4∶6。公司执行剩余股利分配政策，2021 年可分配现金股利（　　）万元。

A. 700　　B. 800　　C. 900　　D. 600

6. 某公司采用剩余股利政策分配股利，董事会正在制订 2021 年度的股利分配方案。在计算股利分配额时，不需要考虑的因素是（　　）。

A. 公司的目标资本结构　　B. 2021 年末的货币资金

C. 2021 年实现的净利润　　D. 2022 年需要的投资资本

7. 以下股利分配政策中，有利于稳定股票价格，从而树立公司良好形象，但股利的支付与公司盈余相脱节的是（　　）。

A. 剩余股利政策　　B. 固定或稳定增长股利政策

C. 固定股利支付率政策　　D. 低正常股利加额外股利政策

8. 股票股利与股票分割都将增加股份数量，二者的主要差别在于是否会改变公司的（　　）。

A. 资产总额　　B. 股东权益总额

C. 股东权益的内部结构　　D. 股东持股比例

9. 剩余股利政策依据的股利理论是（　　）。

A. 股利无关论　　B. “在手之鸟”理论

C. 股利相关论　　D. 差别税收理论

10. 下列各项中，能够增加发行在外普通股股票的股数，但不改变公司资本结构的行为是（　　）。

A. 支付现金股利　　B. 增发普通股　　C. 股票分割　　D. 股票回购

11. 下列股票回购方式中，不需要支付大量现金的是（　　）。

A. 公开市场回购　　B. 要约回购　　C. 协议回购　　D. 转换回购

12. 下列关于股票分割的论述中，正确的是（　　）。

A. 股票分割可以增加股东财富

B. 股票分割不会使股票价格下降

C. 股票分割可以使股票股数增加，但股票面值不变

D. 股票分割不会影响资产负债表中股东权益各项金额的变化

13. 下列股利理论中，支持“低现金股利有助于实现股东利益最大化目标”的观点的是（　　）。

A. 代理理论
B. “在手之鸟”理论
C. 差别税收理论
D. 信号传递理论

14. 下列股利政策中，有利于保持企业最优资本结构的是（　　）。

A. 剩余股利政策
C. 固定或稳定增长股利政策
B. 固定股利政策
D. 低正常股利加额外股利政策

15. 下列股利政策中，具有较大财务弹性，且可使股东得到相对稳定股利收入的是（　　）。

A. 剩余股利政策
B. 固定或稳定增长股利政策
C. 固定股利政策
D. 低正常股利加额外股利政策

16. 当公司的盈余和现金流都不稳定时，对股东和企业都有利的股利政策是（　　）。

A. 剩余股利政策
B. 固定股利政策
C. 固定股利支付率股利政策
D. 低正常股利加额外股利政策

11.3.2 多项选择题

1. 下列有关表述中正确的有（　　）。

A. 在除息日之前，股利权从属于股票
B. 从除息日开始，新购入股票的人不能享有本次已宣告发放的股利
C. 在股权登记日当天买入股票的股东没有资格领取本期股利
D. 自除息日起的股票价格中不包含本次派发的股利

2. 以下关于剩余股利分配政策的表述中，错误的有（　　）。

A. 主要依靠股利维持生活的股东和养老基金管理人不太赞同剩余股利分配政策
B. 采用剩余股利政策时，公司的资产负债率要保持不变
C. 所谓剩余股利政策，就是在公司有着良好的投资机会时，公司的盈余首先应满足投资方案的需要；在满足投资方案需要后，如果还有剩余，再进行股利分配
D. 采用剩余股利政策时，公司不能动用以前年度的未分配利润

3. 公司基于不同的考虑会采用不同的股利分配政策，采用剩余股利政策的公司更多地关注（　　）。

A. 盈余的稳定性　B. 公司的流动性　C. 投资机会　D. 资本成本

4. 从下列（　　）因素考虑，股东往往希望公司提高股利支付率。

A. 规避风险
B. 稳定股利收入
C. 防止公司控制权稀释
D. 避税

5. 下列情形中会使企业减少股利分配的有（　　）。

A. 市场竞争加剧，企业收益的稳定性减弱
B. 市场销售不畅，企业库存量持续增加
C. 经济增长速度减慢，企业缺乏良好的投资机会
D. 为保证企业的发展，需要扩大筹资规模

6. 下列关于股利分配政策的表述中，错误的有（　　）。
A. 处于衰退期的企业在制定收益分配政策时，应当优先考虑企业积累
B. 金融市场利率走势下降时，公司一般不应采用高现金股利政策
C. 基于控制权的考虑，股东会倾向于较高的股利支付水平
D. 债权人不会影响公司的股利分配政策

7. 下列关于股票股利的说法中，正确的有（　　）。
A. 发放股票股利可以增加股东财富
B. 发放股票股利不会改变公司的股东权益总额
C. 发放股票股利会增加公司的股本总额
D. 发放股票股利不会增加公司的现金流出量

8. MM 理论认为完美资本市场须符合的条件包括（　　）。
A. 不存在交易成本和破产成本　　B. 没有信息成本，且信息是对称的
C. 证券交易没有政府或其他限制　　D. 市场是完全竞争的

9. 下列股利理论中，认为股利政策会影响公司价值的有（　　）。
A. 代理理论　　B. "在手之鸟"理论
C. 差别税收理论　　D. 信号传递理论

10. 在股份有限公司中，与股利政策有关的代理问题主要有（　　）。
A. 股东与经理之间的代理问题　　B. 经理与职工之间的代理问题
C. 股东与债权人之间的代理问题　　D. 控股股东与中小股东之间的代理问题

11. 影响股利政策的因素有（　　）。
A. 法律因素　　B. 债务契约因素　　C. 公司自身因素　　D. 股东因素

12. 股票分割和股票股利的相同之处有（　　）。
A. 不改变公司股票数量　　B. 不改变资本结构
C. 不改变股东权益结构　　D. 不改变股东权益总额

13. 公司进行股票回购的动机主要有（　　）。
A. 传递股价被低估的信号　　B. 为股东避税
C. 减少公司自由现金流量　　D. 预防或抵制敌意并购

14. 假设某股份公司照 1∶2 的比例进行股票分割，下列说法正确的有（　　）。
A. 股本总额增加 1 倍　　B. 每股净资产保持不变
C. 股东权益总额保持不变　　D. 股东权益内部结构保持不变

15. 现金股利和股票回购具有相似之处，主要表现为（　　）。
A. 需要公司支付一定数量的现金　　B. 需要公司支付一定数量的股票

C. 增加了公司的资产　　　　　　　　D. 减少了公司的资产

16. 站在公司角度，影响股利政策的因素有（　　）。

A. 盈利能力　　　　B. 偿债能力　　　　C. 投资计划　　　　D. 资本成本

11.3.3 判断题

1. 投资者在除息日购入股票无权领取本次股利。（　　）

2. 根据股利无关理论，公司未来是否分配股利和如何分配股利都不会影响公司目前的价值。（　　）

3. “在手之鸟”理论认为，公司分配的股利越多，公司股票的价格越高。（　　）

4. 差别税收理论认为：资本利得收益比股利收益更有助于实现收益最大化目标，企业应采用低股利政策。（　　）

5. 信号传递理论认为，股利政策包含了公司经营状况和未来发展前景的信号。（　　）

6. 代理理论主张低股利支付率政策，认为提高现金股利不利于降低代理成本。（　　）

7. 采用剩余股利政策的优点是有利于保持理想的资本结构，降低企业的平均资本成本。（　　）

8. 资产流动性差的公司，往往采用高股利支付率政策。（　　）

9. 股票分割会使公司股票总数增加，但公司股本总额不变。（　　）

10. 公司采用股票股利进行股利分配，会增加现金流出，减少公司的股东权益。（　　）

11. 股票分割对公司的资本结构和股东权益不会产生任何影响，但会引起每股收益和每股市价的下跌。（　　）

12. 与固定股利政策相比，低正常股利加额外股利政策赋予公司股利发放的灵活性。（　　）

13. 某公司董事会于2×12年12月15日在报纸上公告：该公司于2×13年2月15日向2×13年1月20日登记在册的所有股东每10股发放1元的股利。2×12年的12月15日为股利宣告日，除息日为2×13年1月20日。（　　）

14. 由于信息不对称，投资者会把股票回购当作公司认为其股价被高估的信号。（　　）

15. 股票分割的目的是减少股票股数，降低每股市价，从而吸引更多的投资者。（　　）

11.3.4 计算分析题

1. 某石化公司2021年底的所有者权益总额为9 000万元，普通股6 000万股。目前的资本结构为长期负债占 55%、所有者权益占 45%，没有需要付息的流动负债。该公司的所得税税率为 25%。预计继续增加长期债务不会改变目前 11% 的平均利率水平。董事会在讨论 2022 年资金安排时提出：（1）计划年度分配现金股利 0.05 元/股；（2）为新的投资项目筹集 4 000 万元的资金；（3）计划年度维持目前的资本结构，并且不增发新股，不借短期借款。要求：测算实现董事会上述要求所需要的息税前利润。

2. H 公司发行在外的普通股数量为 1 000 万股，其余的财务数据如表 11－1 所示。公司计划向现有股东以现金股利或以股票回购方式分配利润 4 000 万元。如果派放现金股利，股利派发后，公司股票市价为每股 50 元。该公司主要股东主张采取股票回购方式，并提议以每股 54 元的价格回购 740 741 股。

表 11－1　　H 公司相关财务数据

项　目	金额
税后利润（万元）	6 000
每股收益（元）	6
每股市价（除息价格，元）	50
预计每股股利（元）	4

要求：

（1）假设不考虑所得税因素，上述两种方案对 H 公司股东财富有何影响？

（2）如果大多数股东的边际税率都很高，哪种方案更有利？

（3）除了税收因素外，你认为公司采取股票回购方式的动机是什么？

3. A、B 两家公司是同一行业中的竞争对手。两家公司在过去 6 年里的盈利水平和资本结构几乎一样。A 公司采用固定股利支付率政策，支付比率为 50%；B 公司采用固定股利支付政策，每股股利波动性较小。两家公司的相关财务数据（见表 11－2）显示，A 公司各年的每股收益和股利支付水平比 B 公司略高，但其平均股价在后 4 年却低于 B 公司。

表 11－2　　A 公司和 B 公司的相关财务数据　　单位：元

年份	A 公司			B 公司		
	每股收益	每股股利	平均股价	每股收益	每股股利	平均股价
2016	4.00	2.00	40	4.10	0.75	38
2017	5.00	2.50	46	4.80	0.75	44
2018	3.00	1.50	30	3.00	0.75	34
2019	2.00	1.00	20	1.80	0.75	28
2020	－2.40	0.00	14	－2.40	0.75	20
2021	3.00	1.50	28	2.90	0.75	34

要求：

（1）分析造成这一现象的原因。

（2）如果从提高公司股价的角度看，A、B 两家公司应该选择哪种类型的股利政策？

4. S 股份有限公司发行在外的普通股数量为 2 062 500 股，当前市价 32 元。公司本年度实现利润 1 650 万元，其中 50% 的利润需用于公司目前极佳的投资机会。王先生作为该公司的主要股东拥有 187 500 股，曾对公司的管理政策表示不满。管理部门希望通过购回他所拥有的股票解决这一问题。王先生表示同意公司以当前市价回购其拥有的股份。假设公司股票的市盈率（P/E，每股价格/每股收益）为 4，公司是否应该回购王先生持有的股票？

5. X 公司 2021 年 12 月 31 日的股东权益如表 11－3 所示，目前公司股价为 68 元/股，公司决定先按 1 股分割为 2 股的比例进行股票分割，然后再分配 2021 年度的股利。股利分配方案为：每 10 股派发 1 股的股票股利，并且每股分派现金股利 0. 20 元。

表 11－3　　股东权益项目　　单位：万元

项　目	金　额
股本（面值 10 元，8 000 万股）	80 000
资本公积	48 000
盈余公积	36 000
未分配利润	54 000
股东权益合计	218 000

要求：

（1）请列出股票分割和分配股利后股东权益的各项目金额和股票数量。

（2）如果你在 2021 年 12 月 31 日持有 X 公司普通股 10 000 股，那么股票分割和股利分配之后，你持有该公司的普通股股数是多少？如果不考虑信号效应，分配股利之后股票价格应为多少？你的财富是否因股票分割和分配股利而变化？

6. C 公司成立于 2019 年 1 月 1 日，2020 年度实现的净利润为 1 000 万元，分配现金股利 550 万元，提取盈余公积 450 万元（所提盈余公积均已指定用途）。2021 年实现的净利润为 900 万元（不考虑计提法定盈余公积的因素），2022 年计划增加投资，所需资金为 700 万元。假定公司目标资本结构为自有资金占 60%，债务资金占 40%。要求：

（1）在保持目标资本结构的前提下，计算 2022 年投资方案所需的自有资金额和需要从外部借入的债务资金额。

（2）在保持目标资本结构的前提下，如果公司执行剩余股利政策，计算 2021 年度应分配的现金股利。

（3）在不考虑目标资本结构的前提下，如果公司执行固定股利政策（假设流通在外普通股股数不变），计算 2021 年度应分配的现金股利、可用于 2022 年投资的留存收益和需要额外筹集的资金额。

（4）在不考虑目标资本结构的前提下，如果公司执行固定股利支付率政策，计算该公司的股利支付率和 2021 年度应分配的现金股利。

（5）假定公司 2022 年面临着从外部筹资的困难，只能从内部筹资，不考虑目标资本结构，计算在此情况下 2021 年度应分配的现金股利。

11.3.5　案例分析题

1. 格力电器股利政策和股票回购①

珠海格力电器股份有限公司是一家多元化、科技型的全球工业集团，旗下拥有格力、TOSOT、晶弘三大品牌，产业覆盖空调、生活电器、高端装备、通信设备四大领域。产品远销 160 个国家和地区，仅空调领域已累计为全球超过 4 亿用户服务。公司成立于 1991 年，注册资本为 601 573 万元，1996 年 11 月在深圳证券交易所上市，股票简称为“格力电器”。格力电器的母公司是珠海格力集团有限公司，珠海市国资委是其实际控制人。

作为一家成熟期的企业，尤其是在电器行业，格力电器的股利政策一直引人注目。格力电器近 10 年的现金分红情况如表 11－4、表 11－5 所示。

表 11－4　　2012～2020 年格力电器现金股利分配方案实施情况

披露日期	会计年度	分配方案	实施情况
2021－04－29	2020	以公司总股本 601 573.0878 万股为基数，每 10 股派发现金股利 30 元	实施
2020－04－30	2019	以公司总股本 601 573.0878 万股为基数，每 10 股派发现金股利 12 元	实施
2019－04－29	2018	以公司总股本 601 573.0878 万股为基数，每 10 股派发现金股利 15 元	实施
2018－04－26	2017	不派发现金股利，不送红股，不以公积金转增股本，余额转入下年分配	实施
2017－04－27	2016	以公司总股本 601 573.0878 万股为基数，每 10 股派发现金股利 18 元	实施
2016－04－29	2015	以公司总股本 601 573.0878 万股为基数，每 10 股派发现金股利 15 元	实施
2015－04－28	2014	以公司总股本 300 786.5439 万股为基数，每 10 股派发现金股利 30 元	实施
2014－04－25	2013	以公司总股本 300 786.5439 万股为基数，年 10 股派发现金股利 15 元	实施
2013－04－27	2012	以公司总股本 300 786.5439 万股为基数，每 10 股派发现金股利 10 元	实施

资料来源：格力电器 2012～2020 年各年的年度报告。

① 根据格力电器官网（http：//www.gree.com.cn/）和深圳证券交易所“格力电器 2014－2020 年年度报告”（http：//www.szse.cn/certificate/individual/index.html？code＝000651）整理。

表 11-5 2012~2020 年格力电器现金股利分配情况

报告期	净利润（万元）	现金分红总额（万元）	期末未分配利润（万元）	股利支付率（%）
2020-12-31	2 217 510.81	2 342 009.99	10 284 159.64	105.61
2019-12-31	2 469 664.14	721 887.71	9 379 464.35	29.23
2018-12-31	2 620 279.00	1 263 303.48	8 193 970.00	48.21
2017-12-31	2 240 158.00	0.00	5 574 008.00	0.00
2016-12-31	1 542 096.50	1 082 831.56	4 407 494.96	70.22
2015-12-31	1 253 244.28	902 359.64	3 773 718.75	72.00
2014-12-31	1 415 517.00	902 359.62	3 484 132.40	63.75
2013-12-31	1 087 067.00	451 179.82	2 539 556.39	41.50
2012-12-31	737 967.00	300 786.54	1 757 227.70	40.76

资料来源：格力电器 2012~2020 年各年的年度报告。

但最近两年格力电器的股票价格表现却很平淡。2020 年 1 月 9 日格力电器股价到达历史最高价 70.56 元（不复权价格），之后由于受新冠肺炎疫情的影响，股市从 2020 年 1 月中旬至 3 月下旬大幅下跌，格力电器的股价也从 1 月 9 日的最高价 70.56 元跌到 50 元以下，到 2021 年 9 月 15 日格力电器股价跌破 40 元，较最高价跌了 43%。

在此情况下，格力电器董事会决定回购公司股份。从 2020 年 4 月 10 日至 2021 年 9 月 9 日，格力电器公司共实施了 3 次股份回购，具体情况如下：

（1）第一期股份回购。2020 年 4 月，格力电器首次开启股票回购计划，拟回购公司股份资金总额不低于 30 亿元且不超过 60 亿元，回购的股份将用于实施公司股权激励或员工持股计划。截至 2021 年 2 月 24 日，第一轮股票回购计划完成，以集中竞价方式买入公司股份 1.08 亿股，最高成交价为 60.18 元/股，占公司总股本的 1.80%，最低成交价为 53.01 元/股，成交总金额为 59.99 亿元（不含交易费用）。

（2）第二期股份回购。2020 年 10 月，格力电器宣布开启第二轮股票回购计划，回购资金总额不低于 30 亿元且不超过 60 亿元，回购价格不超过 70 元/股。该期股票回购计划在 2021 年 2 月 24 日开始实施，5 月 17 日，格力电器发布完成公告，以集中竞价方式买入公司股份 1.01 亿股，占截至公告日公司总股本的 1.68%，最高成交价为 61.95 元/股，最低成交价为 56.46 元/股，成交总金额为 60 亿元（不含交易费用）。

（3）第三期股份回购。2021 年 5 月 26 日晚，格力电器对外公告同意公司使用自有资金以集中竞价交易方式回购公司股份，资金总额不低于 75 亿元（含）且不超过 150 亿元（含），回购股份价格不超过 70 元/股（2020 年度权益分派方案实施完成后，回购价格由不超过 70 元/股调整为不超过 67.22 元/股）。截至 2021 年 9 月 9 日，第三期股份回购计划已实施完毕，累计买入公司股份 3.15 亿股，最高成交价为 56.11 元/股，最低成交价为 40.21 元/股，成交总金额为 149.99 亿元（不含交易费用）。

请结合以上资料，思考以下问题：

（1）格力电器采取的是什么类型的股利政策和股利支付方式？

（2）结合格力电器 2012 年以来的公司年报，分析历年与格力电器盈利能力、偿债能力、营运能力、成长能力相关的财务指标，思考格力电器股利政策的选择依据是什么？公司目前的股价是否被市场低估？

（3）分析格力电器股票回购的动机是什么？

（4）格力电器三次股票回购以后，为什么股价继续不断下跌？

2. 腾讯控股的“花式分红”

腾讯控股 2021 年 12 月 23 日在港交所发布公告宣布，“于 2021 年 12 月 23 日，决议将按合资格股东持有每 21 股股份获发 1 股京东集团 A 类普通股的基准，向于记录日期名列本公司股东名册上之股东按彼等当时各自于本公司之持股比例，以实物分派的方式宣派由本公司通过 Huang River 间接持有的 457 326 671 股京东集团 A 类普通股（假设自本公告日期至记录日期已发行股份总数并无变化）的特别中期股息，该等京东集团股份数目将被舍去零碎部分下调至最接近之整数。……非合资格股东将无权收取京东集团股份，但将按于记录日期就所持有的每 21 股股份获发 1 股京东集团 A 类普通股的基准就彼等持有的股份收取现金代替京东集团股份”。[①]

本次派息后，腾讯对京东持股比例将由 17% 降至 2.3%，不再为第一大股东。未来，腾讯将与京东继续保持战略合作伙伴关系，助力京东实现长期价值。[②]

腾讯控股 2021 年前三季度实现营业收入 4 159.30 亿元，同比增长 19%；实现净利润 1 298.64 亿元，同比增长 29%。每股盈利 13.634 元，同比增长 29%。[③]

请结合上述资料并进一步搜集相关信息，思考以下问题：

（1）股份公司派发股利的方式有哪些？本案例中腾讯控股采用了哪种股利形式？

（2）腾讯控股采取的这种股利形式有何优缺点？

（3）腾讯控股将京东股份作为股息派发，减持京东的原因是什么？

（4）市场对此次派息的反应是什么？如何解释该现象？

---

① 资料来源：腾讯控股公告（2021 年 12 月 23 日）。

② 资料来源：京东集团公告（2021 年 12 月 23 日）。

③ 资料来源：根据腾讯控股 2021 年年报整理。

第 12 章　营运资本管理策略

12.1　导　学

12.1.1　本章思维导图

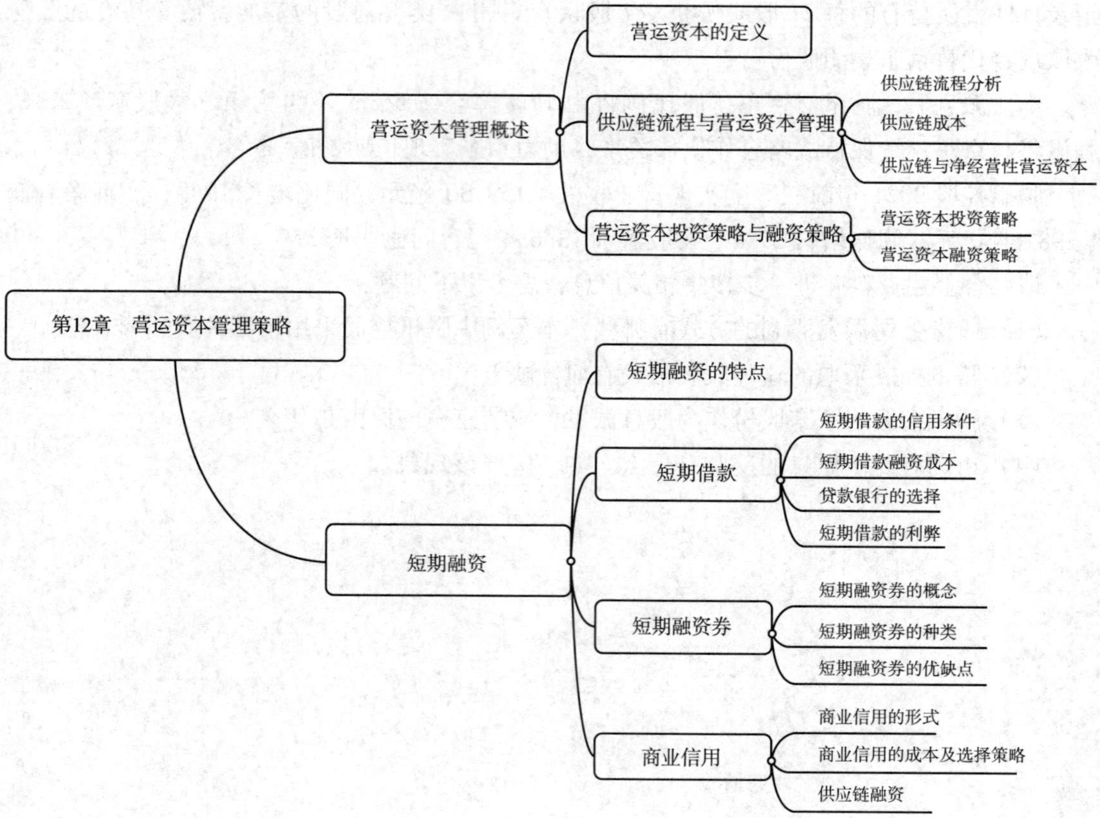

12.1.2　学习目标与要求

通过本章学习，了解营运资本的概念及意义；掌握营运资本的投资策略与筹资策略制定，以及以供应链管理为重心的营运资本管理。熟悉并掌握短期借款、短期融资券和商业信用等不同短期融资方式的含义及优缺点；熟练计算短期借款的融资成本，正确选择短期借款的信用条件以及商业信用的形式。

12.1.3　预习要点

1. 主要概念

(1) 营运资本　(2) 供应链流程　(3) 适中型融资策略
(4) 激进型融资策略　(5) 稳健型融资策略　(6) 激进型投资策略
(7) 保守型投资策略　(8) 适中型投资策略　(9) 短期融资
(10) 短期借款　(11) 信贷限额　(12) 周转信贷协定
(13) 补偿性余额　(14) 短期融资券　(15) 商业信用
(16) 供应链融资　(17) 供应链管理　(18) 供应链成本

2. 关键问题

(1) 营运资本的定义及其特点。
(2) 营运资本的融资结构以及不同的融资策略之间的差异。
(3) 营运资本的投资策略。
(4) 短期融资的特点及优缺点。
(5) 信用条件备选方案分析与决策。
(6) 短期借款融资成本的计算方式。
(7) 短期借款的利弊以及贷款机构的选择。
(8) 短期融资券的概念、种类以及优缺点。
(9) 商业信用的形式、成本以及选择策略。
(10) 供应链融资的定义、方式以及特点。

12.2　重点与难点

本章的重点：营运资本的定义以及营运资本的投资策略与筹资策略；供应链融资的特点；短期融资的特点及优缺点；短期借款、短期融资券以及商业信用等不同短期融资方式的含义及优缺点。

本章的难点：营运资本管理策略的选择；信用条件备选方案分析与决策；商业信用的形式、成本以及选择策略；选择不同的短期融资方式的理由及方法。

12.2.1　营运资本管理概述

1. 营运资本的定义

营运资本有广义与狭义之分。广义的营运资本也称营运资金，是指一个企业投放在流动资产上的资金，具体包括应收账款、存货、其他应收款、应付票据、预收票据、预提费用、其他应付款等占用的资金。狭义的营运资本又称净营运资本，是企业流动资产总额减流动负债总额后的净额，即企业在经营中可供运用、周转的流动资金净额。

2. 供应链流程与营运资本管理

财务人员需要首先理解并梳理清楚公司的供应链流程，供应链一般分为计划、资源获取、制造、交付、回收五个流程。营运资本管理贯穿于供应链的整个流程，提高公司的营运资本状况通常来自整个供应链流程的改进。例如，与供应商建立紧密的合作关系以降低采购成本和资金成本；提高生产流程的效率从而降低库存；更好地将公司的产品送达客户并收回款项等。

3. 营运资本投资策略与融资策略

营运资本管理通常包括两个基本问题：（1）营运资本投资问题，即确定合适的营运资本数量，既包括总的数量也包括涉及的各明细项目的数量。（2）营运资本筹资问题，即如何筹集营运资本。

营运资本投资策略一般分为三大类：激进型投资策略、保守型投资策略、适中型投资策略。营运资本投资策略主要受流动资产的规模及结构特征、营运流动资产的季节性波动和股东权益报酬率的影响。

营运资本融资策略是指在总体上如何为流动资产融资，是采用短期资金来源还是长期资金来源，或者兼而有之。制定营运资本融资策略，就是确定流动资产所需资金中的短期资金和长期资金的比例。营运资本融资策略一般分为三类：适中型融资策略、激进型融资策略和稳健型融资策略。

12.2.2 短期融资

1. 短期融资的特点

短期负债筹资是指筹措资金的可使用时间较短，一般不超过1年的资金筹措。短期负债筹资具有如下特点：筹资速度快，容易取得；筹资富有弹性；筹资成本较低；筹资风险高等。

2. 短期借款

短期借款的定义：企业向银行或其他非银行金融机构借入的期限在1年以内的借款，又称银行短期信贷。

短期借款的信用条件：信贷限额；周转信贷协定；补偿性余额；借款抵押；偿还条件和其他承诺。

短期借款的利率确定：银行短期贷款利率高低通常会随借款人的类型、贷款的金额与时间的变化而变化。根据贷款期间利率是否固定，银行贷款利率的确定有两种方式：一是固定利率方式；二是浮动利率方式。采用固定利率是指在整个贷款期内贷款利率保持固定不变；而浮动利率是指贷款利率在贷款期内将随着基本利率的变化而变化。

短期借款的本息偿付方式以及实际利率额计算方法：一是收款法；二是贴现法；三是加息分摊法。

贷款银行的选择：选择银行时，要选用适宜的借款种类、借款成本和借款条件。此外，还应考虑下列有关因素：银行对贷款风险的政策；银行对企业的态度；贷款的专业化程序以及银行的稳定性等。

3. 短期融资券

短期融资券的概念：短期融资券又称商业票据、短期债券，是由信誉卓著的大公司签发的，在货币市场上可以转让的无担保短期本票。

短期融资券的种类：按发行方式不同可分为委托票据经销商代销的融资券和直接销售的融资券；按发行人的不同可分为金融企业的融资券和非金融企业的融资券；按融资券的发行和流通范围可分为国内融资券和国际融资券。

短期融资券筹资的优缺点：优点在于短期融资券筹资的成本低、数额比较大、可提高企业的信誉；缺点在于发行短期融资券风险较大、弹性较小、发行条件严格。

4. 商业信用

商业信用的概念：商业信用指商品交易中以延期付款或预收货款方式进行购销活动而形成的借贷关系，是企业之间的直接信用行为，是企业筹集短期资金的主要方式。企业之间商业信用的形式多样，主要有以下几种：应付账款、应付票据和预收货款。

商业信用的成本指付款方对于规定有现金折扣条件的应付账款，由于没有在折扣期内付款，所丧失的收益（折扣优惠），它实质上是一种机会成本。在不享受现金折扣的情况下，企业一般是在信用期的最后一天付款，但也有提前付款的，此时资金成本较高，不可取；也有超过信用期付款的，此时资金成本虽然较低，但存在信用等级下降的风险。折扣期外延期付款天数越长，商业信用的资金成本越小。

是否选择商业信用融资，需要结合商业信用成本及以下情况分析：

（1）如果放弃现金折扣后，将节约的这部分资金（应付账款）用于短期投资所获得的投资收益率大于放弃折扣时付出的商业信用资金成本率，则应该放弃现金折扣，不在折扣期内付款。反之，则应该享受现金折扣，争取在折扣期内付款。

（2）如果企业能在折扣期内，以低于商业信用资金成本率的利率借入短期资金，则应在折扣期内用借入的资金支付货款，即借新债还旧债来享受现金折扣。

（3）如果企业想获得展期信用，即强制在信用期外付款，就要比较展期所付出的代价和展期带来的收益的大小，然后进行决策。

5. 供应链融资

供应链融资的定义：供应链融资是把供应链上的核心企业及其相关的上下游配套企业作为一个整体，根据供应链中企业的交易关系和行业特点制定基于货权及现金流控制的整体金融解决方案的一种融资模式。

供应链融资的优点：供应链融资不仅有利于解决配套企业融资难的问题，而且能够促进金融与实业的互动，从根本上改变银行或金融机构的观察视野、思维脉络、信贷文化和发展战略。

供应链融资的方式：在现金流入环节，企业可利用应收账款保理业务，即在完成产品销售后，将对下游的应收账款转让给银行从而提前获取现金；或将应收账款质押给银行，获得质押贷款；也可利用 ABS 以应收账款为基础资产发行债券，将应收账款出表提前收回资金。在现金流出环节，公司可借助自身良好的商业信用，将到期日较长的银行承兑汇票或商业票据支付给上游融资能力较弱的中小型供应商，为其建立在银行办理商票贴现的融资渠道，从而达到公司与供应商双赢的结果。

12.3 习题与案例

12.3.1 单项选择题

1. 在其他因素不变的情况下，下列各项变化中，（ ）能够增加经营营运资本需求。

A. 采用自动化生产线，减少存货投资　B. 原材料价格上涨，销售利润率降低

C. 市场需求减少，销售额减少　D. 发行长期债券，偿还短期借款

2. 营运资金管理的首要任务是（ ）。

A. 满足合理的资金需求　B. 提高资金使用效率

C. 节约资金使用成本　D. 保持足够的短期偿债能力

3. 甲公司采用风险调整法估计债务成本，在选择若干已上市公司债券以确定本公司的信用风险补偿率时，应当选择（ ）。

A. 与本公司信用级别相同的债券　B. 与本公司所处行业相同的公司的债券

C. 与本公司商业模式相同的公司的债券　D. 与本公司债券期限相同的债券

4. 企业保持高水平的现金和有价证券、高水平的应收账款和高水平的存货，则该企业采取的投资策略是（ ）。

A. 紧缩的流动资产投资策略　B. 宽松的流动资产投资策略

C. 适中的流动资产投资策略　D. 保守的流动资产投资策略

5. 企业信用政策的内容不包括（ ）。

A. 确定信用期间　B. 确定信用标准

C. 确定现金折扣政策　D. 确定收账方法

6. 在营运资本投资策略中，保守型投资策略的（ ）。

A. 流动资产投资规模最大，风险最小，收益性最差

B. 流动资产投资规模最小，风险最大，收益性最好

C. 流动资产投资规模最小，风险最小，收益性最差

D. 流动资产投资规模最大，风险最大，收益性最差

7. 某企业年初从银行贷款 600 万元，期限 1 年，年利率 10%，按照贴现法付息，则年末应偿还的金额为（　　）万元。

A. 490　　B. 450　　C. 600　　D. 550

8. 某企业需借入资金 60 万元。由于贷款银行要求将贷款数额的 25% 作为补偿性余额，故企业需向银行申请的贷款数额为（　　）万元。

A. 60　　B. 72　　C. 80　　D. 67. 2

9. 某公司 2021 年末长期资产为 1 200 万元，长期资本为 2 000 万元，股东权益为 800 万元，则 2021 年末营运资本为（　　）万元。

A. 1 300　　B. 800　　C. 600　　D. 700

10. 如果企业在季节性低谷经营时除了自发性负债外不再使用短期借款，则其所采用的营运资金融资政策属于（　　）。

A. 适中型融资策略　　B. 稳健型融资策略

C. 激进型融资策略　　D. 适中型或稳健型融资策略

11. 下列关于激进型营运资本融资策略的表述中，正确的是（　　）。

A. 激进型融资策略的营运资本小于 0

B. 激进型融资策略是一种风险和收益均较低的营运资本融资策略

C. 在营业低谷时，激进型融资策略的易变现率小于 1

D. 在营业低谷时，企业不需要短期金融负债

12. 应收账款赊销效果的好坏，依赖于企业的信用政策。公司在对是否改变信用期间进行决策时，不需要考虑的因素是（　　）。

A. 产品变动成本率　　B. 公司的所得税税率

C. 应收账款的坏账损失率　　D. 等风险投资的最低报酬率

13. 企业从银行借入短期借款，不会导致实际利率高于名义利率的利息支付方式是（　　）。

A. 贴现法　　B. 分期付款法　　C. 加息法　　D. 收款法

14. 具有短期和长期借款双重特点的借款信用条件是（　　）。

A. 补偿性余额　　B. 借款抵押　　C. 信用额度　　D. 周转信贷协定

15. 企业置存现金的原因，主要是为了满足（　　）。

A. 交易性、预防性、收益性需要　　B. 交易性、投机性、收益性需要

C. 交易性、预防性、投机性需要　　D. 预防性、收益性、投机性需要

16. 现金作为一种资产，它的（　　）。

A. 流动性强，营利性差　　B. 流动性强，营利性也强

C. 流动性差，营利性也差　　D. 流动性差，营利性强

17. 应收账款管理的目标是（　　）。

A. 扩大销售，增强企业的竞争力　　B. 减少占用在应收账款上的资金

C. 减少给客户支付的现金折扣　　D. 应收账款信用政策的权衡

18. 甲、乙两个企业都投资5 000万元，本年获利均为300万元，但甲企业的获利已全部转为现金，而乙企业则全部是应收账款。财务人员在分析时认为这两个企业都获利300万元，经营效果相同，得出这种结论（　　）。

A. 没有考虑利润的取得时间

B. 没有考虑利润的获得和所承担风险大小的关系

C. 没有考虑所获利润和投入的关系

D. 没有考虑所获利润与企业规模大小的关系

19. 在应收账款保理过程中，供应商为了避免让客户知道自己因流动资金不足而转让应收账款时，应采取（　　）。

A. 折扣保理　B. 到期保理　C. 明保理　D. 暗保理

20. 贴现法借款的实际利率（　　）。

A. 大于名义利率　B. 等于名义利率　C. 小于名义利率　D. 不确定

12.3.2 多项选择题

1. 下列有关营运资本计算正确的有（　　）。

A. 营运资本 = 流动资产 - 流动负债

B. 营运资本 =（所有者权益 + 非流动负债）- 非流动资产

C. 营运资本 = 长期资本 - 长期资产

D. 营运资本 = 所有者权益 - 非流动负债 - 非流动资产

2. 信用政策包括（　　）。

A. 信用标准　B. 信用条件　C. 收账政策　D. 商业折扣

3. 下列说法中，属于商业信用筹资方式特点的有（　　）。

A. 商业信用属于“自发性筹资”　B. 商业信用易于取得且期限较短

C. 商业信用易于取得且期限较长　D. 商业信用筹资不负担成本

4. 甲公司的生产经营存在季节性，公司的稳定性流动资产为300万元，营业低谷时的易变现率为120%。下列各项说法中，正确的有（　　）。

A. 公司采用的是激进型融资策略

B. 波动性流动资产全部来源于短期资金

C. 稳定性流动资产全部来源于长期资金

D. 营业低谷时，公司有60万元的闲置资金

5. 与采用激进型营运资本融资策略相比，企业采用稳健型营运资本融资策略（　　）。

A. 资金成本较高　B. 易变现率较高

C. 遭受短期利率变动损失的风险较高　D. 利率变动风险较低

6. 下列融资方式中，资金成本很高而财务风险很低的融资方式有（　　）。

A. 发行债券　B. 商业信用　C. 发行股票　D. 吸收直接投资

7. 下列资产中属于临时性流动资产的有（　　）。

A. 季节性存货　　B. 保险储备存货量

C. 销售旺季增加的应收账款　　D. 销售旺季增加的存货

8. 商业信用融资的具体形式有（　　）。

A. 应付账款　　B. 应付票据

C. 预收账款　　D. 商业银行信用贷款

9. 短期负债融资具有的特点有（　　）。

A. 融资速度快，容易取得

B. 短期负债的借款利率随市场利率的变化而变化，财务风险加大

C. 短期负债融资所发生的利息支出低于长期负债融资的利息支出

D. 对于季节性生产企业，短期借款比长期借款灵活性更强

10. 已知某企业在营业高峰期，波动性流动资产 200 万元，经营性流动负债 100 万元，金融性流动负债 100 万元，下列说法中正确的有（　　）。

A. 其采取的是稳健型融资策略　　B. 低谷时易变现率小于 1

C. 高峰时易变现率小于 1　　D. 低谷时有闲置资金

11. 营运资本融资策略一般有稳健型、激进型和适中型三种类型。在选择融资策略时，应注意的问题有（　　）。

A. 公司应结合自身的实际情况，灵活运用这些策略

B. 资产与债务偿还期相匹配

C. 净营运资本应以长期资金来源解决

D. 保留一定资金或融资能力

12. 某企业需要购进一批原材料，甲供应商提供 2/10、n/30 的信用条件，乙供应商提供 1/20、n/30 的信用条件，有一个短期投资机会，收益率为 40%，放弃现金折扣的成本按单利计算，那么下列说法中正确的有（　　）。

A. 甲供应商的放弃现金折扣成本是 36. 73%

B. 乙供应商的放弃现金折扣成本是 36. 73%

C. 应该放弃现金折扣，进行短期投资

D. 不应该放弃现金折扣

13. 确定预防性需求的现金数额时，需要考虑的因素有（　　）。

A. 企业愿冒现金短缺风险的程度　　B. 企业预测现金收支可靠的程度

C. 企业临时融资的能力　　D. 企业经营业务的季节性

14. 下列关于短期融资券筹资的表述中，正确的有（　　）。

A. 发行对象为公众投资者　　B. 发行条件比较宽松

C. 筹资成本比公司债券低　　D. 一次性筹资数额比银行借款大

15. 下列各项借款企业支付银行贷款利息的方法中，有效年利率高于报价利率的方法有（　　）。

A. 收款法　B. 贴现法　C. 加息法　D. 补偿性余额

16. 营运资金周转通常与现金周转密切相关，现金的周转过程主要包括（　　）。

A. 存货周转期　B. 应收账款周转期

C. 预付账款周转期　D. 应付账款周转期

17. 以流动负债的形成情况为标准，可将流动负债划分为（　　）。

A. 应付金额确定的流动负债　B. 自然性流动负债

C. 人为性流动负债　D. 应付金额不确定的流动负债

18. 在流动资产的激进融资策略下，临时性流动负债的资金来源用来满足（　　）。

A. 全部波动性流动资产的资金需要　B. 部分永久性流动资产的资金需要

C. 全部资产的资金需要　D. 部分波动性流动资产的资金需要

19. 甲公司准备变更信用政策，拟选用缩短信用期或提供现金折扣两项措施之一。下列关于两项措施相同影响的说法中，正确的有（　　）。

A. 均增加销售收入　B. 均增加应收账款

C. 均减少收账费用　D. 均减少坏账损失

20. 放弃现金折扣的信用成本率受折扣百分比、折扣期和信用期的影响。下列各项中，使放弃现金折扣信用成本率提高的情况有（　　）。

A. 信用期、折扣期不变，折扣百分比提高

B. 折扣期、折扣百分比不变，信用期延长

C. 折扣百分比不变，信用期和折扣期等量延长

D. 折扣百分比、信用期不变，折扣期延长

12.3.3　判断题

1. 某企业计划购入原材料，供应商给出的付款条件为“1/20，n/50”。若银行短期借款利率为10%，则企业应在折扣期内付款。（　　）

2. 应付票据的利率一般低于银行借款利率，且不用保持相应的补偿性余额和支付协议费，故应付票据的筹资成本低于银行借款成本。（　　）

3. 在激进型营运资金融资策略下，临时性负债金额大于临时性流动资产金额。（　　）

4. 一般而言，如果企业能够驾驭资金的使用，采用收益和风险配合较为稳健的稳健型融资策略是有利的。（　　）

5. 现金管理的成本模型、存货模型和随机模型均涉及的成本是交易成本。（　　）

6. 企业执行过于严格的信用标准，可能会减少应收账款的机会成本，但不利于扩大销售量。（　　）

7. 与长期负债融资相比，流动负债融资的偿还期限短、成本低，其偿债风险也相对较小。（　　）

8. 营运资金具有多样性、波动性、短期性、变动性和不易变现性等特点。（　　）

9. 一般而言，企业依靠大量短期负债来满足自身资金需求的做法体现出一种较为保守的融资策略。（　　）

10. 某公司推行适时制库存控制系统，对公司管理水平提出了更高的要求。因此，该公司应采用宽松的流动资产投资策略。（　　）

11. 企业维持较低的流动资产存量水平有助于提高资金使用效率和企业总体收益水平。（　　）

12. 对于石油开采企业而言，应该采用流动资产与销售收入之间低比率的流动资产投资策略。（　　）

13. 如果一个企业的领导者是风险偏好者，那么其对永久性流动资产的融资政策可能会采用短期资金来源。（　　）

14. 企业之所以持有一定数量的现金，主要是出于交易性需求、预防性需求和投机性需求。（　　）

15. 企业为了应付突发事件，有必要维持比日常正常运转所需金额更多的现金，这是出于投机性需求。（　　）

16. 银行借款如果附带补偿性余额条款，则会降低银行借款的实际利率。（　　）

17. 在银行授予企业的信贷额度内，企业可以按需借款，银行应当承担满足企业在贷款限额内的全部需求的法律义务。（　　）

18. 采用贴现法付息时，企业实际可用贷款额会增加，因此，其实际利率会高于名义利率。（　　）

19. 赊销是扩大销售的有力手段，企业应尽可能放宽信用条件，增加赊销量。（　　）

20. 现金折扣是在顾客提前付款时给予的优惠，企业提供现金折扣可以减少收账费用和坏账损失。（　　）

12.3.4　计算分析题

1. 某公司本月新增 10 万元的应收账款（设应收账款的增加为营运资金的增量），若该公司现有两种可能的资金来源：（1）商业信用：该公司每月按条件“3/30，n/80”购买 6 万元的材料，取得折扣；（2）银行贷款：该公司按 10% 的利率贷款 10 万元，要求保持 10% 的补偿性余额。要求：根据年成本分析该公司应选择哪种方案？

2. 某公司的年营业收入为 500 万元，目前其信用条件为“1/10，n/30”；有 50% 的顾客享有折扣；40% 的顾客在信用期内付款；剩下的顾客会拖延 20 天付款。该公司的变动成本率为 70%，其应收账款的资金成本为 10%，虽然该公司每年花 5 万元来收账，但仍有 2.5% 的销货款无法收回。目前该公司打算实行新的信用政策，把销货条件改为“2/10，n/40”，并同时放宽信用标准及放松账款的催收，从而使收账费用降为 2 万元。实行新政策后，年营业收入将增加到 660 万元，而且有 60% 的顾客会取得折扣，20% 的顾客将在信用期结束付款，剩下的20%顾客会拖延10天才付款，在新政策下该公司坏账损失将约为营业收入的6%。请为该公司做出应否改变信用政策的决策。

3. 某企业在生产经营期间，固定资产为1 000万元，永久性流动资产为400万元，临时性流动资产为400万元。已知长期负债、永久性自发负债和权益资本可提供资金1 200万元。要求：

（1）该企业采取了哪种营运资金融资策略？

（2）若该企业的长期负债、永久性自发负债和权益资本的年融资成本率平均为12%，临时性负债的年融资成本率平均为10%，结合题中数据及长短期融资工具的特点，分析该企业采取这种营运资金筹集策略的优缺点。

4. 某公司正与某银行协商一笔价值为10 000元的一年期贷款，银行提供了下列各种贷款条件供公司选择：第一种，年利率等于15%的贷款，没有补偿性余额规定，利息费用在年底支付；第二种，年利率等于12%的贷款，补偿性余额为贷款额的20%，利息费用在年底支付；第三种，年利率等于10%的贷款，利息费用在年底支付，但借款本金要每月平均偿还；第四种，年利率等于8%的贴现利率贷款，补偿性余额为贷款额的15%。试问哪种贷款条件下具有最低实际利率。

12.3.5 案例分析题

1. A公司向B公司购买原材料，B公司开出的付款条件为“2/10，n/30”。A公司的财务经理小王查阅公司记录发现，会计人员对此项交易的处理方式一般是在收到货物后15天支付款项。当小王询问公司会计为什么不取得现金折扣时，负责该项交易的会计不假思索地回答道，这一交易的资金成本仅为2%，而银行贷款成本却为12%。请你针对这一案例对如下问题进行分析和回答（一年按360天计算）：

（1）会计人员错在哪里？他在观念上混淆了什么？

（2）丧失现金折扣的实际成本有多大？

（3）如果A公司无法获得银行贷款，而被迫使用商业信用资金（即使用推迟付款商业信用筹资方式），为降低年利息成本，你应向财务经理小王提出何种建议？

2. A公司是一家汽车配件制造企业，近期的销售量迅速增加。为满足生产和销售的需求，A公司需要筹集资金495 000元用于增加存货，占用期限为30天。现有3个可满足资金需求的筹资方案（一年按360天计算）。方案1，利用供应商提供的商业信用，选择放弃现金折扣，信用条件为“2/10，n/40”；方案2，向银行贷款，借款期限为30天，年利率为8%，银行要求的补偿性余额为借款额的20%；方案3，以贴现法向银行借款，借款期限为30天，月利率为1%。要求：

（1）如果A公司选择方案1，计算其放弃现金折扣的机会成本。

（2）如果A公司选择方案2，为获得495 000元的实际用款额，计算该公司应借款总额和该笔借款的实际年利率。

（3）如果 A 公司选择方案 3，为获得 495 000 元的实际用款额，计算该公司应借款总额和该笔借款的实际年利率。

（4）根据以上各方案的计算结果，为 A 公司选择最优筹资方案。

3. A 商场季节性采购一批商品，供应商报价为 1 000 万元。付款条件为“3/10，2.5/30，n/90”。目前 A 商场资金紧张，预计到第 90 天才有资金用于支付，若要在 90 天内付款只能通过借款解决，银行借款年利率为 6%。假定一年按 360 天计算。有关情况如表 12 - 1 所示。要求：

（1）确定表中字母代表的数值（不需要列示计算过程）。

（2）请做出付款方案选择，并说明理由。

表 12 - 1　　　　**应付账款分析**　　　　单位：万元

付款日	折扣率（%）	付款额	折扣额	放弃折扣的信用成本率	银行借款利息	享受折扣的净收益
第 10 天	3	*	30	*	A	B
第 30 天	2.5	*	C	D	*	15.25
第 90 天	0	1 000	0	0	0	0

注：表中“*”表示省略数据。

第 13 章　流动资产管理

13.1　导　学

13.1.1　本章思维导图

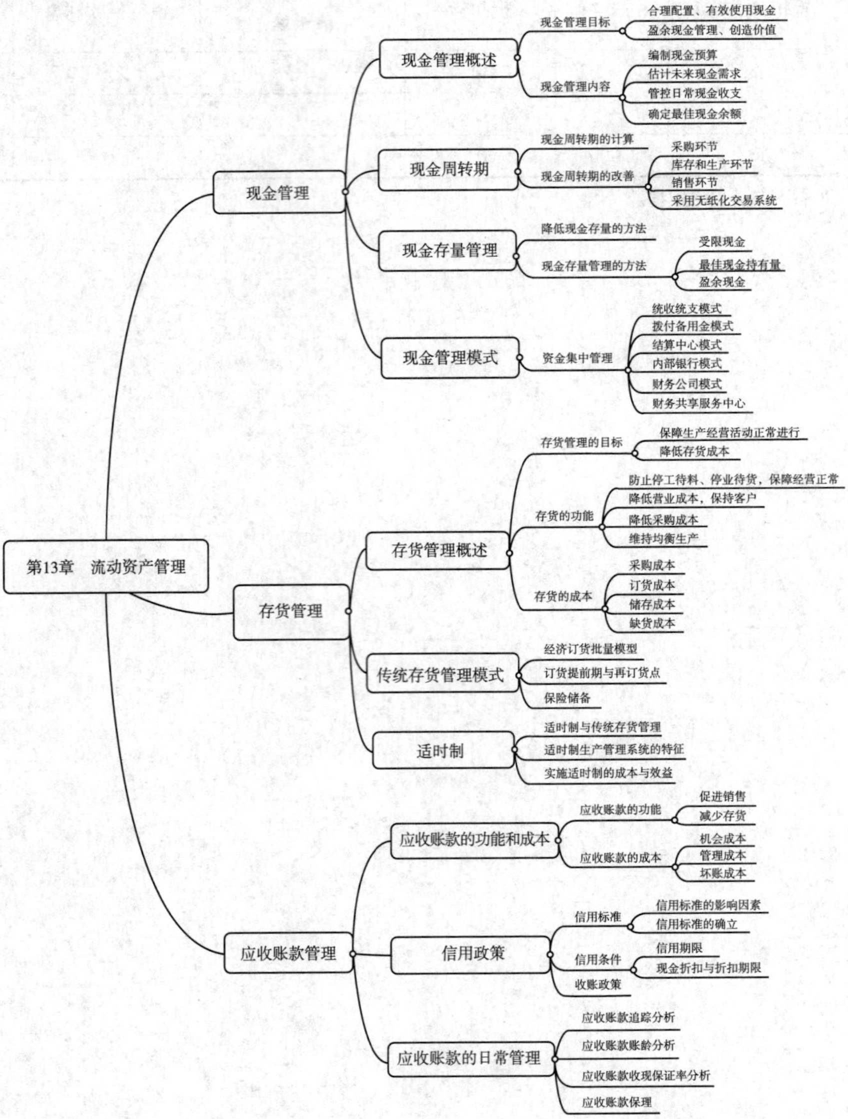

13.1.2　学习目标与要求

通过本章的学习，学生应理解现金、存货、应收账款这三种主要流动资产的管理目标、内容与方法。其中，现金管理重点掌握现金周转期的计算与分析、改善现金周转期的方法、现金存量的分类管理方法、资金集中管理模式等内容；存货管理重点掌握存货成本的构成、经济订货批量分析、订货提前期与再订货点的计算、保险储备的计算，深入理解适时制的理念及适时制管理系统的特征和优势；应收账款管理重点掌握应收账款的功能与成本，了解信用政策、信用条件、收账政策及其制定方法，以及应收账款的日常管理。

13.1.3　预习要点

1. 主要概念

（1）现金　（2）现金周转期　（3）现金存量
（4）受限现金　（5）最佳现金持有量　（6）盈余现金
（7）存货　（8）经济订货批量　（9）订货提前期
（10）再订货点　（11）保险储备　（12）适时制
（13）应收账款　（14）信用政策　（15）信用条件
（16）收账政策　（17）应收账款保理

2. 关键问题

（1）现代支付手段对现金的影响。
（2）现金周转期的计算与分析。
（3）改善现金周转期的方法。
（4）受限现金、最佳现金持有量、盈余现金的管理方法。
（5）存货成本的构成。
（6）经济订货批量的计算与分析。
（7）适时制管理系统的特征。
（8）应收账款的功能与成本。
（9）信用政策、信用条件与收账政策的具体内容。

13.2　重点与难点

本章的重点：现金周转期的计算与分析，改善现金周转期的方法，最佳现金持有量的计算；存货成本的构成，经济订货批量的计算，适时制管理系统的特征；应收账款的功能与成本，信用政策，信用条件。

本章的难点：现金周转期的计算与分析；最佳现金持有量的计算；经济订货批量的计算；适时制管理系统。

13.2.1 现金管理

1. 现金及现代支付技术对现金的影响

现金是企业在生产经营过程中以货币形态占用的资金，包括库存现金、银行存款、其他货币资金等。随着近年来电子货币和第三方移动支付技术飞速发展，第三方支付渐渐代替现金成为消费者支付的主要方式，很多公司尤其是零售企业也越来越多地采用第三方支付平台用于款项的收付，因此公司在第三方支付平台账户中的款项应当也属于现金，而传统意义上的库存现金在公司现金中所占的比重则越来越小。

2. 现金周转期的计算

现金周转期是指从现金投入生产经营开始到产成品出售再转化为现金的整个过程所经历的天数，它大致由以下三个周转期共同构成。

（1）存货周转期：指将原材料转化成产成品并出售所需要的时间。

（2）应收账款周转期：指将应收账款转换为现金所需要的时间，即从产品销售到收回现金的时间。

（3）应付账款周转期：指从收到尚未付款的材料开始到现金支出之间所用的时间。

$$现金周转期=存货周转期+应收账款周转期-应付账款周转期$$

3. 如何改善现金周转期

由于行业和商业模式的不同，公司提高营运资本周转效率，提高现金周转期的措施也多种多样，但在营运资本管理的采购、生产、销售的核心环节，仍有一些一般性的原则和方法可以遵循。

（1）采购环节：在不影响公司声誉和日常经营的前提下，公司可通过供应链管理等方法提高应付账款、应付票据的数额及账期，降低预付账款，建立健全应付账款管理体系和内控制度。

（2）库存和生产环节：在不影响正常业务经营活动的前提下，通过平衡存货成本和收益将存货规模控制在最优水平，信息化程度较高的公司还可考虑实现适时制管理以尽可能降低存货的占用水平，加快存货周转。

（3）销售环节：企业可根据自身产品和客户的特点，充分利用预收账款提前回收货款缩短现金周转期；对采用赊销方式的客户进行充分的资信调查和评估，加强应收账款管理，降低应收账款占用，加快应收账款周转。

4. 现金存量的分类管理

公司的现金持有量通常由受限现金、最佳现金持有量和盈余现金构成，公司应持续降低受限现金，合理安排盈余现金，以优化现金持有量、提高现金使用效率、减少现金占用和投入资本、提升公司价值。

确定最佳现金持有量的理论模型主要有成本分析模型、存货模型和随机模型。实务中常用的测算方法有现金预算法、现金周期法、历史余额法、行业标杆法。

5. 资金集中管理

资金集中管理是指集团公司借助商业银行的网上银行功能及其他信息技术手段，将分散在集团各所属公司的资金集中到总部，由总部统一调度、统一管理、统一运用。对于拥有较多附属公司的集团公司，可以实现资金集中带来的规模收益，解决资金分散造成的财务成本高、管理难度大等一系列问题。

资金集中管理模式一般包括统收统支、拨付备用金、结算中心、内部银行、财务公司、财务共享服务中心等模式。

13.2.2　存货管理

1. 存货的功能与成本

存货具有以下功能：

（1）适量的材料和在产品储备能有效防止停工待料，保障生产的持续进行。

（2）适量的产成品储备，有利于降低营业成本，也有利于及时满足市场及客户需求。

（3）建立原材料库存有利于降低采购成本。

（4）维持均衡生产。

持有存货的同时也会给企业带来采购成本、订货成本、储存成本、缺货成本。

因此，如何在存货的收益与成本之间进行利弊权衡，在充分发挥存货功能的同时降低成本、增加收益、实现它们的最佳组合，成为存货管理的基本目标。

2. 经济订货批量模型

经济订货批量模型是一种传统的将存货成本最小化的经济模型。基本经济订货批量模型以如下假设为前提：

（1）存货的年总耗用量可以较为准确地予以预测。

（2）存货的购买单价不变，无数量折扣。

（3）存货的日耗用量均衡。

（4）存货发出订单后立即一次性到货入库。

（5）进货日期完全由企业自行决定。

（6）仓储条件及所需现金不受限制。

（7）不允许出现缺货情形。

在上述假设条件下，采购成本、缺货成本已成为无关成本，只需考虑存货的订货成本和储存成本。对于订货成本而言，由于每次订货成本是固定成本，与批量无关，所以每次订货批量越大则每年订货次数越少，从而年订货成本越低；对于储存成本而言，每次订货批量越大则平均库存量越高，从而年储存成本也就越高。年订货成本和年储存成本随订货批量的变化而反向变动。经济订货批量就是年订货成本与年储存成本合计最低时的订购批量，其计算公式为：

$$Q^* = \sqrt{\frac{2 \times A \times P}{C}}$$

这一公式称为经济订货批量基本模型，求出的每次订货批量，可使储存存货的总成本最低。经济订货批量的基本模型是在前述各假设条件下建立的，但现实生活中能够满足这些假设条件的情况罕见，为使模型更接近于实际情况，具有较高的可用性，需逐一放宽假设，同时改进模型。

3. 适时制

适时制是一个针对公司供应和生产流程的复杂的控制系统，其隐含的基本原理是通过消除不增值活动而简化供应和生产的流程。

适时制认为存货的存在对企业经营有负面影响：占压资金，提高企业的资本成本；增加储存成本；可能掩盖生产质量问题，掩盖生产的低效率；增加企业信息系统的复杂性。

适时制的基本原则：严格按照用户需求生产产品，按必要的时间、必要的数量，生产必要的产品、零部件，数量上不多不少，时间上不早不晚，过量、过早都不可取。适时制可以帮助公司缩短生产周期、压缩在产品，最大限度节约资金、提高效率、降低成本、增加利润。

适时制生产管理系统具有以下特征：采用拉动式生产系统；简化生产流程；适时采购，小批量生产；采用柔性制造生产单元；高质量的原材料、零部件和产成品；设备的有效预防性维护；柔性的工作团队。

实施适时制可以帮助公司释放存货占压的资金，降低企业的融资成本，减少公司存量现金需求；可以降低存货的储存和管理成本，减少保险费和存货贬值、腐坏、丢失等原因带来的损失；由于消除了非增值活动，实施适时制可以大大缩短公司的生产周期，提高现金周转速度，提高公司的制造能力和产品质量，使公司可以更加快速高效地满足客户需求。

但实施适时制也对企业的供应链管理能力提出较高要求，企业应当根据自身情况，权衡成本与效益，确定是否适合采用适时制管理系统。

13.2.3 应收账款管理

1. 应收账款的功能与成本

企业在采取赊销方式进行销售时，会产生应收账款，赊销具有促进销售、减少存货的功能；但同时也会产生一定的成本，例如机会成本、管理成本、坏账成本等。

2. 应收账款的信用政策

信用政策即应收账款的管理政策，是指企业为对应收账款进行规划与控制而确立的基本原则与行为规范，包括信用标准、信用条件和收账政策三部分内容。

13.3　习题与案例

13.3.1　单项选择题

1. 关于现金周转期的计算，下列公式正确的是（　　）。

A. 现金周转期 = 存货周转期 + 应收账款周转期 + 应付账款周转期

B. 现金周转期 = 应收账款周转期 + 应付账款周转期 - 存货周转期

C. 现金周转期 = 存货周转期 + 应收账款周转期 - 应付账款周转期

D. 现金周转期 = 存货周转期 + 应付账款周转期 - 应收账款周转期

2. 下列不属于现金的选项是（　　）。

A. 库存现金　　B. 银行存款

C. 企业微信账户余额　　D. 企业购买的国库券

3. 某批发企业预计从收到采购的货物到售出并将其转换成应收账款的时间是 20 天，该公司有 30 天的供应商付款期限，同时给予客户 15 天的付款期限，该企业的现金周转期是（　　）天。

A. -5　　B. 25　　C. 35　　D. 5

4. 关于现金存量管理，下列选项错误的是（　　）。

A. 同步现金流可以降低现金存量

B. 房地产行业的拆迁保证金属于受限现金

C. 企业的盈余现金越多越好

D. 企业可以用现金预算法测算和控制最佳现金持有量

5. 甲公司采用随机模式进行现金管理，最低现金持有量 100 万元，现金返回点为 150 万元。假设某日甲公司的现金余额是 280 万元，下列操作中正确的是（　　）。

A. 不操作　　B. 买入有价证券 30 万元

C. 买入有价证券 130 万元　　D. 买入有价证券 180 万元

6. 下列关于现金最优返回点的表述中，正确的是（　　）。

A. 现金最优返回点的确定与企业最低现金每日需求量无关

B. 有价证券利息率增加，会导致现金最优返回点上升

C. 有价证券的每次固定转换成本上升，会导致现金最优返回点上升

D. 当现金的持有量高于或低于现金最优返回点时，应立即购入或出售有价证券

7. 企业应收账款赊销政策的内容不包括（　　）。

A. 确定信用标准　　B. 确定信用期间
C. 确定收账方法　　D. 确定现金折扣政策

8. 在进行应收账款信用政策分析时，常被视为评价顾客信用的首要因素是（　　）。

A. 品质　　B. 能力　　C. 资本　　D. 抵押

9. 应收账款赊销效果的好坏，依赖于企业的信用政策。企业在对是否改变信用期限进行决策时，不需要考虑的因素是（　　）。

A. 产品变动成本率　　B. 所得税税率
C. 应收账款的坏账损失率　　D. 产品市场需求

10. 某企业全年需用A材料4 800吨，每次的订货成本为450元，每吨材料年储存成本为12元，则每年最佳订货次数为（　　）次。

A. 6　　B. 8　　C. 10　　D. 12

11. 在存货的管理中，与建立保险储备量无关的因素是（　　）。

A. 交货期　　B. 缺货成本　　C. 存货需求量　　D. 平均库存量

12. 某公司全年（按360天计）材料采购量预计为7 200吨，假定材料日耗均衡，从订货到送达正常需要3天，鉴于延迟交货会产生较大损失，公司按照延误天数2天建立保险储备。不考虑其他因素，材料再订货点为（　　）吨。

A. 40　　B. 60　　C. 80　　D. 100

13. 甲公司按“2/10，n/40”的信用条件购入货物，该公司放弃现金折扣的年成本（一年按360天计算）是（　　）。（不考虑货币时间价值）

A. 18%　　B. 18.37%　　C. 24%　　D. 24.49%

14. 已知某种存货的全年需要量为36 000个单位（一年按360天计算），该种存货不考虑保险储备的再订货点为1 000个单位，则其平均交货期应为（　　）天。

A. 36　　B. 10　　C. 18　　D. 12

15. 甲公司采用存货模型确定最佳现金持有量。如果在其他条件保持不变的情况下，资本市场的投资回报率从4%上涨为16%，那么公司在现金管理方面应采取的对策是（　　）。

A. 将最佳现金持有量提高29.29%　　B. 将最佳现金持有量降低29.29%
C. 将最佳现金持有量提高50%　　D. 将最佳现金持有量降低50%

16. 某公司采用随机模型计算得出最佳现金持有量为200万元，最低限额为120万元，则根据该模型计算的现金上限为（　　）万元。

A. 280　　B. 360　　C. 240　　D. 320

17. 某企业根据现金持有量随机模型进行现金管理，已知现金最低持有量为15万元，现金余额回归点为80万元，如果公司现有现金220万元，此时应当投资于有价证券的金额是（　　）万元。

A. 65　　B. 205　　C. 140　　D. 95

18. 某公司存货年需求量为36 000千克，经济订货批量为600千克，一年按360天计算，则最佳订货次数为（　　）次。

A. 100　　B. 1.67　　C. 60　　D. 6

19. 根据存货的经济订货基本模型，下列选项中影响经济订货批量的因素是（　　）。

A. 采购成本　　B. 每次订货的变动成本

C. 固定储存成本　　D. 缺货成本

20. 下列关于存货保险储备的表述中，正确的是（　　）。

A. 较低的保险储备可降低存货缺货成本

B. 保险储备的多少取决于经济订货批量的大小

C. 最佳保险储备能使缺货损失和保险储备的储存成本之和达到最低

D. 较高的保险储备可降低存货储存成本

13.3.2　多项选择题

1. 企业采用成本分析模式管理现金，在最佳现金持有量下，下列各项中正确的有（　　）。

A. 机会成本等于短缺成本　　B. 机会成本等于管理成本

C. 机会成本与短缺成本之和最小　　D. 机会成本与管理成本之和最小

2. 下列各项措施中，可降低应收账款周转天数的有（　　）。

A. 提高信用标准　　B. 延长信用期限

C. 提高现金折扣率　　D. 提高坏账准备计提比率

3. 实施适时制可以为企业带来的效益包括（　　）。

A. 帮助公司释放存货占压的资金，降低企业的融资成本

B. 可以降低存货的储存成本

C. 消除增值活动，大大缩短公司的生产周期

D. 提高现金周转速度

4. 根据存货经济订货批量的基本模型，经济订货批量是（　　）。

A. 能使变动订货成本与变动储存成本相等的订货批量

B. 能使变动订货成本与变动储存成本之和最小的订货批量

C. 能使总订货成本与总储存成本相等的订货批量

D. 能使总订货成本与总储存成本之和最小的订货批量

5. 放弃现金折扣的成本受折扣百分比、折扣期和信用期的影响。下列各项中，导致放弃现金折扣成本提高的情况有（　　）。

A. 信用期、折扣期不变，折扣百分比提高

B. 折扣期、折扣百分比不变，信用期延长

C. 折扣百分比不变，信用期和折扣期等量延长

D. 折扣百分比、信用期不变，折扣期延长

6. 下列说法中，属于商业信用筹资方式特点的有（　　）。

A. 商业信用属于自发性筹资

B. 商业信用易于取得且期限较短

C. 商业信用的取得需要办理正式筹资手续

D. 商业信用筹资不负担成本

7. 企业持有现金，主要出于交易性、预防性和投机性三大需求，下列各项中体现了交易性需求的有（　　）。

A. 为满足季节性库存的需求而持有现金

B. 为避免因客户违约导致的资金链意外断裂而持有现金

C. 为提供更长的商业信用期而持有现金

D. 为在证券价格下跌时买入证券而持有现金

8. 在确定目标现金余额的存货模型中，需要考虑的相关成本有（　　）。

A. 机会成本　　B. 短缺成本　　C. 管理成本　　D. 交易成本

9. 下列管理措施中，可以缩短现金周转期的有（　　）。

A. 提前偿还短期融资券　　B. 利用商业信用延期付款

C. 加大应收账款催收力度　　D. 加快制造和销售产品

10. 下列属于控制现金支出有效措施的有（　　）。

A. 运用坐支　　B. 使用银行透支额度

C. 提前支付应付账款　　D. 使用现金浮游量

11. 在存货订货量决策中，下列关于保险储备的表述正确的有（　　）。

A. 保险储备增加，存货的缺货损失减小

B. 保险储备增加，存货缺货的概率变小

C. 保险储备增加，存货的再订货点降低

D. 保险储备增加，存货的储存成本提高

12. 应收账款的成本包括（　　）。

A. 机会成本　　B. 管理成本　　C. 采购成本　　D. 坏账成本

13. 集团公司适合的资金集中管理模式有（　　）。

A. 统收统支模式　　B. 拨付备用金模式

C. 结算中心模式　　D. 内部银行模式

14. 下列项目中，属于存货成本的有（　　）。

A. 采购成本　　B. 订货成本　　C. 储存成本　　D. 缺货成本

15. 与应收账款机会成本有关的因素有（　　）。

A. 应收账款平均余额　　B. 销售成本率

C. 变动成本率　　D. 资本成本率

16. 假设其他条件不变，下列计算方法的改变会导致应收账款周转天数减少的有（　　）。

A. 从使用赊销额改为使用销售收入进行计算

B. 从使用应收账款平均余额改为使用应收账款平均净额进行计算

C. 从使用应收账款全年日平均余额改为使用应收账款旺季的日平均余额进行计算

D. 从使用已核销应收账款坏账损失后的平均余额改为核销应收账款坏账损失前的平均余额进行计算

17. 存货的功能包括（　　）。

A. 适量的材料和在产品储备能有效防止停工待料，保障生产的持续进行

B. 适量的产成品储备，有利于降低营业成本，也有利于及时满足市场及客户需求

C. 建立原材料库存有利于降低采购成本

D. 维持均衡生产

18. 下列成本中，与建立存货保险储备量有关的有（　　）。

A. 缺货成本　　B. 储存成本　　C. 采购成本　　D. 订货成本

19. 下列选项中，属于适时制生产管理系统特征的有（　　）。

A. 采用推动式生产系统　　B. 简化生产流程

C. 适时采购，大批量生产　　D. 采用柔性制造生产单元

20. 依据适时制，下列选项中属于存货对企业经营存在负面影响的有（　　）。

A. 企业持有存货必然占压资金，提高企业的资本成本

B. 企业持有存货，必然会发生仓储成本

C. 企业持有存货，可能掩盖生产质量问题，掩盖生产的低效率

D. 企业持有存货，必然增加企业信息系统的复杂性

13.3.3　判断题

1. 企业维持较高的流动资产存量水平有助于提高资金使用效率和企业总体收益水平。（　　）

2. 某公司推行适时制（JIT），对公司管理水平提出了更高的要求，因此该公司应该采用宽松的流动资产投资策略。（　　）

3. 根据存货模型，最佳现金持有量是机会成本线和交易成本线交叉点所对应的现金持有量。（　　）

4. 在采用存货模型和随机模型确定目标现金余额时，都需要考虑持有现金的机会成本。（　　）

5. 企业持有现金的机会成本主要是指企业为了取得投资机会而发生的佣金、手续费等有关成本。（　　）

6. 在应收账款保理中，从风险角度看，有追索权的保理相对于无追索权的保理对供应商更有利，对保理商更不利。（　　）

7. 应收账款保理的主要意图在于将逾期未能收回的应收账款转让给保理商，从而获

取相应的资金。（ ）

8. 在企业生产经营过程中，存货管理目标是保证生产正常进行。（ ）

9. 企业拥有较多的流动资产，可在一定程度上降低风险，提高收益。（ ）

10. 企业应节约资金使用成本，资金使用的成本越低越好。（ ）

11. 一般情况下，企业花费的收账费用越多，坏账损失就会越少，并且平均收账期也会越短。（ ）

12. 公司应持续降低受限现金，合理安排盈余现金，优化现金持有量，减少现金占用，提升公司价值。（ ）

13. 公司持有的现金在明确了受限现金余额和最佳现金持有量余额之后，其余部分就属于盈余现金余额。（ ）

14. 适时制系统下理想的存货量是零，即企业必须要做到零存货。（ ）

15. 应收账款有促销和减少存货的功能。（ ）

16. 传统存货管理承认存货存在的合理性，要求企业按照各种模型制订的计划引入存货，适时制要求企业按需求引入存货，数量上不多不少，时间上不早不晚。（ ）

17. 实施适时制系统会提高存货短缺的风险。（ ）

18. 企业的受限现金可以用于短期投资。（ ）

13.3.4 计算分析题

1. 某公司从事电器生产和销售，公司的存货周转期为50天，应收账款平均收账期为60天，应付账款延迟期为30天。假设销售成本是销售额的80%。公司为支持业务所需的所有资金都由银行贷款提供，月利率1%。要求：

（1）计算该公司的现金周转期。

（2）如果公司的年销售额是4 200 000元，而且均是信用销售，那么公司维持赊销业务所需要的资金和应收账款1年的机会成本分别是多少？

（3）公司的库存每年周转多少次？

（4）根据以上资料判断公司的现金周转是否存在问题？如果存在问题，应从哪些方面着手改善？

2. A公司去年的销售额为10 000万元，存货周转率为2。该公司目前采用一个适时制库存管理系统。新的存货管理系统能够减少公司的库存水平，将公司的存货周转率提高到10，请问同时保持相同的销售水平，可以释放多少现金？说明实施适时制可以为公司带来哪些好处？

3. B公司以“2/10，n/45”的信用条款进行销售，其全年总销售额是1 800 000元。40%的客户在购买后第10天支付，并享有折扣，另外60%的客户平均在购买后60天支付。问：

（1）应收账款平均余额是多少？

（2）如果公司改善其收账政策后，所有没有折扣的客户都在购买后第 40 天支付订单，则平均应收账款余额会有什么变化？

13.3.5　案例分析题

M 公司是一家精密零件生产商，使用全自动设备把钢材加工成精密零件。公司钢材的年平均存货金额为 3 000 000 元，总经理李先生与主管会计何先生对存货成本十分重视。钢材供应商希望以不变的价格、更小的批量进行供货。何先生认为公司可以尝试采用适时制，他认为实施适时制将对公司产生如下影响：

（1）由于目前公司有充足的存货，不会发生缺货的情况；如果公司采用适时制，公司将会发生缺货，预估缺货会造成每年少销售产品 350 000 件。公司可以采用加班的方法提高产品供应量，当每年的加班奖金为 200 000 元时，由于缺货造成的销售量损失将降至 200 000 件，这也是 M 公司所能忍受的最大限度。

（2）原有的两个存放钢材的仓库将不再需要。M 公司目前共有两个库房存放钢材。一个库房是与一家仓储公司签订了可取消的租赁协议租赁的，年租金 450 000 元；另一个库房为 M 公司所有，面积为 12 000 平方米，如果采用适时制，其中的 3/4 可以以每年每平方米 15 元的价格出租，同时还可以每年为公司节约 80 000 元的保险费和财产税。

M 公司的长期资本投资报酬率为 20%。预计 20×2 年公司销售量为 9 000 000 件，20×2 年 12 月 31 日的预算利润表如表 13-1 所示。

表 13-1　　**利润表**　　单位：万元

项　目	金　额
产品销售收入	5 400
产品销售成本	2 750
其中：变动成本	2 025
固定成本	725
销售毛利	2 650
期间费用	1 200
其中：变动成本	450
固定成本	750
营业利润	1 450

要求：

（1）计算 M 公司在 20×2 年采用适时存货管理后预计的收益或损失。

（2）识别并解释在实施适时制前 M 公司应该考虑的其他因素。

第 14 章　企业价值评估

14.1　导　学

14.1.1　本章思维导图

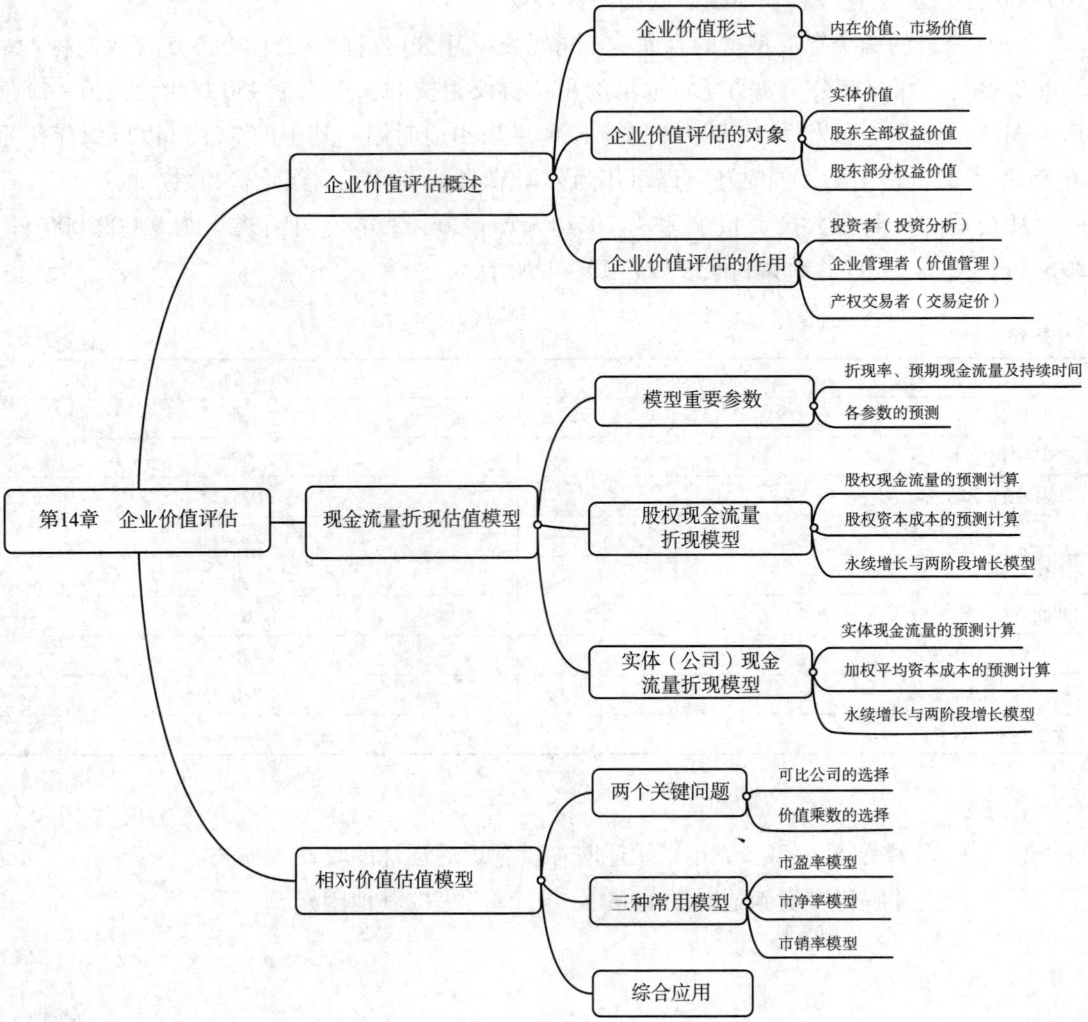

14.1.2 学习目标与要求

通过本章的学习，了解企业价值的含义、企业价值评估的对象和作用，掌握现金流量折现模型和相对估值模型的原理和计算方法，理解如何利用企业价值评估过程中传递出的信息，找到企业价值的驱动因素。

14.1.3 预习要点

1. 主要概念

（1）实体价值	（2）股权价值	（3）现金流量折现模型
（4）相对估值模型	（5）股权现金流量	（6）股权资本成本
（7）实体现金流量	（8）加权平均资本成本	（9）资本资产定价模型
（10）市盈率	（11）市净率	（12）市销率

2. 关键问题

（1）企业价值评估的作用。

（2）两种不同的估值模型在使用中，应该分别收集的信息资料。

（3）现金流量折现模型在企业估值中的技术思路。

（4）实体现金流量的构成。

（5）债务现金流量和股权现金流量的计算方法。

（6）如果其他条件不变，仅仅改变股利政策是否会影响股权现金流量的计算结果。

（7）现金流量折现模型使用中，收益口径和折现率的口径匹配。

（8）现金流量增长模式的分类和各自的特点。

（9）预测未来现金流量增长率时需要考虑的因素。

（10）相对估值模型在企业估值中的技术思路。

（11）在相对估值模型中，可比公司和价值比率的选取原则。

（12）随着新经济的快速发展，面对互联网企业等新的组织形式，两种估值模型的局限性。

14.2 重点与难点

本章的重点：企业价值评估的作用和对象；股权现金流量折现模型中，股权现金流量的计算、股权资本成本的计算、永续增长和两阶段增长在该模型中的应用；实体现金流量折现模型中，实体现金流量的计算、加权资本成本的计算、永续增长和两阶段增长在该模型中的应用；相对价值估价模型中，市销率、市盈率、市净率模型的计算思路和优缺点。

本章的难点：实体现金流量和股权现金流量的计算；收益口径和折现率口径匹配问题；在相对估值模型中，可比公司和价值比率的选取原则。

14.2.1 企业价值评估的作用和对象

企业价值评估对于不同的主体起到的作用是不同的。

（1）价值评估对公司投资者的作用：可以帮助投资者认识到公司存在的风险与真实的价值，从而理性地做出投资决策，减少冲动行为带来的损失。

（2）价值评估对公司产权交易者的作用：在公司并购过程中，价值评估对于公司产权交易者进行正确决策起着核心作用。

（3）价值评估对公司管理者的作用：有利于公司经营管理层进行有效的财务决策，提高管理效率，进行价值管理。

企业价值评估中首先需要明确评估的对象，然后再选择合适的评估方法。企业价值评估的对象是企业整体的经济价值。在具体评估中，企业整体的经济价值又可进一步细分为：实体价值与股权价值；持续经营价值与清算价值。

14.2.2 现金流量折现模型

现金流量折现模型的基本原理：资产价值等于以投资者要求的必要收益率为折现率，对该项资产预期未来的现金流量进行折现的现值之和。

根据现金流量折现模型的基本原理，公司的价值等于其未来产生的现金流量的现值。该模型的基本公式表示如下：

$$V = \sum_{t=1}^{n} \frac{CF_t}{(1 + r)^t}$$

该模型共有三个参数：现金流量、折现率和预测期限。因此将现金流量折现模型用于公司估价，需要解决的主要问题就是现金流量数额、时间分布如何估计以及相应的折现率如何确定。在确定这些参数时，由于这些参数会受到某些关键因素的共同影响并可能互相影响，如各参数均会受到预期增长率的影响等，因此需要结合报表整体考虑，不可以完全孤立地预测和处理。

依据现金流量的不同种类，企业估值的现金流量折现模型也可分为股利现金流量折现模型、股权现金流量折现模型和实体现金流量折现模型三种。大多数公司估值中会采用股权现金流量折现模型和实体现金流量折现模型。

1. 股权现金流量折现模型

股权现金流量折现模型，是以一定期间内企业可以提供给股权投资者的全部现金流量为基础评估公司股权价值的方法。其基本模型如下：

$$V = \sum_{t=1}^{n} \frac{FCFE_t}{(1+k_e)^t}$$

（1）股权现金流量的计算：

$$FCFE_t = NI_t + NCC_t - \Delta W_t - F_t - d_t + \Delta P_t + \Delta D_t$$

（2）股权资本成本的计算。股权资本成本是股东要求的必要投资收益率，通常用资本资产定价模型和股利增长模型估算股权资本成本。

（3）股权现金流量折现模型的具体应用。在估计股权资本价值时，需要对股权现金流量的增长模式进行一定的假设，因此形成了常用的两种模式：永续增长模型和两阶段增长模型。

永续增长模型假设企业未来长期稳定、可持续地增长。该模型的计算公式如下：

$$V = \frac{FCFE_1}{r_s - g} = \frac{FCFE_0(1+g)}{r_s - g}$$

两阶段增长模型假设公司股权现金流量的增长分为两个阶段：第一阶段为高速增长阶段（前 n 年）；第二阶段为稳定增长阶段（从第 $n+1$ 年开始），公司股权现金流量以较低的 g_n 稳定增长。该模型的公式表达如下：

$$V = \sum_{t=1}^{n} \frac{FCFE_t}{(1+r_s)^t} + \frac{FCFE_{n+1}}{r_s - g_n} \times \frac{1}{(1+r_s)^n}$$

2. 实体现金流量折现模型

（1）实体现金流量的计算。实体现金流量是指公司在支付了经营费用和所得税之后，向公司权利要求者（普通股股东、公司债权人和优先股股东）支付现金之前的全部现金流量。

实体现金流量＝股权现金流量＋债权现金流量＋优先股股权现金流量

$$FCFF_t = EBIT_t(1 - T_t) + NCC_t - \Delta W_t - F_t$$

（2）加权平均资本成本的计算。为了与实体现金流量的口径匹配，折现率应选择加权平均资本成本（$WACC$）。它是将各类投资者的机会成本按各自对公司总资本的相对贡献加权平均得出。其计算公式如下：

$$WACC = \sum_{i=1}^{n} r_i w_i$$

当公司的投入资本只有普通股和长期债务融资的情况下，$WACC$ 的计算公式表示为：

$$WACC = r_s \times \frac{E}{E+D} + r_d \times (1-T) \times \frac{D}{E+D}$$

股权资本成本的计算在股权现金流量折现模型中已经介绍，债务资本成本的计算相对简单。公司长期借款的资本成本是借款利率，长期债券的资本成本是债券的到期收益率。

资本权重 w_i 计算时需要注意：各类投入资本的价值需要按照市场价值计量，不能按照账面价值计量；资本权重不采用被评估企业当前的资本结构，而取决于其未来的资本结构。

（3）根据对 $FCFF$ 增长轨迹假设的不同，实体现金流量折现模型又分为固定增长比率模型和两阶段增长模型。

固定增长比率模型假设 $FCFF$ 按照固定的比率保持增长，并且 $WACC$ 保持不变，公司价值为：

$$V=\frac{FCFF_1}{WACC-g}$$

两阶段增长模型是指公司未来现金流量被划分为两个阶段：公司增长率不稳定的调整阶段和公司经营发展情况比较稳定的阶段。

公司总价值＝明确预测期内实体现金流量现值＋永续期实体现金流量现值

$$V=\sum_{t=1}^{n}\frac{FCFF_t}{(1+WACC)^t}+\frac{FCFF_{n+1}}{WACC-g}\times\frac{1}{(1+WACC)^n}$$

14.2.3　相对价值估价模型

相对价值估价模型是利用类似企业的市场定价来估计目标企业价值，可以用下式表示：

$$V=\frac{V_s}{X_s}X$$

1. 可比公司的选择和价值乘数的选择

可比公司的选择标准：股价无异动；与目标企业足够相似，比如在主营业务、经营业绩、资产规模、成长性、资本结构、资产配置等方面相似。

盈利类参数包括净利润、息税前利润、息税折旧摊销前利润等；收入类参数包括销售收入等；资产类参数包括资产总额账面价值和净资产账面价值；业务类参数包括活跃用户数量、营业里程和发电量等业务类指标。价值乘数 V/X 构建时要注意：分子分母口径一致；结合企业的成长阶段；结合企业的资产特征。

2. 市盈率模型

$$市盈率=\frac{每股市价}{每股收益}$$

目标公司的每股价值＝可比公司平均市盈率×目标企业每股收益

市盈率分为静态市盈率（股权价值与上一年度净利润的比率）和动态市盈率（股权价值与下一年度净利润的比率。由于动态市盈率基于公司未来的增长预期，较静态市盈率更能准确反映公司未来的业绩表现，因此较为常用。

该模型计算简单，计算市盈率的数据容易取得；直观地反映了投入和产出的关系，涵盖了风险、增长率、股利支付率的影响，具有很高的综合性。该模型适用于连续盈利并且公司个别风险与市场系统风险差异不大的公司，不适用于出现亏损以及个别风险较大的公司股权价值评估。

3. 市净率模型

$$市净率=\frac{每股市价}{每股净资产}$$

$$目标公司每股价值=可比公司平均市净率\times目标公司每股净资产$$

市净率模型不受“公司净利润为正”的限制，从而弥补了市盈率模型的缺陷。而且，净资产账面价值的数据容易取得并容易理解。该模型的局限性：首先账面价值受会计政策选择的影响；其次固定资产很少的服务性企业和高科技企业的净资产与企业价值的关系不大。

该模型适用于拥有大量资产、净资产为正的公司，不适用于高科技公司以及账面资产价值与其内在市场价值差异较大的公司。

4. 市销率模型

$$市销率=\frac{每股市价}{每股营业收入}$$

$$目标企业每股价值=可比企业平均市销率\times目标企业每股营业收入$$

该模型的优点：市销率不会出现负值，对于亏损企业和资不抵债的同样适用；市销率比较稳定、可靠，不容易被操纵；市销率对价格政策和企业战略变化敏感，可以反映这种变化的后果。

该模型的局限性：不能反映成本的变化，而成本是影响企业现金流量和价值的重要因素之一。该方法主要适用于销售成本率较低的服务类企业，或者销售成本率趋同的传统行业企业；尚未盈利或初创期公司的估值。

14.3　习题与案例

14.3.1　单项选择题

1. 当市场上可比公司的价值被高估时，利用相对估值法评估的价值一定会（　　）。

A. 偏低　　B. 无偏　　C. 偏高　　D. 无法确定

2. 企业价值评估的对象通常不包括（　　）。

A. 长期负债价值　　B. 实体价值

C. 股东全部权益价值　　D. 股东部分权益价值

3. 企业的实体价值等于预期实体现金流量的现值，计算现值的折现率是（　　）。

A. 加权平均资本成本　　B. 股权资本成本

C. 市场平均收益率　　　　　　　　　D. 等风险的债务成本

4. 对某汽车制造业进行价值评估，拟选择市盈率模型。市场上有三家可比企业，它们的风险、增长率和股利支付率与目标企业类似，三家可比企业的本年的市盈率分别为24、32、31，目标企业本年的每股收益为0.5元，则按修正平均市盈率法计算，目标企业的每股股票价值为（　　）元。

A. 14.5　　B. 15.5　　C. 12　　D. 16

5. 下列关系式不正确的是（　　）。

A. 实体现金流量 = 营业现金净流量 -（经营长期资产净值增加 - 经营长期负债增加）

B. 实体现金流量 = 股权现金流量 + 债权现金流量 + 优先股股权现金流量

C. 债务现金流量 = 税后利息支付 - 净负债增加

D. 实体现金流量 = 税后利润 + 折旧摊销 - 营运资本净增加 - 资本性追加支出

6. 可比上市公司调整后有财务杠杆 β 系数为1.2，可比上市公司资产负债率为0.4，甲公司资产负债率为0.5。它们的所得税税率均为25%，则甲公司 β 系数为（　　）。

A. 1.4　　B. 1.3　　C. 1.2　　D. 1.5

7. 下列关于企业整体价值的相关表述中，错误的是（　　）。

A. 企业单项资产价值的总和等于企业整体价值

B. 企业的整体价值高低和企业各项要素资产的特定组合方式密切相关

C. 企业价值评估的对象是企业整体的经济价值

D. 资产负债表中的“资产总计”不是企业的整体价值

8. 运用相对价值法评估企业价值时，市盈率模型最适合的企业类型为（　　）。

A. 处于稳定状态的企业

B. 连续盈利的企业

C. 销售成本率较低的服务类企业或者销售成本率趋同的传统行业企业

D. 拥有大量资产、净资产为正值的企业

9. 企业股权价值评估中，在测算折现率时往往会涉及 β 系数的测算，β 系数是衡量（　　）的指标。

A. 非系统风险　　B. 财务风险　　C. 行业风险　　D. 系统风险

10. 下列关于少数股权价值与控股权价值说法不正确的是（　　）。

A. 控股股东对公司具有控制权，能左右公司的重大经营决策

B. 相对于少数股权而言，控股权权益存在溢价

C. 相对于控股股权而言，少数股权权益存在折价

D. 控制权权益或少数股权权益，其价值等于股东全部权益价值乘以持股比例

11. 甲公司2021年的销售收入为4 000万元，净利润为500万元，利润留存率为60%，预计以后年度净利润和股利的增长率均为5%。甲公司的 β 系数为1.2，无风险利率为5%，市场平均股票的风险收益率为10%，则甲公司的本期市销率为（　　）。

A. 0.425　　B. 0.835　　C. 0.875　　D. 0.453

12. 某企业以购买股份的形式并购另一家企业时，评估对象是被并购企业的（　　）。

A. 实体价值　　B. 股权价值　　C. 净债务价值　　D. 清算价值

13. 已知无风险报酬率为3%，市场平均报酬率为9%，A 企业β系数为1.25，经专业人员测定 A 企业特定风险为2%，则 A 企业的股权资本成本为（　　）。

A. 11.5%　　B. 13.5%　　C. 12.5%　　D. 12%

14. 甲股票当前的市场价格是 40 元，最近一期每股收益 2 元，预期每股收益增长率为5%，则该股票的内在市盈率为（　　）。

A. 19.05　　B. 20　　C. 21　　D. 21.05

15. A 企业预计未来 4 年的预期股权自由现金流量为 100 万元、130 万元、150 万元、180 万元，第 5 年起股权现金流量将在第 4 年的水平上以 2% 的增长率保持增长，假定股权资本成本为 8%，则 A 企业的股权价值为（　　）万元。

A. 2 705　　B. 3 178　　C. 2 819　　D. 2 674

16. 企业资产总额 2 000 万元，其中长期负债与所有者权益的比例为 6 : 4，长期负债利息率为5%，评估时无风险利率为4%，社会平均报酬率为7%，该企业的风险与社会平均风险的比值为1.3，该企业所得税税率为25%，采用加权平均资本成本模型计算的折现率为（　　）。

A. 6.1%　　B. 5.41%　　C. 5%　　D. 7.41%

17. 已知 A 企业 2021 年净利润为500 万元，利息费用30 万元，折旧与摊销共计 35 万元，经营营运资本 62 万元，净经营长期资产增加 40 万元，2020 年经营营运资本为 41 万元，所得税税率为25%，不考虑其他因素对所得税的影响。则 A 企业 2021 年实体现金流量为（　　）万元。

A. 496.5　　B. 461.5　　C. 355.6　　D. 356.5

18. 采用相对估值模型评估企业价值时，下列有关指标说法错误的是（　　）。

A. 对于盈利易发生显著变动的周期性行业，较适合以盈利为基础的价值比率指标评估企业价值

B. 对于盈利易发生显著变动的周期性行业，除非能相对准确预测行业周期，才可使用盈利类指标评估企业的内在价值

C. 对于盈利相对稳定、周期性较弱的成熟行业，选择盈利比率相对较适合

D. 对于新兴行业，可以采用 PEG 等增长性指标，弥补 P/E 等对企业动态成长性估计的不足

19. 下列关于市销率模型说法错误的是（　　）。

A. 该模型适用于拥有大量净资产、资产为正值的企业价值评估

B. 目标公司每股价值 = 可比公司平均市净率 × 目标公司每股净资产

C. 该模型容易受到会计政策的影响

D. 该模型弥补了市盈率模型的缺陷，不仅适用于传统企业也同样适用于高科技企业

20. 下列关于企业估值的作用，说法错误的是（　　）。

A. 帮助投资者认识到公司存在的风险与真实价值，从而理性地做出投资决策

B. 帮助管理者进行有效的财务决策，提高管理效率，进行价值管理

C. 帮助债权人了解企业的偿债能力

D. 帮助并购双方合理定价，做出正确决策

14.3.2 多项选择题

1. 下列价值评估方法中，属于相对估值法的有（　　）。

A. 市场价值法　　B. 市盈率法　　C. 市销率法　　D. 市净率法

2. 股权现金流量的调整内容包括（　　）。

A. 调整经营现金流量　　B. 调整非现金支出

C. 调整资本性支出　　D. 调整营运资本支出

3. 根据现金流量折现模型进行企业价值评估，主要考虑的参数有（　　）。

A. 资本成本　　B. 净资产收益率

C. 总资产收益率　　D. 现金流量

4. 下列关于实体现金流量的说法中正确的有（　　）。

A. 实体现金流量是企业全部现金流入扣除付现成本费用和必要投资后的剩余部分

B. 实体现金流量不包括公司为债权人创造的现金流量

C. 实体现金流量对应的折现率口径是股权资本成本

D. 实体现金流量是公司在一定期间内为包括普通股股东、优先股股东和债权人在内的所有投资者创造的净现金流量

5. 下列关于预测期的表述中正确的有（　　）。

A. 预测的基期通常是预测工作的上一个年度

B. 如果上年财务数据具有可持续性，可以用上年实际数据作为基期数据

C. 如果上年数据不具有可持续性，应适当进行调整

D. 预测的时间范围涉及预测基期、详细预测期和后续期

6. 在永续增长模型下，下列公式正确的有（　　）。

A. 股权价值 = 实体价值 - 债务价值

B. 股权价值 = 下期股权现金流量/(股权资本成本 - 永续增长率)

C. 实体价值 = 下期实体现金流量/(加权平均资本成本 - 永续增长率)

D. 净债务价值 = 下期债务现金流量/(等风险债券的市场利率 - 永续增长率)

7. 下列选项中，有关实体现金流量与股权现金流量的对比说法正确的有（　　）。

A. 实体现金流量 = 股权现金流量 + 债权现金流量

B. 两者归属的资本投资者不同。实体现金流量归属于企业全部资本提供方，用于直接计算企业整体价值；而股权现金流量归属于企业权益资本提供方，用于直接计算股东全部权益价值

C. 实体现金流量是正数，股权现金流量肯定是正数

D. 实体现金流量对应折现率为加权平均资本成本，股权现金流量对应折现率为股权资本成本

8. 下列选项属于企业价值评估作用的有（　　）。

A. 有助于投资者认识到公司存在的风险和真实的价值，进行理性的决策

B. 有助于帮助投资者寻找市场中被低估的股票

C. 有助于管理者进行有效的财务决策，提高管理效率

D. 有助于管理者利用评估信息去评价管理效果

9. 企业价值评估与项目价值评估的不同点有（　　）。

A. 投资项目的寿命是有限的，企业的寿命是无限的

B. 它们的现金流分布有不同特征

C. 项目产生的现金流量属于投资人，但企业产生的现金流量仅在决策层决定分配时才会流向所有者

D. 项目的价值计量要使用风险概念，企业价值评估不使用风险概念

10. 甲企业以 20 亿元的价格买下了乙企业的全部股份，并承担了乙企业原有的 5 亿元债务，则下列说法正确的有（　　）。

A. 收购成本为 20 亿元　　B. 乙企业的实体价值是 25 亿元

C. 乙企业的股权价值是 25 亿元　　D. 乙企业的股权价值是 20 亿元

11. 在用相对估值模型对企业进行价值评估中，选择可比公司时应在下列（　　）方面尽可能与目标评估公司相似。

A. 资产规模　　B. 主营业务　　C. 资本结构　　D. 成长性

12. 下列不适合采用现金流量折现模型进行价值评估的公司有（　　）。

A. 有专利权的公司

B. 正在进行重组的公司

C. 经营持续稳定，未来现金流量预期为正值

D. 非上市公司

13. 利用可比企业市盈率估计企业价值的下列说法中，正确的有（　　）。

A. 它考虑了时间价值因素

B. 它能直观地反映投入和产出的关系

C. 它具有很高的综合性，涵盖了风险、增长率、股利支付率的影响

D. 目标公司的每股价值 = 可比公司平均市盈率 × 目标企业每股收益

14. 市盈率的关键驱动因素有（　　）。

A. 增长潜力　　B. 营业净利率　　C. 股权资本成本　　D. 股利支付率

15. 下列选项中属于现金流量折现模型的有（　　）。

A. 股利现金流量折现模型　　B. 股权现金流量折现模型

C. 实体现金流量折现模型　　D. 负债现金流量折现模型

14.3.3 判断题

1. 公司价值评估时，对财务业绩分析应以历史财务报表为依据，计算各种财务比率，不仅可以了解公司的财务状况和经营成果，也可以为财务预测提供依据。 ( )

2. 在对公司价值评估时，FCFF 模型、FCFE 模型均采用股权资本成本进行折现计算。 ( )

3. 与现金流量折现法相比，相对估价模型法不需要完整的财务信息，不需要进行财务预测，估价方法简单，易于被估价者接受。 ( )

4. 股权现金流量与会计政策无关。 ( )

5. 若对企业支付给债权投资者的利息金额进行折现，应采用税前债务资本成本。 ( )

6. 若评估基准日后被评估企业的实际资本结构虽与目标资本结构之间存在差异，但预计能在较短时间调整至目标资本结构的水平并维持，则可采用目标资本结构计算加权平均资本成本。 ( )

7. 资本性支出是企业用于维修固定资产的支出金额，资本性支出用于维持企业的生产以弥补固定资产等长期资产的损耗，或扩大生产追加投入。 ( )

8. 折旧和摊销属于非现金费用，在计算股权自由现金流量过程中，需要在净利润基础上加计折旧和摊销金额。 ( )

9. 控制权权益或少数股权权益，其价值等于股东全部权益价值乘以持股比例。 ( )

10. 企业在清算前提下的清算价值必然小于企业在持续经营前提下的价值。 ( )

11. 大多数企业并购时以购买股份的形式进行，评估时多以实体价值为对象。( )

12. 市场价值是指现时市场价值，它和内在价值都是企业公平市场价值的本质体现。 ( )

13. 企业的实体价值是全部资产的总体价值，它等于经营业务价值。 ( )

14. 在加权资本成本的计算中，资本权重应取决于企业未来的资本结构。 ( )

15. 对于成长期企业，如果暂时亏损但收入成长性较好，则不适合选择盈利类乘数，而应该选择收入类或资产类乘数。 ( )

14.3.4 计算分析题

1. A 公司长期资金共有 10 000 万元，其中债务资本为 4 000 万元，普通股资本为 4 000 万元，优先股资本为 2 000 万元。企业借入债务年利率为 5%，β 系数为 1.4，所得税税率为 25%，无风险报酬率为 3%，市场平均的风险报酬率为 10%，优先股的投资回报率为 12%。求该企业的加权平均资本成本。

2. K 公司是一家互联网企业，最近三年连续实现盈利，甲公司拟收购 K 公司，经调查 K 公司 2021 年的净利润为 5 000 万元。与 K 公司风险、收入、成本等各方面都类似的可比公司 2021 年的增长率为 10%，固定股利支付率政策下的股利支付率为 40%，股权资本成本为 15%，请运用市盈率模型对 K 公司进行估价？并分析该模型是否适用于 K 公司的估价？

3. 假设 A 企业在 20×1 年 12 月 31 日（评估基准日）的付息债务账面余额为 2 000 万元，20×2 年和 20×3 年没有偿还付息债务，20×4 年没有新借付息债务，20×1 年度 A 企业的营运资金为 26 420 万元，企业所得税税率为 25%，A 企业 20×2 ~ 20×4 年的预测情况如表 14-1 所示。

表 14-1　　A 企业 20×2 ~ 20×4 年的预测情况　　单位：万元

项　目	20×2 年	20×3 年	20×4 年
主营业务收入	138 800	160 090	180 910
净利润	9 110	10 930	13 100
利息费用	160	320	400
折旧	340	500	690
摊销	4	4	4
当期营运资金	31 920	36 820	41 610
资本性支出	3 396	1 053	1 019
付息债务的年末余额	4 000	5 000	2 000

根据上述已知条件，请计算 A 企业 20×2 ~ 20×4 年的实体现金流量、股权现金流量和债权现金流量，并把相应数据填写在表 14-2 中。

表 14-2　　企业 20×2 ~ 20×4 年的现金流量计算　　单位：万元

项　目		20×2 年	20×3 年	20×4 年
实体现金流量的计算过程	净利润			
	税后利息支出			
	折旧及摊销			
	营运资金增加额			
	资本性支出			
	实体现金流量			
债权现金流量的计算过程	税后利息支出			
	偿还付息债务本金			
	新借付息债务			
	债权现金流量			

续表

项　目		20×2 年	20×3 年	20×4 年
股权现金流量的计算过程	净利润			
	折旧及摊销			
	资本性支出			
	营运资金增加			
	偿还付息债务本金			
	新借付息债务			
	股权现金流量			

4. H 公司评估基准日所有者权益账面价值 2 000 万元，长期负债账面价值为 500 万元，流动负债账面价值为 1 000 万元，长期负债与流动负债的投资报酬率分别为 8% 和 5%，公司预计资本结构保持不变。评估人员预计未来 3 年的现金净流量分别为 120 万元、150 万元和 170 万元，第 4 年起现金净流量按 3% 的速度稳定增长，无风险报酬率为 4%，市场平均报酬率为 10%。可比上市公司调整后有财务杠杆 β 系数为 1.5，可比上市公司资产负债率为 0.5，H 公司的所得税税率为 25%，请计算该公司的整体价值。

5. F 公司未来 5 年的营业收入、各项成本费用、净营运资本、资本性支出、折旧等预测数据如表 14-3 所示。假设该公司永续期的现金流量将在未来第 5 年现金流量的基础上增长 5%，此后保持不变。公司目前没有付息债务，未来也不打算采用债务融资。截至评估基准日，该公司净营运资本账面余额为 16.3 亿元，尚有非经营性资产和溢余资产，市场价值分别为 13 亿元和 2 600 万元。如果无风险利率为 2.7%，市场风险溢价为 7.1%，β 系数为 0.8，请计算 F 公司股东权益市场价值。

表 14-3　　　　F 公司现金流量预测基础信息

项　目	第 1 年	第 2 年	第 3 年	第 4 年	第 5 年
营业收入（万元）	109 000	128 000	147 000	162 000	178 000
营业成本（万元）	81 750	92 160	105 840	113 400	124 600
销售费用（万元）	4 360	5 120	5 880	6 480	7 120
管理费用（万元）	6 540	7 680	8 820	9 720	10 680
税前利润（万元）	16 350	23 040	26 460	32 400	35 600
所得税税率（%）	25	25	25	25	25
折旧（万元）	1 200	1 200	800	500	500
净营运资本存量（万元）	17 440	20 480	23 520	25 920	28 480
资本性支出（万元）	300	300	600	300	300

14.3.5　案例分析题

甲公司是一家火力发电上市企业，公司目前发行在外的股票为 8 000 万股，2021 年 12

月 31 日每股市价 5 元。

（1）该公司 2021 年的财务报表数据如表 14－4 和表 14－5 所示。

表 14－4 **利润表** 单位：万元

项　目	2021 年
一、营业收入	50 000
减：营业成本	40 000
管理费用	1 000
财务费用（利息费用）	2 892
二、营业利润	6 108
加：营业外收入	220
减：营业外支出	100
三、利润总额	6 228
减：所得税费用（25%）	1 557
四、净利润	4 671

表 14－5 **资产负债表** 单位：万元

项目	金额	项目	金额
货币资金	750	应付账款	3 000
应收账款	4 000	长期借款	36 250
存货	2 250	股本（8 000 万股）	8 000
固定资产	41 250	未分配利润	1 000
资产合计	48 250	负债与股东权益合计	48 250

（2）对甲公司 2021 年度的财务数据进行修正，作为预测基期数据。甲公司货币资金中经营活动所需的货币资金数额为销售收入的 1%，应收款项、存货、固定资产均为经营性资产，应付款项均为自发性无息负债。营业外收入和营业外支出均为偶然项目，不具有持续性。

（3）预计甲公司 2022 年度的售电量将增长 2%，2023 年及以后年度售电量将稳定在 2022 年的水平不再增长，预计未来电价不变。

（4）预计甲公司 2022 年度的销售成本率可降至 75%，2023 年及以后年度销售成本率维持 75% 不变。

（5）管理费用、经营资产、经营负债与销售收入的百分比均可稳定在基期水平。

（6）甲公司目前的负债率较高，计划将资本结构（净负债/净投资资本）逐步调整到 65%，资本结构高于 65% 之前不分配股利，多余现金首先用于归还借款。企业采用剩余股利政策分配股利，未来不打算增发或回购股票。净负债的税前资本成本平均预计为 8%，以后年度将保持不变。财务费用按照期初净负债计算。

（7）甲公司适用的企业所得税税率为 25%，加权平均资本成本为 10%。

要求：

（1）编制修正后基期2021年及2022年、2023年的预计资产负债表和预计利润表（结果填入表14－6和表14－7中），并计算甲公司2022年度及2023年度的实体现金流量。

（2）计算甲公司2021年12月31日的实体价值和每股股权价值，判断甲公司的股价是被高估还是低估？

表14－6 **资产负债表** 单位：万元

项目	基期（修正）2021年末	2022年末	2023年末
经营营运资本			
净经营性长期资产			
净经营资产总计			
净负债			
股东权益合计			
净负债及股东权益总计			

表14－7 **利润表** 单位：万元

项目	基期（修正）2021年度	2022年度	2023年度
一、营业收入			
减：营业成本			
管理费用			
二、税前营业利润			
减：经营利润所得税			
三、税后经营净利润			
利息费用			
减：利息费用抵税			
四、税后利息费用			
五、净利润合计			

第 15 章　价值管理

15.1　导　学

15.1.1　本章思维导图

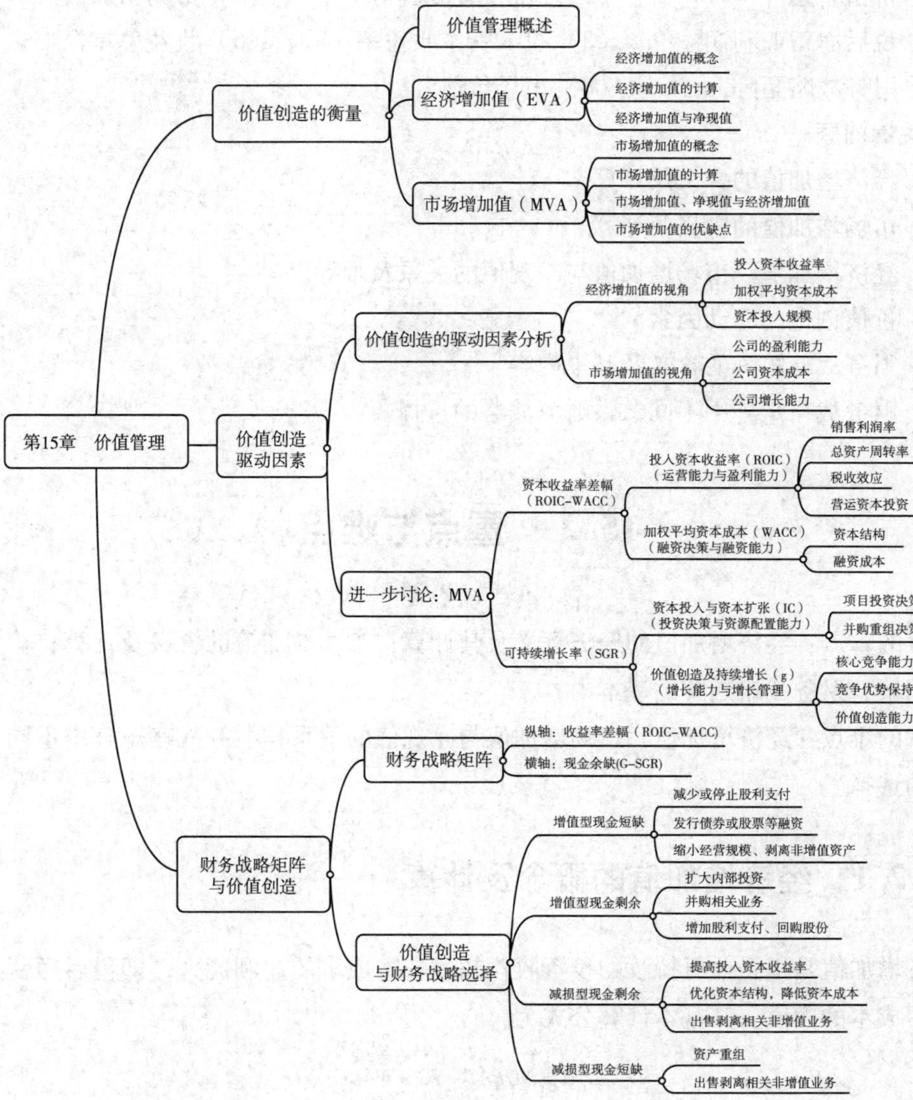

15.1.2 学习目标与要求

通过本章学习，学生应该掌握经济增加值的经济意义、基本模型的计量；了解计算经济增加值时的主要调整项目和调整方法；掌握经济增加值、市场增加值的计算；理解经济增加值、市场增加值与净现值之间的关系；掌握企业价值创造的关键驱动因素；掌握财务战略矩阵的基本内容；会利用财务战略矩阵对企业财务战略进行选择。

15.1.3 预习要点

1. 主要概念

（1）价值管理　（2）经济增加值　（3）市场增加值
（4）税后净营业利润　（5）投入资本收益率　（6）收益率差幅
（7）财务战略矩阵　（8）市场价值

2. 关键问题

（1）经济增加值的含义及计算。
（2）市场增加值的含义及计算。
（3）经济增加值、市场增加值与净现值的关系及推导。
（4）价值创造的驱动因素。
（5）财务战略矩阵的含义及基本内容。
（6）财务战略矩阵中不同象限财务战略的选择。

15.2 重点与难点

本章的重点：经济增加值的经济意义及其计算；市场增加值的含义及计算；价值创造的驱动因素；财务战略矩阵的基本内容。

本章的难点：经济增加值、市场增加值与净现值的关系；财务战略矩阵中不同象限财务战略的选择。

15.2.1 经济增加值的概念及计算

经济增加值是指企业可持续的投资收益超过资本成本的盈利能力，即税后净营业利润大于资本成本的净值。其基本计算公式为：

$$EVA = NOPAT - IC \times WACC$$

其中：IC 为投入资本；$NOPAT$ 为税后净营业利润，其计算公式为 $NOPAT = EBIT \times (1 - T)$，$T$ 为所得税税率；$WACC$ 是加权平均资本成本。$NOPAT$ 与 IC 的比值即为投入资本收益率（$ROIC$），因此，上式可以变为：

$$
\begin{aligned}
EVA &= \left(IC \times \frac{NOPAT}{IC}\right) - IC \times WACC \\
&= IC \times (ROIC - WACC)
\end{aligned}
$$

$ROIC - WACC$ 是收益率差幅。当 $ROIC - WACC > 0$ 时可以创造价值，当 $ROIC - WACC < 0$ 时会损害价值。因此，公司管理的目标不是预期收益率最大，而是预期的收益率差幅最大。

15.2.2　经济增加值的简化计算

1. 经济增加值的计算公式

$$
\begin{aligned}
\text{经济增加值} &= \text{税后净营业利润} - \text{资本成本} \\
&= \text{税后净营业利润} - \text{调整后资本} \times \text{加权平均资本成本}
\end{aligned}
$$

式中：

$$\text{税后净营业利润} = \text{净利润} + (\text{利息支出} + \text{研究开发费用调整项}) \times (1 - T)$$

$$\text{调整后投入资本} = \text{平均所有者权益} + \text{平均带息负债} - \text{平均在建工程}$$

$$
\begin{aligned}
\text{加权平均资本成本} = &\ \text{债务资本成本率} \times \frac{\text{平均带息负债}}{\text{平均带息负债} + \text{平均所有者权益}} \times (1 - T) \\
&+ \text{股权资本成本率} \times \frac{\text{平均所有者权益}}{\text{平均带息负债} + \text{平均所有者权益}}
\end{aligned}
$$

2. 会计调整项目说明

会计调整项目主要涉及利息支出、研究开发费用、在建工程等，对于承担关键核心技术攻关任务的企业可以按照 100% 的比例，在计算税后净营业利润时予以加回，勘探投入费用较大的企业可将其成本费用中的“勘探费用”视同研究开发费用调整项予以加回。其他调整项目详见主教材第 15 章相关内容和 2019 年国资委颁布的考核标准。

15.2.3　经济增加值与净现值

对于公司的投资项目来说，当公司投资项目的净现值大于 0 时，将会带来公司价值的增加；当公司投资于净现值小于 0 的项目时，将会损害公司价值。因此，项目净现值是项目生命周期内所追加的经济增加值的现值。两者之间的关系可以用下式来表示：

$$NPV = \sum_{t=1}^{n} \frac{EVA_t}{(1 + WACC)^t}$$

15.2.4 市场增加值的概念及计算

市场增加值（*MVA*）是一家上市公司的股票市场价值与这家公司的股票与债务调整后的账面价值之间的差额。可以认为是公司在 t 时点的变现价值（债务与股权价值之和）MV_t 与原投入资本账面价值 BV_t 之间的差额。用公式表示如下：

$$MVA_t = MV_t - BV_t$$

如果 *MVA* 大于 0，说明为投资者创造了价值。如果 *MVA* 小于 0，则表明损害了投资者的价值。因此，公司管理的目标是市场增加值最大，而不是市场价值最大，因为市场价值只反映了公司在资本市场中的价值定位，而没有考虑公司的资本占用。

15.2.5 市场增加值、净现值与经济增加值

在理性的资本市场中，公司所有投资项目未来预期现金流量（即公司自由现金流量 *FCF*）的现值之和等于公司投入资本的市场价值。因此，接受净现值大于零的投资项目意味着 *MVA* 的增加，该项目对公司 *MVA* 贡献的大小就是该项目的净现值。因此，公司市场价值可写为：

$$MV = IC_0 + \sum_{t=0}^{\infty} \frac{FCF_t}{(1 + WACC)^t} = IC_0 + \sum_{t=0}^{\infty} \frac{EVA_t}{(1 + WACC)^t}$$

式中，公司市场价值等于初始投入资本账面价值加上所有未来 *EVA* 的现值。结合经济增加值和净现值的关系以及市场增加值的计算公式，市场增加值的计算公式可以重新表述如下：

$$MVA_0 = MV - IC_0 = \sum_{t=1}^{\infty} \frac{EVA_t}{(1 + WACC)^t}$$

上式描述了市场增加值和经济增加值之间的关系：市场增加值等于未来经济增加值的折现值，也就是说 *MVA* 是市场对公司获取未来 *EVA* 能力的预期反映。创造的经济增加值越多，市场增加值就越多，也就能为股东创造更多的财富。

NPV、*EVA* 和 *MVA* 之间的关系可以表述为：*EVA* 是公司价值创造的内在动力，*MVA* 是公司价值的外在市场表现，*NPV* 则是实现公司价值最大化的微观基础。

15.2.6 价值创造的驱动因素分析

EVA 的驱动因素主要包括投入资本收益率、资本成本和投入资本。在其他因素不变的情况下，通过提高投入资本收益率（*ROIC*）、降低资本成本（*WACC*）、增加资本投入（假

设新投资的 *ROIC* 大于 *WACC*）或减少资本投入（假设被剥离资产的投资收益率小于资本成本）时，就会增加 *EVA*，为股东创造价值。

从 *MVA* 的角度来看，一家公司创造价值的能力本质上是由三个关键因素共同驱动的：公司的经营盈利能力，用投入资本收益率衡量；公司资本成本；公司的增长能力。

ROIC 进一步进行分解可以得到下式：

$$ROIC = \frac{EBIT}{\text{营业收入}} \times \frac{\text{营业收入}}{\text{投入资本}} \times (1 - \text{所得税税率})$$
$$= \text{营业利润率} \times \text{资本周转率} \times (1 - \text{所得税税率})$$

可以看出，税后的 *ROIC* 受税率的影响。因此，提高销售利润率、加速资本周转（加速收款、减少存货）、降低税率可以为公司价值创造做贡献。

15.2.7 财务战略矩阵与价值创造

1. 财务战略矩阵

财务战略矩阵是把价值创造（投入资本收益率 - 加权平均资本成本）和现金余缺（营业收入增长率 - 可持续增长率）联系起来，可以作为评价和制定战略的分析工具。

财务战略矩阵的纵坐标是一个业务单位的投入资本收益率与其资本成本的差额，即经济增加值。如果经济增加值大于零，说明公司创造了价值；如果经济增加值小于零，说明公司价值会减损。

财务战略矩阵的横坐标是营业收入增长率与可持续增长率的差额，以衡量公司的资源消耗水平。当营业收入增长率超过可持续增长率，说明公司现金短缺；反之，意味着公司拥有剩余现金。

2. 价值创造与财务战略选择

其一，增值型现金短缺的财务战略选择。在主教材图 15 - 2 的第一象限中，投入资本收益率大于 0，销售增长率大于可持续增长率。该象限业务能够带来公司价值增值，然而其产生的现金流量不足以支持业务增长，会遇到现金短缺的问题。采取的财务战略选择有：第一，筹措资金，减少或停止支付股利，发行股票或债券满足增长需要；第二，缩小经营规模，使公司的可持续增长率与销售增长率相平衡。

其二，增值型现金剩余的财务战略选择。在主教材图 15 - 2 的第二象限中，经济增加值大于 0，销售增长率小于可持续增长率。该象限业务预期现金流量足以满足自身发展需求并有盈余现金，此时公司需要解决的核心问题是如何管理盈余现金来实现迅速增长，使增长率接近可持续增长率。可以采取以下财务战略：第一，加速增长，内部投资，收购相关业务；第二，分配剩余现金，增加股利支付，回购股份。

其三，减损型现金剩余的财务战略选择。在主教材图 15 - 2 的第三象限中，经济增加值小于 0，营业收入增长率小于可持续增长率。该业务能够产生足够的现金流来支持其自身发展，但该业务的增长反而会降低公司的价值。财务战略应为：首先，通过提高资产周转率和销售利润率来提高投入资本收益率；其次，优化资本结构，降低资本成本；最后，如果通过前面的战略无法扭转价值减损状态，则应当出售该业务单元。

其四，减损型现金短缺的财务战略选择。在主教材图 15－2 的第四象限中，经济增加值小于0，营业收入增长率大于可持续增长率。该象限业务既无法为公司增值，又不能支持其自身发展，并且会由于增长缓慢遇到现金短缺问题。采取的财务战略应为：对业务进行彻底重组；出售。

15.3 习题与案例

15.3.1 单项选择题

1. 计算税后净营业利润（*NOPAT*）是计算 *EVA* 的重要因素，*NOPAT* 的计算公式为（　　）。

A. *NOPAT*＝息税前利润＋利息费用×(1－所得税税率)

B. *NOPAT*＝净利润＋利息费用×(1－所得税税率)

C. *NOPAT*＝净利润－利息费用×(1－所得税税率)

D. *NOPAT*＝利润总额＋利息费用×(1－所得税税率)

2. 以下说法错误的是（　　）。

A. 当收益率差幅为正值时可以创造价值

B. 当收益率差幅为负值时会损害价值

C. 公司管理的目标预期的收益率差幅最大

D. 公司管理的目标是预期收益率最大

3. 营运资本管理对价值创造的贡献主要是（　　）。

A. 降低资本成本　　B. 降低财务风险

C. 提高资产管理效率或加速资本周转　　D. 发现具有正净现值的投资机会

4. 在 *EVA* 的计算中，投入资本总额是指投资者投入公司资本的账面价值，包括债务资本和股权资本，其中债务资本是指（　　）。

A. 商业信用负债　　B. 应付账款　　C. 其他应付款　　D. 短期和长期贷款

5. 根据财务战略矩阵理论，处于第二象限的业务单元是（　　）。

A. 收益率差幅和增长率差幅均小于零

B. 收益率差幅大于零，增长率差幅小于零

C. 收益率差幅小于零，增长率差幅大于零

D. 收益率差幅和增长率差幅均大于零

6. 在财务战略矩阵中，处于第一象限的业务会出现（　　）的问题。

A. 现金短缺　　B. 现金充足　　C. 低利润率　　D. 缺乏核心竞争力

7. 在财务战略矩阵中，处于第四象限的业务应当采取（　　）的战略。

A. 筹措资金，减少或停止支付股利

B. 加速增长，内部投资，收购相关业务

C. 通过提高资产周转率和销售利润率来提高投入资本收益率

D. 彻底重组、出售

8. 当公司投资项目的净现值大于0时，则（　　）。

A. 公司价值增加　B. 公司价值减少　C. 公司净利润增加　D. 公司净利润减少

9. 下列关于市场增加值的缺点说法错误的是（　　）。

A. 只有上市公司才有比较公平的市场价格

B. 非上市公司的市值估计往往是不可靠的

C. 非上市公司限制了市场增加值的应用

D. 可以计算公司下属部门的经济增加值

10. *EVA* 的驱动因素不包括（　　）。

A. 投入资本收益率　B. 资本成本　C. 投入资本　D. 税率

11. 当公司预期的 *ROIC* 超过估计的 *WACC* 时，（　　）。

A. *MVA* 为正　B. *MVA* 为负

C. 公司价值受到损害　D. 公司价值不变

12. 以下（　　）不能够为企业价值创造做出贡献。

A. 加速资本周转　B. 提高销售利润率　C. 计提折旧　D. 降低税率

13. 关于市场增加值，下列说法错误的是（　　）。

A. 市场增加值是上市公司的股票市场价值与股票和债务调整后的账面价值之间的差

B. 市场增加值是公司所有资本通过股市累计为其投资者创造的财富

C. 市场增加值是公司市值与累计资本投入之间的差额

D. 如果市场增加值大于0，说明损害了投资者价值

14. A公司2021年营业收入额为200万元，营业费用占营业收入的70%，折旧额为50万元，所得税税率为25%，那么该企业2021年的税后净营业利润（*NOPAT*）是（　　）万元。

A. 7.5　B. 6.5　C. 10.5　D. 8.5

15. 如果甲公司2021年税后净营业利润为8.5万元，*WACC* 为10%，投入资本为100万元，那么该企业的 *EVA* 为（　　）万元。

A. −1　B. −1.5　C. −3　D. −4.5

16. 如果某公司有一投资项目连续4年的 *EVA* 分别为40万元、45万元、55万元、50万元，*WACC* 为10%，那么这一投资项目的净现值为（　　）万元。

A. 100　B. 200　C. 149.02　D. 300

17. 从市场增加值的角度来看，（　　）不是公司创造价值的关键驱动因素。

A. 盈利能力　B. 资本成本　C. 增长能力　D. 投入资本

18. A公司营业收入增长率为7%，*WACC*为13%，*ROIC*为10%，资本投入为200万元，那么该公司*MVA*为（　　）万元。

A. 100　　B. 50　　C. -50　　D. -100

19. 如果第18题中的*ROIC*为13%，*WACC*为10%，那么该公司的*MVA*是（　　）万元。

A. 200　　B. 50　　C. -50　　D. -100

20. B公司一投资项目第1年末*EVA*为18万元，第2年末为66万元，*WACC*为10%，那么该项目的*MVA*是（　　）万元。

A. 70.90　　B. 100　　C. 200　　D. 90

15.3.2　多项选择题

1. 衡量企业价值创造的指标有（　　）。

A. 经济增加值　　B. 市场增加值　　C. 市场价值　　D. 投入资本

2. 根据经济增加值的一般理论，在计算*EVA*时涉及的主要调整项目有（　　）。

A. 研发费用　　B. 利息支出　　C. 在建工程　　D. 勘探费用

E. 带息负债

3. 财务战略矩阵是通过两维的参数综合分析公司价值增长程度的工具，这两维分别是（　　）。

A. *ROIC*与*WACC*的差幅

B. 营业收入增长率与可持续增长率之间的差幅

C. *ROA*与*WACC*之间的差幅

D. 销售增长率与利润增长率之间的差幅

E. *ROIC*与销售增长率之间的差幅

4. 下列（　　）措施可以增加*EVA*，为股东创造价值。

A. 提高投入资本收益率（*ROIC*）

B. 降低资本成本（*WACC*）

C. 增加资本投入（假设新投资的*ROIC*大于*WACC*）

D. 减少资本投入（假设被剥离资产的*ROIC*小于*WACC*）

E. 减少资产负债率

5. 在计算*EVA*时，需要对经营利润和投入资本进行一定的调整，其目的在于（　　）。

A. 减少会计造假的机会

B. 消除会计稳健性原则的影响

C. 消除或减少管理当局进行盈余管理的机会

D. 使业绩计量免受过去会计计量误差的影响

E. 关注会计信息的及时性

6. 根据财务战略矩阵理论，当业务单元处于第一象限时，可供选择的财务战略包括（　　）。

A. 通过现金股利或者股票回购的方式将多余的现金返还给股东

B. 将多余的现金投资于现有的业务单元

C. 全面退出该业务

D. 筹措资金，满足销售增长的需要

E. 减小经营规模，使公司的可持续增长率与销售增长率相平衡

7. 如果以 *EVA* 作为关键业绩指标，则价值驱动因素包括（　　）。

A. 投入资本　　B. 税后净经营利润

C. 资本成本　　D. 权益乘数

E. 总资产周转率

8. 下列关于 *NPV*、*MVA* 和 *EVA* 三者之间的关系，说法正确的有（　　）。

A. *EVA* 是公司价值创造的内在动力

B. *MVA* 是公司价值的外在市场表现

C. *NPV* 是实现公司价值最大化的微观基础

D. *EVA* 是公司价值创造的外在动力

E. *MVA* 是公司价值的内在市场表现

9. 在计算 *EVA* 时，关于资本成本率的确定，下列说法正确的有（　　）。

A. 对主业处于充分竞争行业和领域的商业类企业，股权资本成本率原则上定为6.5%

B. 对主业处于关系国家安全、国民经济命脉的重要行业和关键领域、主要承担重大专项任务的商业类企业，股权资本成本率原则上定为5.5%

C. 对公益类企业股权资本成本率原则上定为4.5%

D. 对军工、电力、农业等资产通用性较差的企业，股权资本成本率下浮0.5%

E. 资产负债率高于上年且在65%（含）~70%的科研技术企业、70%（含）~75%的工业企业或75%（含）~80%的非工业企业，平均资本成本率上浮2%

10. 下列关于市场增加值的说法正确的有（　　）。

A. 市场增加值是公司所有资本通过股市累计为其投资者创造的财富

B. 如果 *MVA* 大于0，说明为投资者创造了价值

C. 如果 *MVA* 小于0，则表明损害了投资者的价值

D. 公司管理的目标是市场增加值最大，而不是市场价值最大

E. 公司管理的目标是市场价值最大，而不是市场增加值最大

11. 下列（　　）措施可以为价值创造做贡献。

A. 提高销售利润率　B. 加速资本周转　C. 降低税率　D. 增加投入资本

E. 延长竞争优势期

12. 根据财务战略矩阵理论，当业务单元处于第二象限时，可供选择的财务战略包括（　　）。

A. 加速增长　B. 收购相关业务　C. 分配剩余现金　D. 增加股利支付

E. 回购股份

13. 关于经济增加值的说法正确的有（　）。

A. 经济增加值与股东财富的创造没有联系

B. 能更真实地反映公司投入资本的价值创造能力

C. 采用会计利润进行财务决策

D. 考虑了包含债务资本和股权资本在内的所有资本的成本

14. 下列关于计算经济增加值的有关调整项目的说法中，正确的有（　）。

A. 研究开发费用调整项是指企业财务报表中“期间费用”项下的“研发费用”和当期确认为无形资产的开发支出

B. 对于承担关键核心技术攻关任务而影响当期损益的研发投入可以按照100%的比例在计算税后净营业利润时予以加回

C. 对于勘探投入费用较大的企业，经国资委认定后，可将其成本费用情况表中的“勘探费用”视同研究开发费用调整项予以扣除

D. 企业经营业务主要在国（境）外的，25%的企业所得税税率可予以调整

15. 下列有关简化的经济增加值的公式，正确的有（　）。

A. 经济增加值 = 税后净营业利润 − 资本成本

B. 税后净营业利润 = 净利润 + 税后利息费用

C. 资本成本 = 调整后资本 × 平均资本成本率

D. 调整后资本 = 平均总资产 − 平均经营流动负债 − 平均在建工程

16. 关于市场增加值的说法，不正确的有（　）。

A. 市场增加值是评价公司创造财富的准确方法

B. 市场增加值不能反映公司的风险

C. 市场增加值不仅可以用来直接比较不同行业的公司，甚至可以直接比较不同国家公司的业绩

D. 所有公司都可以计算市场增加值

17. 下列关于经济增加值的说法中，正确的有（　）。

A. 经济增加值是税后净营业利润扣除全部投入资本的成本后的剩余收益

B. 经济增加值为正表示经营者为股东创造了价值

C. 计算经济增加值使用的资本成本应随资本市场变化而调整

D. 项目投资期内经济增加值的现值之和等于项目净现值

18. 下列关于市场增加值的说法中，正确的有（　）。

A. 市场增加值是总市值和总资本之间的差额

B. 公司创建以来的累计市场增加值，根据当前的总市值减去累计投入资本的当前价值来计算

C. 上市公司的股权价值，可以用每股价格和总股数估计

D. 如果把一家公司看成是众多投资项目的集合，则市场增加值就是所有项目净现值的合计金额

19. 甲企业利用财务战略矩阵作为评价和制定战略的分析工具，甲企业相关财务数据如下：销售增长率为 10%，可持续增长率为 11%，投入资本收益率为 4%，资本成本为 3%。则甲企业应选择的财务战略为（　　）。

A. 内部投资　　B. 增加借款　　C. 出售　　D. 回购股份

20. 下列关于企业财务战略矩阵分析的表述中，正确的有（　　）。

A. 对增值型现金短缺业务单位，应首先选择提高可持续增长率

B. 对增值型现金剩余业务单位，应首先选择提高投资资本回报

C. 对减损型现金剩余业务单位，应首先选择提高投资资本回报

D. 对减损型现金短缺业务单位，应首先选择提高可持续增长率

15.3.3　判断题

1. 公司价值的创造来自存量资产创造的价值和公司未来增长机会创造的价值。（　　）

2. 用经济增加值进行会计调整时需要将研发费用在费用发生当期全部冲减利润。（　　）

3. 经济增加值是扣除全部股权资本成本后的收益，反映了使用全部股权资本的机会成本。（　　）

4. *ROIC* - *WACC* 被称作收益率差，正的收益率差创造价值，负的收益率差损害价值。（　　）

5. 从本质上说，经济增加值是公司价值实现的内在动力，市场增加值是公司价值的外在市场表现，净现值是公司价值实现的微观决策标准。（　　）

6. 财务管理对公司价值创造的贡献是投资决策、融资决策和营运资本管理的共同结果。（　　）

7. 计算 *EVA* 时，应当将准备金账户余额的当期变化加入资本总额，同时将各种准备金余额加入税后净经营利润。（　　）

8. *NPV* 是实现公司价值最大化的微观基础。（　　）

9. 在计算 *EVA* 时，对军工、电力、农业等资产通用性较差的企业，股权资本成本率下浮 0.5 个百分点。（　　）

10. 在财务战略矩阵的第一象限中，投入资本收益率大于零，销售增长率大于可持续增长率。（　　）

11. 减损型现金剩余的主要问题是低利润率，简单地加速增长很可能有害而无益。（　　）

12. 公司价值仅取决于资本层面。（　　）

13. 公司的存量资本和公司未来的增长机会都会给公司创造价值。（　　）

14. 在 *NOPAT* 的计算中不需要考虑所得税对调整项目的影响。（　　）

15. 经济增加值不仅可以衡量价值创造，也可以用于辅助企业的管理决策。（　　）

16. 经济增加值仅仅适用于国资委管理的中央企业。（　　）

17. 计算 *EVA* 时调整研发费用的目的是鼓励经营者重视研发方面的投入。（　　）

18. *MVA* 的大小反映了公司为投资者创造的价值大小，负数表示损害价值。（　　）

19. 市场增加值大于未来经济增加值的折现值。（　　）

20. 财务战略矩阵第四象限中经济增加值小于0，营业收入增长率大于可持续增长率。（　　）

15.3.4　计算分析题

1. 某公司有A和B两个部门，公司要求的税前投资报酬率为11%。有关数据如表15－1所示。

表15－1　　某公司经营数据

项　目	A部门	B部门
税前经营利润（元）	108 000	90 000
所得税（税率25%，元）	27 000	22 500
税后净营业利润（元）	81 000	67 500
平均经营资产（元）	900 000	600 000
平均经营负债（元）	50 000	40 000
部门要求的税前投资报酬率（%）	10	12

假设所得税税率25%，加权平均税前资本成本（公司要求的税前投资报酬率）为11%，并假设没有需要调整的项目。要求：

（1）计算两个部门的经济增加值。

（2）B部门面临以下两种情况，如果以经济增加值作为业绩评价指标，对于B部门所面临的投资项目，B部门经理应如何选择？情况一：B部门经理面临一个税前投资报酬率为13%的投资机会，投资额为100 000元，该投资给部门带来的税前营业利润为13 000元。情况二：假设B部门现有一项资产价值为50 000元，每年带来的税前营业利润为6 500元，税前报酬率为13%。

2. 甲公司是一家国有控股上市公司，采用经济增加值作为业绩评价指标，目前，控股股东正对甲公司2020年度的经营业绩进行评价，相关资料如下。

（1）甲公司2019年末和2020年末资产负债表如表15－2所示。

表 15－2　　甲公司资产负债表　　单位：万元

项目	2020 年末	2019 年末	项目	2020 年末	2019 年末
货币资金	405	420	应付账款	1 350	1 165
应收票据	100	95	应付职工薪酬	35	30
应收账款	2 050	2 040	应交税费	100	140
其他应收款	330	325	其他应付款	140	95
存货	2 300	2 550	长期借款	2 500	2 500
固定资产	4 600	4 250	优先股	1 200	1 200
在建工程	2 240	1 350	普通股	5 000	5 000
			留存收益	1 700	900
合计	12 025	11 030	合计	12 025	11 030

（2）甲公司 2020 年度利润相关资料如表 15－3 所示。

表 15－3　　甲公司利润表　　单位：万元

项目	2020 年度
管理费用	1 950
其中：研究与开发费	360
财务费用	220
其中：利息支出	200
营业外收入	400
净利润	1 155

（3）甲公司 2020 年的营业外收入均为非经常性收益。

（4）甲公司长期借款还有 3 年到期，年利率为 8%，优先股 12 万股，每股面额 100 元，票面股息率为 10%，普通股 β 系数为 1.2。

（5）无风险报酬率为 3%，市场组合的必要收益率为 13%，公司所得税税率为 25%。

要求：

（1）以账面价值平均值为权数计算甲公司的加权平均资本成本。

（2）计算 2020 年甲公司调整后税后净营业利润、调整后资本和经济增加值。（注：除平均资本成本率按要求（1）计算的加权平均资本成本外，其余按国务院国有资产监督管理委员会 2019 年开始施行的《中央公司负责人经营业绩考核暂行办法》的相关规定计算）。

15.3.5　案例分析题

1. 现有 A、B、C、D 四家上市公司，每家的具体财务数据如表 15－4 所示。

表 15－4　　四家公司财务数据　　单位：%

公司	销售收入增长率	*ROIC*	*ROE*	*WACC*	股利分配率
A. 运输	8	8	12	10	50
B. 餐饮	15	15	20	12	40
C. 食品	7	8	12	9	25
D. 家用电器	4	13	15	11	60

要求：

（1）根据上述财务数据计算并分析各家公司在财务战略矩阵中的位置。

（2）根据每家公司所处的位置，给出各家公司应该采取的措施建议。

2. 现有一家上市公司2020年销售收入为2 500万元，销售净利率为18%，投入资本为1 500万元，公司无负债，股权资本成本为10%。为增加收入，公司正在考虑以下两个方案：

（1）开发新产品扩大销售：开发一新产品，根据市场预测，新产品的引入会使销售收入提高15%，该产品的销售净利率为18%，需要通过新增投资500万元（资金通过新发行股票筹集），资本成本上升为12%。

（2）改善采购：拟通过改善采购流程、节约成本等措施，使销售净利率上升到21%，但同时要投入资本150万元。

根据上述资料，通过计算两种方案的经济增加值回答该公司应该采取哪种方案（不考虑所得税）。

3. 自经济增加值的概念由美国思腾思特（Stern & Stewart）咨询公司提出以来，许多大公司开始采用经济增加值体系作为下属业务单元业绩评估和经营者奖励的依据。2009年国务院国资委发布的《中央企业负责人经营业绩考核暂行办法》中开始采用经济增加值指标对中央企业负责人进行考核，此后经过不断的实践与完善，2019年3月国务院国资委正式印发《中央企业负责人经营业绩考核办法》，办法规定应根据国有资本的战略定位和发展目标，结合企业实际，对不同功能和类别的企业，实施分类考核。其中，经济增加值是最重要的考核指标之一。搜集相关资料阅读并思考，谈谈采用经济增加值指标（相对利润指标）考核管理者经营业绩的作用是什么。

参考答案

第1章

1.3.1 单项选择题

1. D	2. B	3. C	4. B	5. A	6. D	7. A	8. B	9. D	10. C
11. C	12. A	13. B	14. A	15. D	16. C	17. A	18. C	19. B	20. D

1.3.2 多项选择题

1. ABCD	2. ABC	3. BCD	4. ABCD	5. BC	6. CD	7. ACD
8. ABC	9. BCD	10. ABCD	11. CD	12. ABCD	13. AB	14. ABCD
15. ABD	16. ABC	17. ABC	18. CD	19. AB	20. ABD	21. ABCD
22. ABCD	23. AC					

1.3.3 判断题

1. √	2. ×	3. √	4. ×	5. √	6. √	7. ×	8. ×	9. √	10. √
11. √	12. ×	13. ×	14. √	15. ×	16. ×	17. ×	18. ×	19. √	20. √

1.3.4 案例分析题

1. 财务总监应具备与之相匹配的专业胜任能力。胜任能力指在特定的组织环境、工作岗位与企业文化中取得突出成绩者所拥有的、能够客观衡量其个人特质的能力，包括完成工作所需的专业知识、工作能力和性格特质。

（1）知识要素——知识的高度与宽度：财务总监除了应该具备传统的财务、会计基础性知识外，如预算管理、成本管理、财务分析、投融资管理、绩效管理、风险管理、税务筹划等，其知识还应更具有战略性和综合性。战略性强调了财务总监应该掌握知识的高度，综合性体现了财务总监所掌握知识的宽度。

（2）技能要素——知识转化能力：财务总监应具备战略规划与决策能力、价值管理能力、资本运营能力、风险管理能力、税务筹划能力。除此之外，还需要具有数据决策服务能力、赋能与跨组织协同能力、会计信息系统顶层设计能力、持续的创新和学习能力。

（3）特质要素——区别卓有成就工作者与一般工作者的深层特征：财务总监的职业道德（诚信、客观、公正）、职业思维与理念（政治站位、大局意识；战略高度的职业敏感性；社会责任感与可持续发展；共享理念、业财融合）。

2. 从传统工业化社会分工条件下形成的独资企业、合伙企业到公司制企业形式的单体企业、价值链企业、企业集团，再到新兴信息技术变革背景下虚拟型组织、智慧型组织和共生型组织等，这些创新型组织形态的出现及运行机制的演变，与内外部环境、时代变迁具有很强的契合性。新技术环境、新经济时代背景下财务管理的主体、客体、目标、体制、对象、价值创造方式和信息也在发生变革，传统单体企业或企业集团单一的股权控制思维、传统价值链财务管理的线性思维已不再适用，财务管理理论与方法亟须因时而变，不断与内部和外部环境契合。

注：建议参阅以下文献：谢志华，许诺，程恺之. 组织变革对企业财务管理目标的影响［J］. 财会月刊，2020（1）：4－17；李海舰，李燕. 企业组织形态演进研究——从工业经济时代到智能经济时代［J］. 经济管理，2019，49（10）：22－36；汤谷良，张守文. 企业高质量发展要求与财务管理转型方向［J］. 财会月刊，2021（20）：24－29等。

3. 选择好感兴趣的上市公司，根据案例分析报告的内容要求查阅公司资料，以及相关知识点文献资料，在综合分析的基础上，完成报告撰写。

第2章

2.3.1 单项选择题

1. A	2. C	3	4. A	5. D	6. B	7. A	8. C	9. A	10. B
11. B	12. B	13. D	14. C	15. B	16. C	17. B	18. B	19. B	20. C

2.3.2 多项选择题

1. ABCD	2. BC	3. BC	4. CD	5. ACD	6. ABD	7. ABC
8. ABC	9. BD	10. AC	11. ABCD	12. ACD	13. AD	14. ABE
15. ABDE	16. ABDE	17. CE	18. ABD	19. ABCD	20. BC	

2.3.3 判断题

1. ×	2. √	3. √	4. √	5. ×	6. ×	7. ×	8. √	9. √	10. √
11. ×	12. √	13. ×	14. ×	15. √	16. √	17. √	18. ×	19. √	20. √

2.3.4 计算分析题

1. 根据题中信息，可以用现值判断。

方案1的现值：$PV_1 = 120$（万元）

方案2的现值：$PV_2 = 30 \times (P/A, 7\%, 5) \times (1 + 7\%) = 131.616$（万元）

或：$PV_2 = 30 + 30(P/A, 7\%, 4) = 131.616$（万元）

因此，应选择现在一次性付120万元。

2. 根据题目信息可知：$100\ 700 = 20\ 000 \times (P/A, 10\%, n)$

查年金现值系数表得 $n = 8$，所以需要8年才能还清借款本息。

3. 假设第8年末李先生要存 X 元，由题中信息可得：

$1\ 000 \times (1 + 6\%)^7 + 4\ 000 \times (1 + 6\%)^5 + X = 10\ 000$

$X = 3\ 143.60$（元）

所以，第8年末李先生要存3 053.23元。

4. 由题中信息可知，总的期限为8年，由于后5年每年初有流量，即在第4～8年的每年初也就是第3～7年的每年末有流量，与普通年金相比，少了第1年末和第2年末的两期，递延期为2。因此：

该年金现值 $= 500 \times (P/A, 10\%, 5) \times (P/F, 10\%, 2) = 500 \times 3.7908 \times 0.8264 = 1\ 566.36$（万元）

5. 每年投资人至少应收回投资额 $= 1\ 000 \div [(P/A, 10\%, 5) \times (P/F, 10\%, 2)] = 319.21$（万元）

6. A公司租金的现值 $= 1\ 500 \times (P/A, 10\%, 10) = 1\ 500 \times 6.145 = 9\ 217.50$（元）

B 公司租金的现值 $=1\ 400\times[(P/A,10\%,10-1)+1]=1\ 400\times6.759=9\ 462.60$（元）

C 公司租金的现值 $=2\ 000\times(P/A,10\%,8)\times(P/F,10\%,2)$

$=2\ 000\times5.335\times0.826=8\ 813.42$（元）

因为 C 公司租金的现值最低，因此应选择从 C 公司租赁设备。

7.（1）甲企业每年末应支付的租金为：

$$\frac{50\ 000}{(P/A,16\%,5)}=\frac{50\ 000}{3.2743}=15\ 270.44\text{（元）}$$

（2）三个方案的现值为：

$PV_1=12\ 776\times[(P/A,10\%,4)+1]=12\ 776\times4.1699=53\ 274.64$（元）

$PV_2=40\ 000+40\ 000\times(P/F,10\%,3)=70\ 052.00$（元）

$PV_3=27\ 500\times(P/A,10\%,3)\times(P/F,10\%,2)$

$=27\ 500\times2.4869\times0.8264=56\ 517.29$（元）

由以上计算可以看出，方案 1 的现值最小，因此方案 1 对甲企业更有利。

2.3.5 案例分析题

1.（1）每年只付利息，债务期末一次付清本金（单利）：

5 年间每年末支付的利息 120 万元，前 4 年每年末支付的本金均为 0；尚未偿还的债务额均为 2 000 万元，第 5 年末支付的本金为 2 000 万元。

5 年间应支付的总金额 $=2\ 000\times(1+6\%\times5)=2\ 600$（万元）

（2）全部本息到债务期末一次付清（复利）：

5 年还款总额 $=2\ 000\times(1+6\%)^5=2\ 676.45$（万元）

（3）在债务期间每年均匀偿还本利和：

$$\text{每年还款金额}=2\ 000\times\frac{6\%}{1-(1+6\%)^{-5}}=474.79\text{（万元）}$$

5 年还款总额 $=5\times474.79=2\ 373.95$（万元）

可以看出，第（3）种还款方式还款总额最小，因此选择第（3）种还款方式。

2. 由题中信息可知，等额本息法每月还款额相等，相当于有普通年金的现值，求每期的年金。月利率 $=\frac{6\%}{12}=0.5\%$，还款期为 240 期，每月还款额 $=1\ 200\ 000\times\frac{0.5\%}{1-(1+0.5\%)^{-240}}=8\ 597$（元）。

对于等额本金法，每月偿还的本金 $=\frac{1\ 200\ 000}{240}=5\ 000$（元），两种方法具体每月还款额及还本付息总金额见表 1 和表 2：

表 1　等额本息还款计算　　单位：元

期数	①每期本息和 $=1\ 200\ 000\times\frac{0.5\%}{1-(1+0.5\%)^{-240}}$	②每期利息 =上一行④×0.5%	③偿还本金 =①-②	④期末未偿还本金 =上一行④-本行③
0				1 200 000
1	8 597	6 000	2 597	1 197 403
2	8 597	5 987	2 610	1 194 793
3	8 597	5 974	2 623	1 192 169
…	…	…	…	…

续表

期数	①每期本息和 $=1\ 200\ 000\times\frac{0.5\%}{1-(1+0.5\%)^{-240}}$	②每期利息 =上一行④×0.5%	③偿还本金 =①-②	④期末未偿还本金 =上一行④-本行③
236	8 597	212	8 385	33 963
237	8 597	170	8 427	25 536
238	8 597	128	8 469	17 066
239	8 597	85	8 512	8 554
240	8 597	43	8 554	0
合计	2 063 321	863 321	1 200 000	

表 2 **等额本金还款计算** 单位：元

期数	①每期本金 =1 200 000÷240	②每期利息 =上一行④×0.5%	③每期本息和 =①+②	④期末未偿还本金 =上一行④-本行①
0				1 200 000
1	5 000	6 000	11 000	1 195 000
2	5 000	5 975	10 975	1 190 000
3	5 000	5 950	10 950	1 185 000
…	…	…	…	…
236	5 000	125	5 125	20 000
237	5 000	100	5 100	15 000
238	5 000	75	5 075	10 000
239	5 000	50	5 050	5 000
240	5 000	25	5 025	0
合计	1 200 000	723 000	1 923 000	

从还款总额来看，等额本息法合计为 2 063 321 元，而等额本金法为 1 923 000 元，原因在于等额本息法每年偿还额相等，而等额本金法前期偿还多，后期偿还少。由于等额本息法每年偿还额相等，而等额本金法各年偿还额呈下降趋势，因此，对于前期收入少、后期收入多的年轻人来说，第一种方式更好一些。即使前期收入高，也可以采取第一种方式，相对第二种方式少支付的部分可用于其他消费（汽车）或投资。

第3章

3.3.1 单项选择题

1. B　2. D　3. B　4. D　5. B　6. C　7. D　8. B　9. D　10. D
11. B　12. C　13. B　14. B　15. D　16. B　17. D　18. D　19. C　20. A

3.3.2 多项选择题

1. BC　2. ABCD　3. ABCD　4. ABCD　5. BC　6. ABC　7. BC
8. ABC　9. AC　10. BD　11. ABCD　12. ACD　13. ABCDE　14. BCD
15. ABD　16. BD　17. ABCE　18. BCD　19. BCD　20. BE

3.3.3 判断题

1. √ 2. √ 3. √ 4. × 5. √ 6. × 7. √ 8. × 9. √ 10. ×
11. × 12. × 13. √ 14. × 15. √ 16. √ 17. × 18. √ 19. √ 20. √

3.3.4 计算分析题

1.（1）甲公司证券组合的β系数 = 50% ×2.0 + 30% ×1.0 + 20% ×0.5 = 1.4

（2）甲公司证券组合的风险收益率 = 1.4 ×（15% − 10%）= 7%

（3）甲公司证券组合的必要收益率 = 10% + 7% = 17%

（4）投资 A 股票的必要收益率 = 10% + 2.0 ×（15% − 10%）= 20%

2. 甲投资方案：

投资收益的期望值 = 120 × 35% + 60 × 45% +（−20）× 20% = 65（万元）

方差 = $(120-65)^2\times35\%+(60-65)^2\times45\%+(-20-65)^2\times20\%=2\ 515$

标准离差 = $\sqrt{2\ 515}=50.15$

标准离差率 = $\frac{50.15}{65}=0.77$

乙投资方案：

投资收益的期望值 = 100 × 35% + 65 × 45% +（−15）× 20% = 61.25（万元）

方差 = $(100-61.25)^2\times35\%+(65-61.25)^2\times45\%+(-15-61.25)^2\times20\%=1\ 694.69$

标准离差$\sqrt{1\ 694.69}=41.47$

标准离差率 = $\frac{41.17}{61.25}=0.67$

因此，在两个投资方案的期望值不相同的情况下，甲方案的标准离差率大，投资风险大，乙方案标准离差率小，风险小，可选用乙方案。

3.（1）计算两方案的预期收益。

甲方案：预期收益 = 0.3 × 30% + 0.15 × 40% + 0.05 × 30% = 16.5%

乙方案：预期收益 = 0.4 × 30% + 0.15 × 40% +（−0.05）× 30% = 16.5%

（2）计算两方案的标准差。

甲方案：$\sigma=\sqrt{(30\%-16.5\%)^2\times0.3+(15\%-16.5\%)^2\times0.4+(5\%-16.5\%)^2\times0.3}=9.76\%$

乙方案：$\sigma=\sqrt{(40\%-16.5\%)^2\times0.3+(15\%-16.5\%)^2\times0.4+(-5\%-16.5\%)^2\times0.3}=17.47\%$

（3）计算两方案的变异系数。

甲方案：CV = 9.76% ÷ 16.5% = 59.15%

乙方案：CV = 17.47% ÷ 16.5% = 105.88%

甲方案和乙方案预期收益相同，但乙方案的变异系数大于甲方案，说明乙方案的风险较大。所以应该选择甲方案。

4.（1）投资组合的预期收益 = 10% × 12% + 25% × 11% + 15% × 15% + 30% × 9% + 20% × 14% = 11.7%

（2）投资组合的β系数 = 10% × 1.00 + 25% × 0.75 + 15% × 1.30 + 30% × 0.60 + 20% × 1.20
= 0.9025

5.（1）投资者要求的收益率 = 7% + 0.8 ×（13% − 7%）= 11.8% < 12%，所以应该选择投资。

（2）由题中信息可知：16% = 7% + β ×（13% − 7%），解得β = 1.5

6.（1）根据单项资产预期收益和标准差的计算公式，可得：A 股票的预期收益和标准差分别为

10%和3.16%，B股票的预期收益和标准差分别为10%和1.26%，C股票的预期收益和标准差分别为6%和1.26%。

（2）依据风险收益权衡原理，在两项资产中做出选择时，如果期望收益相同，应选择标准差较小的资产；如果标准差相同，应选择期望收益较高的资产；如果期望收益和标准差均不相同，应在标准差的基础上计算出标准离差率，选择标准离差率较小的资产。

对于A、B股票，由于预期收益相同，而A股票的标准差较大，所以甲应选择B股票。

对于A、C股票，由于预期收益和标准差都不相同，计算各自的标准离差率分别为0.316和0.21，由于C股票标准离差率小，所以乙应选择C股票。

（3）确定丁投资者持有的A、B、C三种股票构成的证券组合的β系数：

$\beta = 60\% \times 2.0 + 10\% \times 0.6 + 30\% \times 1.0 = 1.56$

计算丁投资者证券组合的必要收益率：

$R = R_F + \beta \times (R_m - R_F) = 10\% + 1.56 \times (14\% - 10\%) = 16.24\%$

3.3.5 案例分析题

1.（1）根据单项资产预期收益和标准差的计算公式，可得：

开发矿物质纯净水的预期收益率 $= 60\% \times 15\% + 20\% \times 10\% + 20\% \times (-5\%) = 10\%$

开发中药饮品的预期收益率 $= 50\% \times 20\% + 30\% \times 8\% + 20\% \times (-2\%) = 12\%$

开发矿物质纯净水预期收益率的标准差 $= 7.75\%$

开发中药饮品的预期收益率的标准离差率 $= 8.72\%$

开发矿物质纯净水预期收益率的标准离差率 $= 7.75\% \div 10\% = 77.50\%$

开发中药饮品的预期收益率的标准差 $= 8.72\% \div 12\% = 72.67\%$

从两个方案的预期收益率与标准差来看，矿物质纯净水是低风险低收益项目，中药饮品是高风险高收益项目；但由于两个方案的预期收益率并不相同，因此不能直接用标准差的大小来比较两个方案的风险，而应借助于标准离差率。从标准离差率来看，矿物质纯净水相对于中药饮品而言，是低收益高风险的项目，而中药饮品是低风险高收益的项目。

（2）开发矿物质纯净水的必要收益率 $= 6\% + 5\% \times 77.50\% = 9.88\%$

开发中药饮品的必要收益率 $= 6\% + 8\% \times 72.67\% = 11.81\%$

因为中药饮品的必要收益率大于矿物质纯净水，结合（1），应选择开发中药饮品。

2.（1）财务风险是指因举债经营而增加的风险，即企业因借债而造成的股东收益的不确定性。财务风险是由企业的融资决策所决定的，企业的负债规模及其结构、利率、汇率变化的不确定性等因素决定了它所面临的财务风险的大小。如果企业的经营收益到期不足以偿付利息和本金，就会使企业陷入财务危机，面临诉讼、破产的威胁、甚至导致企业破产。

（2）经营风险是生产经营的不确定性给企业收益带来的风险。即某个企业的经营条件发生变化，进而对企业的盈利能力和资产价值产生的影响。常用息税前利润的变动程度来衡量经营风险的大小，这种风险是公司商业活动中的固有风险，主要来自客观经济环境的不确定性。影响因素主要有：经济形势和经营环境的变化、市场需求和市场价格的波动、生产成本、生产技术、研发能力等因素的变化。

（3）TY汽车公司濒临破产主要是由于经营风险造成的。由于国际金融危机的影响，消费者信心受挫，同时石油价格暴涨，材料成本上涨，这些宏观因素导致企业经营风险加大。就企业而言，产品研发滞后，不能适应市场需求，销量大幅下降，固定费用过重，使得企业严重亏损，2008年亏损达309亿美元；经营的失败必然导致现金严重短缺，难以为继，造成企业面临破产的境地。

3. （1）这是因为风险投资可以得到额外收益，即风险收益。它是对人们冒险投资的一种价值补偿。

（2）必要收益率是指投资者进行投资所要求得到的最低收益率，包括无风险收益率和风险收益率两部分，它可以写成：必要收益率 = 无风险收益率 + 风险收益率。两种理财产品的差额代表风险收益率。

第4章

4.3.1 单项选择题

1. D	2. B	3. B	4. C	5. A	6. D	7. B	8. C	9. C	10. C
11. C	12. C	13. C	14. C	15. C	16. A	17. D	18. C	19. C	20. C

4.3.2 多项选择题

1. ABC	2. ABC	3. BCD	4. ABC	5. BCD	6. ABD	7. BCD
8. ABC	9. ABCD	10. BC	11. AB	12. AB	13. CD	14. ABC
15. BCD	16. ABCD	17. ABCD	18. ABC	19. ABC	20. ABCD	

4.3.3 判断题

1. √	2. √	3. √	4. ×	5. ×	6. √	7. √	8. √	9. √	10. ×
11. ×	12. ×	13. ×	14. √	15. √	16. ×	17. ×	18. √	19. ×	20. √

4.3.4 计算分析题

1. 总资产净利率 = 销售净利率 × 总资产周转率

5% = 10% × 总资产周转率

所以，总资产周转率 = 5% ÷ 10% = 0.5（次）

净资产收益率 = 总资产净利率 × 权益乘数

20% = 5% × 权益乘数

权益乘数 = 4

2. 公司现在的流动比率 = 1 800 000 ÷ 600 000 = 3

假设忽略其他流动资产，则速动资产可以近似视作流动资产减去存货。

速动比率 =（1 800 000 − 600 000）÷ 600 000 = 2

公司利用应付账款融资，应付账款的增加将减少现金相应的流出，企业的流动资产也会因此相应增加。假设保持流动比率为 2 时，公司可以增加的应付账款为 x，则公司的现金也将增加 x：

$$\frac{1\,800\,000 + x}{600\,000 + x} = 2$$

解得：$x = 600\,000$（元）

即公司最多可以增加的应付账款为 600 000 元。

此时，存货数额保持不变，仍为 600 000 元，则公司的速动比率为：

$$速动比率 = \frac{1\,800\,000 + 600\,000 - 600\,000}{600\,000 + 600\,000} = 1.5$$

3. 利息保障倍数 = 息税前利润 ÷ 利息费用

税后净利 = 税前利润 ×（1 − 25%）

则根据题意：税前利润 ×（1 − 25%）= 3 000 000 × 10%

得：税前利润 = 400 000（元）

利息费用 = 6 000 000 × 6% = 360 000（元）

利息保障倍数 =（400 000 + 360 000）÷ 360 000 = 2.1

该公司无法顺利续贷。

4.（1）年末流动负债 = 流动资产 ÷ 流动比率 = 270 ÷ 3 = 90（万元）

（2）年末速动资产 = 速动比率 × 流动负债 = 1.5 × 90 = 135（万元）

年末存货 = 流动资产 − 速动资产 = 270 − 135 = 135（万元）

存货平均余额 =（145 + 135）÷ 2 = 140（万元）

（3）本年产品销售成本 = 140 × 4 = 560（万元）

（4）由于应收账款之外的其他速动资产忽略不计，所以：

年末应收账款 = 年末流动资产 − 年末存货 = 270 − 135 = 135（万元）

应收账款平均余额 =（125 + 135）÷ 2 = 130（万元）

应收账款周转期 = 360 ×（130 ÷ 960）= 48.75（天）

5. 权益总额 = 总资产 − 总负债 = 1 000 − 900 = 100（亿元）

ROE = *ROA* × 权益乘数 = 1.2% × 1 000 ÷ 100 = 12%

增加总负债 20 亿元，则总资产变为 1 020 亿元，权益总额不变，则：

ROE = *ROA* × 权益乘数 = 1.2% × 1 020 ÷ 100 = 12.24%

故：ROE 增加了 0.24%。

6.（1）流动负债 = 流动资产 − 净营运资本 = 200 − 100 = 100（万元）

总资产 = 流动资产 + 固定资产 = 200 + 600 = 800（万元）

总负债 = 流动负债 + 长期负债 = 100 + 300 = 400（万元）

净利润 = 销售收入 × 销售利润比 = 800 × 8% = 64（万元）

总权益 = 总资产 − 总负债 = 800 − 400 = 400（万元）

权益收益率 ROE = 净利润/总权益 = 64 ÷ 400 = 16%

（2）由杜邦分析法知：

ROE = 销售净利率 × 总资产周转率 × 权益乘数

= 8% × 800 ÷ 800 × 800 ÷ 400 = 8% × 1 × 2

4.3.5 案例分析题

1.（1）该企业资产中应收款项较为庞大，重点对应收款项进行分析，见表 1。该公司资产构成中应收票据和应收账款占流动资产和资产总额的比重过大，且其中大多数为应收账款，应收账款周转天数约为 212 天，其中 1 年以上的应收账款占比高达 35%。可进一步对该公司的应收款项构成及周转状况进行分析，通过应收账款结构分析客户构成及客户信用，判断是否存在较大的坏账风险，通过周转情况分析其对现金流的影响。

表 1　　应收款项分析

项　目	期　末	期　初
应收款项 ÷ 流动资产	66%	69%
应收款项 ÷ 资产总额	50%	52%
应收款项周转率	1.70	—
应收款项周转天数	212 天	—

（2）企业资本结构分析与偿债能力分析。

①负债结构：该公司负债的主要构成是应付账款和应付票据，占流动负债和负债总额的比重较大（见表2），长短期借款较少，可以理解为该公司在利用供应链融资以降低融资成本。但由于应付款项还款期较短，要求企业有较强的资金周转能力，否则容易造成资金链的紧张，甚至断裂。

表2　　应付款项分析

项　目	期　末	期　初
应付款项/流动负债	78%	75%
应付款项/负债总额	70%	68%

②所有者权益结构：该公司的留存收益构成了所有者权益的70%以上（见表3），说明该公司历史盈利能力较强，有较多的利润积累。

表3　　所有者权益分析

项　目	期　末	期　初
留存收益/股东权益	72%	71%

③短期偿债能力：该公司流动比率与速动比率较为接近（见表4），是由于流动资产的主要构成为应收款项，而现金比率较低，短期偿债压力较大。该公司的短期偿债能力取决于其应收账款的质量，结合该公司现金流量表数据可以看到，该公司上年经营活动产生的现金流量净额为负，应收款项绝对数额已经超出了应付款项。若公司应收账款回款不力，容易造成资金链断裂，目前该公司短期和长期借款较少，在资金周转困难时或许可以采用短期借款的方式缓解资金压力。

表4　　短期偿债能力分析

项　目	期　末	期　初
流动比率	1.57	1.47
速动比率	1.35	1.31
现金比率	16%	14%

（3）利润结构与盈利能力分析。该公司毛利率在27%左右，本年比上年有所下降，同时营业收入也比上年降低了4.5%。加上销售费用和研发费用投入的上涨，导致该公司净利润比上年降低了26%，净利率下降到7%（见表5）。该企业本年度盈利能力有所下降。该公司的主要利润来源为主营业务收入，但是由于形成了大量的应收款项，应收账款周转较慢，导致其经营活动现金流较为紧张，上年甚至导致经营活动产生的现金净流量为负，虽然本年有所改善，但较高的应收款项仍旧导致其盈利质量相对较差。

表5　　盈利能力分析

项　目	期　末	期　初
毛利率	26%	27%
净利率	7%	9.5%

（4）对公司未来发展的建议。为应对企业目前面临销售下滑、净利率降低的不利局面，企业在积极

拓展销售渠道的同时应加强商业信用和应收款项的管理，降低应收款项规模，提高应收款项周转率，增加企业现金持有量，降低财务风险。

2.（1）20×6 年的销售净利率 = 0.76 ÷ 30.52 = 2.49%

20×6 年的总资产周转率 = 30.52 ÷ [（44.74 + 44.85）÷ 2] = 0.68

20×6 年的权益乘数 = 44.74 ÷ 10.92 = 4.10

20×6 年 Z 公司净资产收益率 = 销售净利率 × 总资产周转率 × 权益乘数

= 2.49% × 0.68 × 4.10 = 6.94%

从上述计算可知，公司 20×6 年净资产收益率回升，变为正数。其变化的主要原因在于公司销售净利率发生了根本性变化，由亏损变为盈利，同时总资产周转率速度有所加快，资产盈利能力有所增强，权益乘数有所下降，公司偿债风险有所降低，三者共同影响了公司 20×6 年度的净资产收益率。但从公司 20×6 年的利润表中可以看出，公司 20×6 年扭亏为盈的关键在于公司的投资收益和营业外收入给利润带来的贡献，这也说明公司净资产收益率的提升并非来自公司的主要经营活动，其盈利能力并未从根本上得到改善。

（2）公司 20×6 年的负债总额为 33.83 亿元，其中短期借款 11.72 亿元，一年内到期的非流动负债为 10.27 亿元，所有者权益总额为 10.92 亿元，资产总额为 44.74 亿元。则：

资产负债率 = 33.83 ÷ 44.74 = 75.61%

短期借款占负债总额比 = 11.72 ÷ 33.83 = 34.64%

一年内到期的非流动负债占负债总额比 = 10.27 ÷ 33.83 = 30.36%

Z 公司的资产负债率超过 75%，且负债中短期借款和一年内到期的非流动负债占负债的比例接近 65%，说明公司资本结构中债务资本比例高，资本结构不尽合理，公司面临的财务风险较高，尤其是短期偿债风险大。

（3）Z 公司 20×6 年采取的所谓“深耕市场，提升经营管理质量；技术引领，推动产业持续发展；聚焦主业，加强成本费用管控”等措施，虽然使公司的经营状况有所改善，但并未从根本上改变公司主业经营乏力的情况。因为公司 20×6 年度的账面虽已扭亏为盈，但从前面的分析可以看出，扭亏为盈的主要原因并非是主业经营所带来的，而是依靠出售资产、股权所产生的投资收益和营业外收入中的政府补贴和保险理赔款等非经营性损益。

出售资产和股权减少了公司未来可以用于运营的资源，进而会降低未来期间的收益，而非经营性损益无法持续。同时公司主营业务创造现金流量的能力较弱，资本结构不合理，所以 Z 公司未来仍然会面临较大的经营风险、财务风险和资金紧张的状况。作为公司的 CEO，可以考虑采取以下措施改变公司目前的状况：第一，拓展市场，增加销量，同时根据消耗性生物资产的特点加强存货管理和成本控制，降低生产经营风险；第二，调整公司资本结构，降低财务风险，合理利用财务杠杆利益；第三，合理估计未来资金需求，可以考虑采用股权融资的方式筹措资金，避免因资金紧张影响企业的正常经营。

第5章

5.3.1 单项选择题

1. B	2. A	3. C	4. D	5. C	6. A	7. A	8. C	9. C	10. A
11. C	12. A	13. A	14. A	15. C	16. B	17. D	18. A	19. B	20. C

5.3.2 多项选择题

1. ABCD　2. BCD　3. ABCD　4. AD　5. CD　6. BCD　7. AB
8. BCD　9. ABCD　10. ACD　11. ABCD　12. ABC　13. ABCD　14. BC
15. ABC　16. ABC　17. ABCD　18. AD　19. ABCD　20. BD

5.3.3 判断题

1. √　2. √　3. ×　4. √　5. ×　6. ×　7. √　8. ×　9. √　10. √
11. √　12. ×　13. √　14. ×　15. √　16. √　17. ×　18. √　19. ×　20. √

5.3.4 计算分析题

1. A = 117 000 × 70% = 81 900（元）

B = 117 000 × 70% = 81 900（元）

C = 117 000 × 30% + 128 700 × 70% = 125 190（元）

D = 128 700 × 70% = 90 090（元）

2. 预测期内部资金来源 = 预测期营业收入 × 预测期销售净利率 ×（1 − 股利支付率）

= 40 000 × 10% ×（1 − 60%）= 1 600（万元）

3. （1）流动资产占营业收入的百分比 =（1 000 + 3 000 + 6 000）÷ 25 000 = 40%

流动负债占营业收入的百分比 = 3 000 ÷ 25 000 = 12%

增加的营业收入 = 25 000 × 20% = 5 000（万元）

需增加的营运资金 = 5 000 × 40% − 5 000 × 12% = 1 400（万元）

（2）增加的留存收益 = 25 000 ×（1 + 20%）× 12% ×（1 − 60%）= 1 440（万元）

对外筹集资金量 = 148 + 1 400 − 1 440 = 108（万元）

4. 要使 A 公司每年都保持 10% 的增长速度，即需要可持续增长率为 10%。

留存比率 = 1 − 股利支付率 = 1 − 30% = 70%

$$SGR = \frac{ROE \times (1-d)}{1 - ROE \times (1-d)} = \frac{ROE \times 留存收益比率}{1 - ROE \times 留存收益比率}$$

即：$10\% = \dfrac{ROE \times 70\%}{1 - ROE \times 70\%}$

可以计算出：$ROE = 12.99\%$

权益乘数 = 1 + 负债权益比 = 1 + 0.25 = 1.25

总资产周转率 = 营业收入 ÷ 总资产 = 1 ÷ 1.2

ROE = 销售净利率 × 总资产周转率 × 权益乘数

销售净利率 = *ROE* ÷（总资产周转率 × 权益乘数）

销售净利率 = 12.99% ÷（1 ÷ 1.2 × 1.25）= 12.47%

5. 今年的营业收入增长率 = 上年的可持续增长率 = 本年净利润增长率 = 8%

留存收益率 = 240 ÷ 500 × 100% = 48%

本年的净利润 = 500 ×（1 + 8%）= 540（万元）

本年的留存收益增加额 = 540 × 48% = 259.2（万元）

本年留存收益 = 600 + 259.2 = 859.2（万元）

5.3.5 案例分析题

1. （1）增加的资金 =（敏感性资产营业收入百分比 × 新增营业收入）−（敏感性负债营业收入百分比 × 新增营业收入）

$= (10\ 000 \div 10\ 000 \times 100\ 000 \times 10\%) - (18\ 000 \div 100\ 000 \times 100\ 000 \times 10\%)$

$= 8\ 200$（万元）

（2）从外部追加的资金 = 增加的资金 - 增加的留存收益

$= 8\ 200 - 100\ 000 \times (1 + 10\%) \times 10\% \times [1 - 5\ 000 \div (100\ 000 \times 10\%)]$

$= 2\ 700$（万元）

（3）债券资本成本 $= [1\ 000 \times 8\% \times (1 - 25\%)] \div 900 = 6.67\%$

（4）预计资产负债见表1。

表1 **预计资产负债表**

2021年12月31日 单位：万元

资产	金额	负债及所有者权益	金额
货币资金	2 000 ×（1 + 10%）= 2 200	短期借款	12 000
应收账款	28 000 ×（1 + 10%）= 30 800	应付账款	18 000 ×（1 + 10%）= 19 800
存货	30 000 ×（1 + 10%）= 33 000	应付债券	15 000 + 2 700 = 17 700
固定资产	40 000 ×（1 + 10%）= 44 000	实收资本	30 000
		留存收益	25 000 + 100 000 ×（1 + 10%）× 10% × [1 - 5 000 ÷（100 000 × 10%）] = 30 500
资产总计	110 000	负债及股东权益合计	110 000

2.（1）总权益 = 普通股 + 留存收益 = 200 + 80 = 280（万元）

净资产收益率（ROE）= 净利润 ÷ 总权益 = 40 ÷ 280 = 14.286%

留存收益率（b）= 1 - 股利支付率 = 1 - 现金分红 ÷ 净利润 = 1 - 10 ÷ 40 = 0.75

根据可持续增长率的计算公司可得：

可持续增长率 $= (ROE \times b) \div (1 - ROE \times b) = (14.286\% \times 0.75) \div (1 - 14.286\% \times 0.75) = 12\%$

（2）总资产 = 固定资产 + 流动资产 = 360 + 40 = 400（万元）

Δ营业收入 = 240 - 200 = 40（万元）

销售净利率 = 净利润 ÷ 营业收入 = 40 ÷ 200 = 20%

股利支付率 = 现金分红 ÷ 净利润 = 10 ÷ 40 = 25%

外部融资需求量 = 预计资产增加额 - 预计负债增加额 - 预计所有者权益增加额

= 总资产 ÷ 营业收入 × Δ营业收入 - 自发增长的负债 ÷ 营业收入 × Δ营业收入 - 销售净利率 ×（1 - 股利支付率）

$= 400 \div 200 \times 40 - 20 \div 200 \times 40 - 20\% \times 240 \times (1 - 25\%) = 40$（万元）

（3）丙公司可以通过改变销售净利率、股利政策、负债—权益比或总资产周转率来改变可持续增长率。

3.（1）净资产收益率（ROE）= 净利润 ÷ 所有者权益 = 2 ÷ 25 = 8%

留存收益率（b）= 1 - 股利支付率 = 1 - 50% = 50%

可持续增长率 $= (ROE \times b) \div (1 - ROE \times b) = (8\% \times 50\%) \div (1 - 8\% \times 50\%) = 4.17\%$

（2）市场部经理的建议是不合理的。理由：市场部经理建议的实现12%的增长率太高了，已经远远超出公司的可持续增长率4.17%，是不可持续的。

（3）总资产净利率（ROA）= 净利润 ÷ 总资产 = 2 ÷ 50 = 4%

净资产收益率（ROE）= 总资产净利率 × 权益乘数 $= 4\% \times [100 \div (100 - 60)] = 10\%$

留存收益率(b) = 1 - 股利支付率 = 1 - 40% = 60%

可持续增长率 = ($ROE \times b$) ÷ [1 - $ROE \times b$] = (10% ×60%) ÷ (1 - 10% ×60%) = 6.38%

在保持董事会设定的60%的资产负债率和40%股利支付率指标值不变，以及不从外部进行股权融资的前提下，丁公司可实现的最高营业收入增长率为6.38%。

4. (1) 净资产收益率 = $\frac{3\,300}{12\,000} \times 100\% = 27.5\%$

销售净利率 = $\frac{3\,300}{32\,000} \times 100\% = 10.31\%$

总资产周转率 = $\frac{32\,000}{24\,000} = 1.33$

资产负债率 = $\frac{12\,000}{24\,000} \times 100\% = 50\%$

权益乘数 = $\frac{1}{1 - 50\%} = 2$

净资产收益率 = 销售净利率 × 总资产周转率 × 权益乘数

(2) 资产增加额 = 24 000 × 10% = 2 400（万元）

经营负债增加额 = (2 000 + 4 000) × 10% = 600（万元）

留存收益增加额 = 32 000 × (1 + 10%) × (3 300 ÷ 32 000) × (1 - 60%) = 1 452（万元）

甲公司 2019 年外部融资需求 = 2 400 - 600 - 1 452 = 348（万元）

(3) 预计资产负债表、预计利润表如表 2、表 3 所示：

表 2　　甲公司 2022 年预计利润表　　单位：万元

项　目	2022 年度预计数
营业收入	32 000 × (1 + 10%) = 35 200
减：营业成本	20 000 × (1 + 10%) = 22 000
税金及附加	1 120 × (1 + 10%) = 1 232
销售费用	2 000 × (1 + 10%) = 2 200
管理费用	4 000 × (1 + 10%) = 4 400
财务费用	480 + 400 × 8% = 512
利润总额	4 856
减：所得税费用	1 214
净利润	3 642

表 3　　甲公司 2022 年预计资产负债表　　单位：万元

项目	2022 年预计数	项目	2022 年预计数
货币资金	26 056.8 - 18 260 - 3 300 - 3 520 = 976.8	应付账款	2 000 × (1 + 10%) = 2 200
应收账款	3 200 × (1 + 10%) = 3 520	其他流动负债	4 000 × (1 + 10%) = 4 400
存货	3 000 × (1 + 10%) = 3 300	长期借款	6 000
固定资产	16 600 × (1 + 10%) = 18 260	股东权益	12 000 + 3 642 × (1 - 60%) = 13 456.80
资产总计	26 056.80	负债及股权总计	26 056.80

(4) 可持续增长率 $=\frac{(1-d)\times ROE}{1-(1-d)\times ROE}=\frac{(1-60\%)\times 27.5\%}{1-(1-60\%)\times 27.5\%}=12.36\%$

企业创造价值的过程是企业根据所处的商业环境制定企业战略规划并实施，最终形成财务报表结果的过程。企业战略需要通过经济活动的组织来贯彻执行，这些经济活动包括投资活动、融资活动、经营活动和利润分配活动。而作为体现企业战略及其执行结果的财务报表，由于可以反映企业所处的商业环境、行业格局及竞争、公司治理及战略、公司经济活动的效率和财务会计处理的质量，所以通过对根据财务报表计算出来的上述财务指标的分析，可以合理地明确企业的价值创造能力及其驱动因素。即，企业的价值创造的基础是企业的盈利能力与可持续增长能力，而企业的盈利能力与可持续增长能力又取决于企业所采取的战略（包括经营战略和财务战略）及其战略的执行情况。经营战略包括企业投资决策与经营决策。投资决策决定企业的资产规模、资产结构与企业经营风险的大小；经营决策决定企业营运资金的持有量、风险及收益的实现情况。投资决策与经营决策效率与效果可以用销售净利率、投入资本收益率、总资产周转率等财务指标进行衡量；财务战略包括企业融资决策与股利决策，融资决策决定企业的融资规模、资本结构与财务风险的大小，股利决策决定企业内部积累的多少与自我成长能力。融资决策与股利决策效率与效果可以用权益乘数、股利支付率（留存收益比率）等指标来衡量。这些指标决定了净资产收益率及留存收益比率，这正是范霍恩模型中可持续增长率的影响因素。

第6章

6.3.1 单项选择题

1. A　2. D　3. C　4. A　5. A　6. B　7. A　8. C　9. D　10. B
11. D　12. D　13. B　14. B　15. B　16. D　17. A　18. D　19. B　20. A

6.3.2 多项选择题

1. ABCD　2. ABC　3. ACD　4. AB　5. ABC　6. BC　7. AB
8. ABC　9. ACD　10. BC　11. ABC　12. BD　13. ABC　14. ABCD
15. ABCD　16. ACD　17. ACD　18. ABCD　19. ABD　20. AC

6.3.3 判断题

1. ×　2. ×　3. √　4. √　5. √　6. √　7. ×　8. ×　9. √　10. √
11. ×　12√　13. ×　14. √　15. √　16. √　17. ×　18. ×　19. √　20. √

6.3.4 计算分析题

1. (1) 首先计算设备的年折旧额：

年折旧额 = (1 000 − 50) ÷ 5 = 190 (万元)

(2) 各年现金净流量估计如表1所示：

表1　各年现金净流量估计

年　份	第0年	第1年	第2年	第3年	第4年	第5年
初始现金流量（投资支出）：						
生产线购置、运输及安装成本（万元）	−1 000.00					
营运资金投资（万元）	−100.00					

续表

年　份	第0年	第1年	第2年	第3年	第4年	第5年
投资支出现金流量合计（万元）	-1 100.00					
营业现金流量（按年计算）：						
产销量（万台）		5	8	12	10	6
单位售价（元）		400.00	408.00	416.16	424.48	432.97
营业收入（万元）		2 000.00	3 264.00	4 993.92	4 244.83	2 597.84
付现单位变动成本（元）		200.00	220.00	242.00	266.20	292.82
付现营业成本（万元）		1 000.00	1 760.00	2 904.00	2 662.00	1 756.92
折旧（直线法计算，万元）		190.00	190.00	190.00	190.00	190.00
税前利润（万元）		810.00	1 314.00	1 899.92	1 392.83	650.92
所得税（所得税率25%，万元）		202.50	328.50	474.98	348.21	162.73
税后利润（万元）		607.50	985.50	1 424.94	1 044.62	488.19
各年营业现金流量（万元）		797.50	1 175.50	1 614.94	1 234.62	678.19
终结现金流量（第5年末）：						
生产线残值变现收入（万元）						50.00
收回的营运资金投资（万元）						100.00
终结现金流量合计（万元）						150.00
投资项目现金净流量（万元）	-1 100.00	797.50	1 175.50	1 614.94	1 234.62	828.19

2. （1）首先计算设备的年折旧额：

年折旧额 $=(200+5.5)\div 5=41.1$（万元）

各年现金净流量：

$NCF_0=-200-(2+3.5)-(18-3)=-220.5$（万元）

$NCF_{1-4}=(80-41.1)\times(1-15\%)+41.1=74.165$（万元）

$NCF_5=74.165+(18-3)=89.165$（万元）

（2）计算项目的投资回收期：

$$PP=2+\frac{(220.5-74.165\times 2)}{74.165}=2+\frac{72.17}{74.165}=2.97\text{（年）}$$

计算项目的净现值：

$$NPV=74.165\times(P/A,10\%,4)+89.165\times(P/F,10\%,5)-220.50$$
$$=74.165\times 3.170+89.165\times 0.621-220.5=69.97\text{（万元）}$$

计算项目的盈利指数：

$$PI=[74.165\times(P/A,10\%,4)+89.165\times(P/F,10\%,5)]\div 220.5$$
$$=[74.165\times 3.170+89.165\times 0.621]\div 220.5=1.32$$

由于该项目的投资回收期2.97年大于运营期的一半，净现值69.97元大于0，盈利指数1.32大于1，内部收益率21.51%大于10%，所以该项目财务上基本具备可行性。

注：本题也可利用Excel完成现金流量的预测，以及相关评价指标的计算。具体方法可参见教材中相关内容。

3. （1）A方案的净现值：

$$NPV = 350\,000 \times 0.9091 + 400\,000 \times 0.8264 + 500\,000 \times 0.7513 + 650\,000 \times 0.6830 + 700\,000 \times 0.6209 - 1\,000\,000 = 902\,975\text{（元）}$$

B方案的净现值：

$$NPV = 600\,000 \times 0.9091 + 400\,000 \times 0.8264 + 300\,000 \times 0.7513 + 200\,000 \times 0.6830 + 200\,000 \times 0.6209 - 800\,000 = 562\,190\text{（元）}$$

因为A方案的净现值大于B方案目的净现值，所以应该选择A方案。

（2）如果A方案的内部收益率为36.60%，B方案的内部收益率为43.09%，那么根据内部收益率法的决策规则应该选择B方案，但这是一种错误的选择。因为公司面临的是初始投资规模不等的互斥项目的决策。在互斥项目决策中，内部收益率法的致命缺陷就在于会因为项目投资规模的不同而可能以较高的内部收益率掩盖其净现值偏低的情况，从而选择增加股东财富较低的项目。A方案尽管内部收益率较低，但其投资额较大，为公司带来的净现值也大于B方案。股东财富的增加依赖于净现值这一绝对收益值的大小，而不是内部收益率这一相对收益率的大小，因此在互斥项目决策中，内部收益率法会因规模问题而导致错误的决策。

4. 本题中新旧设备的未来使用年限不相同，可以平均年成本法进行方案选择（见表2和表3）。

表2　　继续使用旧设备的现金流量及现值计算

年　份	第0年	第1年	第2年	第3年	第4年	第5年
旧设备变现价值（万元）	-8 500.00					
旧设备原始价值（万元）	14 950.00					
税法规定的设备残值（万元）	1 495.00					
旧设备账面净值（万元）	8 222.50					
旧设备变现损失（收益）（万元）	-277.50					
旧设备变现净损失抵税（万元）	-69.38					
每年付现操作成本（万元）		-2 150.00	-2 150.00	-2 150.00	-2 150.00	-2 150.00
税后每年付现操作成本（万元）		-1 612.50	-1 612.50	-1 612.50	-1 612.50	-1 612.50
旧设备每年折旧额（万元）		2 242.50	2 242.50	2 242.50	2 242.50	2 242.50
每年折旧抵税额（万元）		560.63	560.63	560.63	560.63	560.63
最终残值变现收入（万元）						1 750.00
残值变现净收益纳税（万元）						-63.75
旧设备各年现金净流量（万元）	-8 569.38	-1 051.88	-1 051.88	-1 051.88	-1 051.88	634.38
折现率（r）	9.00%					
旧设备现金流出的现值（万元）	-11 564.86	（1）直接计算各年现金流量的现值并求和； （2）使用Excel的NPV函数=NPV（rate，value1，…）				

由表2知，继续使用旧设备的平均年成本为：

$$\frac{-11\,564.86}{(P/A,9\%,5)} = \frac{-11\,564.86}{3.8897} = -2\,973.20\text{（万元）}$$

表 3　　更换新设备的现金流量及现值计算

年　份	第0年	第1年	第2年	第3年	第4年	第5年	第6年
新设备投资成本（万元）	-13 750.00						
年付现操作成本（万元）		-850.00	-850.00	-850.00	-850.00	-850.00	-850.00
税后年付现运营成本（万元）		-637.50	-637.50	-637.50	-637.50	-637.50	-637.50
年折旧额（万元）		2 062.50	2 062.50	2 062.50	2 062.50	2 062.50	2 062.50
每年折旧抵税额（万元）		515.63	515.63	515.63	515.63	515.63	515.63
最终残值变现收入（万元）							2 500.00
最终残值净收益纳税（万元）							-281.25
新设备各年现金净流量（万元）	-13 750.00	-121.88	-121.88	-121.88	-121.88	-121.88	2 096.88
折现率（r）	9.00%						
更换新设备现金流量的现值（万元）	-12 973.75	（1）直接计算各年现金流量的现值并求和； （2）使用 Excel 中的 NPV 函数 =NPV(rate,value1,value2,…) =NPV(10%,C70:G70)+B70					

由表 3 知，更换新设备的平均年成本为：

$$\frac{-12\ 973.75}{(P/A,9\%,6)}=\frac{-12\ 973.75}{4.4859}=-2\ 892.12\text{（万元）}$$

由于更换新设备的平均年成本小于继续使用旧设备的平均年成本，所以应更换新设备。

6.3.5　案例分析题

（1）根据表 6-3 的数据，可以计算出项目的净现值为：

$$NPV=\sum_{t=1}^{5}\frac{19.635}{(1+15\%)^t}-30=35.8196\text{（亿元）}\approx 35.82\text{（亿元）}$$

净现值为正，依据净现值决策规则，S 公司应该投资该项目。

存在问题：没考虑与收入、成本有关的潜在假设。

清洁能源动力发动机项目的收入取决于：市场份额、清洁能源动力发动机的市场规模（市场容量）、每台清洁能源动力发动机的销售单价。清洁能源动力发动机项目的成本，包括变动成本（变动成本总额随产量的变动而变动，单位变动成本不变）和固定成本（固定成本总额不随某一特定时期产品或服务数量的变动而变动，单位固定成本则会随之变动）。

对市场容量、市场份额、销售单价、单位变动成本、固定成本和初始投资额等变量通常需要在乐观、悲观、正常等不同状态下计算估计值，并进行分析。

（2）假设不考虑市场测试及测试期因素，考虑表 6-3 中与收入、成本有关的潜在假设及对各变量在不同状态下的估计值，应采用敏感性分析法对 S 公司清洁能源动力发动机项目进行分析。因为敏感性分析可以用来检测某一特定 *NPV* 计算对特定假设条件变化的敏感度，计算这些假设条件估计有偏时的不同结果。这种分析可以帮助决策者掌握项目决策需重点分析和控制的变量。

（3）假设公司的财务分析师同时提供了市场容量、市场份额、销售单价、单位变动成本、固定成本和初始投资额等变量，根据在悲观、正常、乐观状态下的估计值（见表 6-4），S 公司清洁能源动力发动机项目 *NPV* 的敏感性分析计算如表 4 所示。

表4　　S公司清洁能源动力发动机项目净现值的敏感性分析　　单位：亿元

变量	悲观估计	正常估计	乐观估计
市场容量	-39.60	35.82	186.67
市场份额	-14.46	35.82	136.38
销售单价	20.73	35.82	50.90
变动成本	13.19	35.82	58.45
固定成本	30.79	35.82	36.96
初始投资	27.82	35.82	45.82

标准的敏感性分析是假定其他变量处于正常估计值，计算某一变量在3种不同状态下的净现值，如表4所示。例如表4中乐观估计栏的第2个净现值为136.38亿元，是在市场份额为乐观估计值（即50%）、其他变量处于正常估计水平（即市场容量为10 000架、销售单价为0.04亿元、单位变动成本为0.02亿元、每年固定成本为35.82亿元、初始投资为30亿元）时计算出来的。中间正常估计下的净现值都为35.82亿元，这是因为在计算时，所有变量均使用了正常状态的估计值。

结合对S公司清洁能源动力发动机项目净现值的敏感性分析，如果考虑影响投资项目的各项因素（变量）在不同状态下的估计值，净现值法并不完全值得信赖，上述说法并不正确。主要原因是净现值可能会造成“安全错觉”，即看起来完善的净现值评价过程，在净现值为正时立项投资后，实际却会亏损。从表4中可以看出，敏感性分析把对各变量估计不同情况下的结果呈现出来，在悲观和乐观情况下，净现值的剧烈变动说明如果变量估计有偏，将会大大改变净现值，从而影响决策结果。因此，需要对关键变量搜集更多的信息，保证对这些变量估计的准确性。

资本预算中的“安全错觉”是看起来完善的净现值评价过程，在净现值为正时立项投资后，实际却会亏损。敏感性分析不能避免“安全错觉”，在某些情况下也会造成决策者的“安全错觉”。如果项目的所有悲观估计都产生正的净现值，那么决策者就会认为无论如何该项目都不会亏损。事实上，对于悲观状态也会存在过分乐观的估计，此时最容易造成“安全错觉”。另外，敏感性分析只是孤立地处理每个变量的变化，而实际上不同变量的变化很可能是相互关联的。如无效的成本控制会导致变动成本、固定成本和总投资三个变量同时发生变化，市场如果不接受清洁能源发动机，那么市场容量、市场份额与销售单价都会下降。

（4）情景分析。预测空难场景下S公司清洁能源动力发动机项目的现金流量见表5。

表5　　空难场景下S公司清洁能源动力发动机项目的现金流量预测

年　份	第0年	第1年	第2年	第3年	第4年	第5年	第6年
初始投资额（亿元）		-30					
市场规模（架）			7 000	7 000	7 000	7 000	7 000
市场份额（%）			20	20	20	20	20
产品销量（架）			1 400	1 400	1 400	1 400	1 400
单位售价（万元）			400	400	400	400	400
营业收入（亿元）			56	56	56	56	56
单位变动成本（万元/架）			200	200	200	200	200
变动成本总额（亿元）			28	28	28	28	28

续表

年　份	第0年	第1年	第2年	第3年	第4年	第5年	第6年
固定成本总额（亿元，不含折旧）			35. 82	35. 82	35. 82	35. 82	35. 82
折旧额（亿元，直线法）			6	6	6	6	6
税前利润（亿元）			-13. 82	-13. 82	-13. 82	-13. 82	-13. 82
所得税（亿元）			-3. 455	-3. 455	-3. 455	-3. 455	-3. 455
税后利润（亿元）			-10. 365	-10. 365	-10. 365	-10. 365	-10. 365
营业现金流量（亿元）			-4. 365	-4. 365	-4. 365	-4. 365	-4. 365
现金净流量（亿元）		-30	-4. 365	-4. 365	-4. 365	-4. 365	-4. 365

注意：表3中假设空难情景下，市场容量为7 000架（正常状态的70%），市场份额为20%（正常状态下的2/3），其他变量正常。

亏损可与S公司其他部门的利润合计计税，可形成税收节约效应。

$$NPV = \sum_{t=1}^{5} \frac{-4.365}{(1+15\%)^t} - 30 = -44.63\text{（亿元）}$$

情景分析比标准的敏感性分析更能反映与项目有关的事项。

（5）采用决策树法进行分析。

第一，S公司的决策树分析图如下：

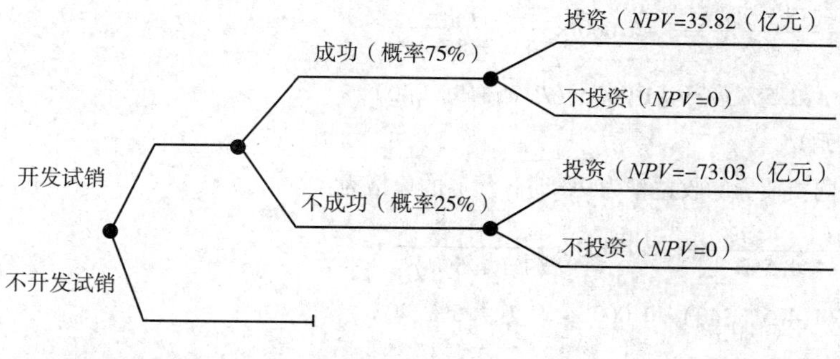

第二，估算各种结果的期望现金流量，计算期望净现值。

如果在试销成功后，S公司决定继续该项目的投资、生产，那么该项目在投资期期初（即第1年年末）的净现值为：

$NPV = 19.635 \times (P/A, 15\%, 5) - 30 = 35.82$（亿元）

如果试销不成功，S公司仍然在第1期期末对该项目投资30亿元，那么在最悲观的情况下公司将会出现亏损，*NPV*为-73.03亿元。因为*NPV*为负值，所以当试销不成功时，S公司不会进行大规模生产。

第三，利用决策树进行逆向分析、决策。先分析第二阶段是否进行30亿元的投资。如果S公司开发试销成功，公司显然会继续投资，因为可以获得35.82亿元的净现值。如果试销不成功，S公司将不会投资该项目，因为如果投资会亏损，*NPV*为-73.03亿元。

然后，再返回到第一阶段，即分析公司是否应投资1亿元，以期望1年以后以75%的概率来获取35.82亿元的收益。那么第1年年末可以获取的期望收益为：

$0.75 \times 35.82 + 0.25 \times 0 = 26.87$（亿元）

S公司清洁能源发动机项目第一阶段的净现值为：

$NPV = 26.87/(1+15\%) - 1.5 = 21.87$（亿元）

因为 $NPV>0$，所以公司应在第1阶段投资1.5亿元进行市场测试。

第7章

7.3.1 单项选择题

1. A 2. B 3. C 4. A 5. A 6. C 7. A 8. C 9. D 10. C
11. D 12. C 13. A 14. D 15. C 16. A 17. A 18. B 19. A 20. C

7.3.2 多项选择题

1. ABCD 2. ABD 3. AC 4. CD 5. ABC 6. ABCD 7. ABC
8. ABCD 9. ABC 10. ABCD 11. CD 12. AC 13. ABCD 14. AB
15. ABCD 16. AB 17. ABCD 18. CD 19. AC 20. ACD

7.3.3 判断题

1. × 2. √ 3. √ 4. √ 5. √ 6. √ 7. × 8. √ 9. × 10. √
11. √ 12. √ 13. × 14. × 15. √ 16. √ 17. × 18. √ 19. × 20. ×

7.3.4 计算分析题

1. （1）当市场同类债券的收益率为7%时，债券的价格为：

$$P = 35 \times \frac{1-(1+3.5\%)^{-40}}{3.5\%} + 1\,000 \times \frac{1}{(1+3.5\%)^{40}}$$

$$= 35 \times (P/A, 3.5\%, 40) + 1\,000 \times (P/F, 3.5\%, 40)$$

$$= 1\,000 \text{（元）}$$

（2）当市场同类债券的收益率为9%时，债券的价格为：

$$P = 35 \times \frac{1-(1+4.5\%)^{-40}}{4.5\%} + 1\,000 \times \frac{1}{(1+4.5\%)^{40}}$$

$$= 35 \times (P/A, 4.5\%, 40) + 1\,000 \times (P/F, 4.5\%, 40)$$

$$= 815.98 \text{（元）}$$

（3）当市场同类债券的收益率为5%时，债券的价格为：

$$P = 35 \times \frac{1-(1+2.5\%)^{-40}}{2.5\%} + 1\,000 \times \frac{1}{(1+2.5\%)^{40}}$$

$$= 35 \times (P/A, 2.5\%, 40) + 1\,000 \times (P/F, 2.5\%, 40)$$

$$= 1\,251.03 \text{（元）}$$

2. （1）从题目中可知，可以采用固定增长模型计算甲公司股票的价值：

$$P_0 = \frac{D_1}{r_s - g} = \frac{0.2 \times (1+5\%)}{(3\% + 5\%) - 5\%} = 7 \text{（元）}$$

可以采用股利零增长模型计算乙公司股票的价值：

$$P_0 = \frac{D}{r_s} = \frac{0.6}{3\% + 5\%} = 7.5 \text{（元）}$$

甲公司股票的内在价值高于市价，乙公司股票的内在价值低于市价，说明甲公司股票还有盈利机会，该企业应该投资甲公司股票。

（2）由（1）可知，B公司应选择甲公司股票。根据股利固定增长股利模型，B公司的持有期收益率为：

$$r_s = \frac{D_1}{P_0} + g = \frac{0.2 \times (1+5\%)}{6} + 5\% = 8.5\%$$

3. 根据题目中的信息，该股票的必要收益率为：$r_s = 6\% + 4\% = 10\%$。

（1）根据零增长股利模型，股票的估值为：

$$P_0 = \frac{D}{r_s} = \frac{2}{10\%} = 20 \text{（元）}$$

（2）根据固定增长股利模型，股票的估值为：

$$P_0 = \frac{D_1}{r_s - g} = \frac{2 \times (1+2\%)}{10\% - 2\%} = 25.5 \text{（元）}$$

（3）根据固定增长股利模型，当其他条件不变时，股票的估值 P_0 与股利增长率 g 同方向变动。因此，若分析师预测该股票分红稳定增长率略高于2%，则股票估值将高于25.5元。

4. 由题目中信息及股利非固定增长模型可以列出以下算式：

$$53 = \frac{D}{1+11\%} + \frac{D}{(1+11\%)^2} + \frac{D(1+4\%)}{11\% - 4\%} \times \frac{1}{(1+11\%)^2}$$

可以计算出，投资者获得的下一年股利为：$D = 3.85$（元）

5.（1）计算投资E公司债券的到期收益率：

根据题目中信息，可以列出如下算式：

$$51\,000 = 50\,000 \times 8\% \times (P/A, r, 3) + 50\,000 \times (P/F, r, 3)$$

利用试误法与插值法可以计算出持有的E公司债券到期收益率为7.23%。

或者，直接利用Excel中的 *RATE* 函数计算，即：

$$RATE(Nper, PMT, PV, FV) = RATE(3, 4\,000, -51\,000, 50\,000) = 7.23\%$$

（2）根据题目中的信息，可以根据股利固定增长模型计算出F公司股票收益率：

$$r_F = \frac{D_1}{P_0} + g = \frac{0.3 \times (1+4\%)}{7} + 6\% = 10.46\%$$

根据股利零增长模型计算出G公司股票收益率：

$$r_G = \frac{D}{P_0} = \frac{1.2}{14} \times 100\% = 8.57\%$$

H公司：股利增长率 $g = 14\% \times (1 - 40\%) = 8.4\%$

股票必要收益率 $r_H = \frac{1}{25} + 8.4\% = 12.4\%$

计算结果表明，投资F公司股票的必要收益率为10.46%，大于未来投资机会的预期净资产收益率9%。G公司股票的必要收益率为8.57%，大于未来投资机会的预期净资产收益率7%。因此，投资F公司和G公司股票可能会减少企业价值；投资H公司股票的必要收益率为12.4%，小于H公司未来投资机会的预期净资产收益率14%，该项投资会增加该企业价值。因此，应投资于H公司股票。

6.（1）先计算纯粹债券价值。如果该债券为非转换债券，其利率为5.75%，以债券评级为基础的债券收益率为9%。假设每年付息一次，到期一次还本，则债券的价值为：

$$P_b = \sum_{t=1}^{7} \frac{1\,000 \times 5.75\%}{(1+9\%)^t} + \frac{1\,000 \times 5.75\% \times 0.5}{(1+9\%)^{7.5}} + \frac{1\,000}{(1+9\%)^{7.5}} = 828.42 \text{（元）}$$

（2）计算债券的转换价值：$25.32 \times 32.50 = 822.90$（元）

（3）计算可转换债券的期权价值（转换溢价）。由题目可知，股票价格 $S = 32.50$ 元，行权价格 $K =$

39.49 元，有效期 $T=7.5$ 年，股票价格标准差 $\delta=0.5$，无风险利率 $r=7.75\%$，转股比率为25.32 股。根据 B－S 期权定价模型（不考虑公司的股利政策）计算如下：

$$d_1=\frac{\ln\left(\frac{S}{K}\right)+\left(r+\frac{\sigma^2}{2}\right)\times T}{\sigma\sqrt{T}}=\frac{\ln\left(\frac{32.50}{39.49}\right)+\left(0.0775+\frac{0.5^2}{2}\right)\times 7.5}{0.5\times\sqrt{7.5}}=0.9669$$

$d_2=d_1-\sigma\sqrt{T}=0.9669-0.5\times\sqrt{7.5}=-0.4024$

$N(0.9669)=0.8332\quad N(-0.4024)=0.3437$

$C=SN(d_1)-Ke^{rT}N(d_2)=32.5\times 0.8332-39.49\times e^{-0.0775\times 7.5}\times 0.3437=19.49$

可转换债券期权的价值 $=19.49\times 25.32=493.49$（元）

（4）最后，计算可转换债券的价值：

可转换债券价值 = max(纯粹债券价值, 转换价值) + 期权价值

$=828.42+493.49=1\ 321.91$（元）

7.（1）根据 B－S 模型，可以先计算出：

$$d_1=\frac{\ln\left(\frac{83}{80}\right)+\left(0.06+\frac{0.47^2}{2}\right)\times\frac{6}{12}}{0.47\times\sqrt{\frac{6}{12}}}=0.3672$$

$$d_2=0.3672-0.47\times\sqrt{\frac{6}{12}}=0.0349$$

查表可得，$N(d_1)=0.6433, N(d_2)=0.5139$

根据 $C=SN(d_1)-Xe^{-rT}N(d_2)$ 可以计算出：

看涨期权的价值 $C=83\times 0.6433-80e^{-0.06\times 0.50}\times 0.5139=13.49$（元）

根据欧式期权买卖权平价公式 $S+P=C+Xe^{-rT}$ 可以计算出：

看跌期权的价值 $P=80e^{-0.06\times 0.50}+13.49-83=8.13$（元）

（2）计算看涨期权与看跌期权的内含价值。

看涨期权的内含价值 $=\max[S_T-X,0]=3$（元）

看跌期权的内含价值 $=\max[X-S_T,0]=0$（元）

（3）期权价值包括内含价值和时间价值，即：看涨期权价值 = 内含价值 + 时间价值

因此，看涨期权时间价值 $=13.49-3=10.49$（元）。

同理，可以计算出看跌期权的时间价值：看跌期权时间价值 $=8.13-0=8.13$（元）。

7.3.5 案例分析题

1.（1）首先，计算元力转债每年的利息（见表 1）。

表 1　　元力转债各年利息计算

年度	1	2	3	4	5	6
面值（元）	100	100	100	100	100	100
票面利率（%）	0.1	0.3	0.8	1.3	1.8	2.3
利息（元）	0.1	0.3	0.8	1.3	1.8	2.3

根据题目中信息，可以列出如下算式：

$0.1\times(P/F,YTM,1)+0.1\times(P/F,YTM,1)+0.3\times(P/F,YTM,2)+0.8\times(P/F,YTM,3)+1.3\times(P/F,YTM,4)$
$+1.8\times(P/F,YTM,5)+2.3\times(P/F,YTM,6)+100\times(P/F,YTM,6)+0.8\times(P/F,YTM,3)=100$

利用试误法与插值法，或者利用 Excel 中的 *RATE* 函数，可以计算出持有的元力转债到期收益率为1.0856%。

(2) 可转债转换为股票的条件是公司股价高于转股价格，因此当元力股份的股价高于 17.61 元时，投资者会行使转股权。

(3) 由题中信息可知，折现率为6.745%，则元力转债的纯粹债券价值为：

$0.1\times(P/F,6.745\%,1)+0.3\times(P/F,6.745\%,2)+0.8\times(P/F,6.745\%,3)+1.3\times(P/F,6.745\%,4)$
$+1.8\times(P/F,6.745\%,5)+2.3\times(P/F,6.745\%,6)+100\times(P/F,6.745\%,4)=72.4645$（元）

转换价值 $=16.7\times5.679=94.8393$（元）

转换溢价率 $=\frac{100}{94.8393}-1=5.44\%$

由题中信息可以利用 $B-S$ 模型计算该债券期权价值，首先，计算 d_1 和 d_2：

$$d_1=\frac{\ln\left(\frac{16.7}{17.61}\right)+\left(0.02755+\frac{0.4^2}{2}\right)\times6}{0.4\times\sqrt{6}}=0.6045$$

$d_2=d_1-\sigma\times\sqrt{T}=0.6045-0.4\times\sqrt{6}=-0.3753$

其次，计算 $N(d_1)$、$N(d_2)$。利用标准正态分布累积概率表和插值法可以求出 $N(0.6045)=0.7272$，$N(-0.3753)=0.3537$，利用 Excel 中的 *NORMSDIST* 函数同样可以求出二者的值。

最后，计算期权价值：

$C=SN(d_1)-Xe^{-rT}N(d_2)=16.7\times0.7272-17.61\times e^{-0.02755\times6}\times0.3537=6.8650$（元）

元力转债的价值 $=94.8393+6.8650=101.7043$（元）

(4) 由于 2021 年 9 月 6 日元力股份股票的市价为 16.70 元，低于转股价格 17.61 元，所以不应该行权。如果该投资者行权，那么行权后投资者可以获得的股票市价为：

$10\times5.679\times14.33=813.80$（万元）

低于投资者的投资成本 1 000 万元，此时行权将会使投资者遭受亏损。

2. (1) 该董事的观点是错误的。该公司采用的是固定支付率股利政策，由于第四年及以后公司净收益水平保持不变，所以第四年以后的股利支付是固定的。

根据固定股利增长模型为 $P_0=\frac{D_1}{r_s-g}$，当股利较高时，在其他条件不变的情况下，股票价格的确也会较高。但是其他条件不是不变的，如果公司提高了股利支付率，股利增长率 g 就会下降，股票价格不一定会上升。如果 ROE 大于 r_s，那么股票价格将会下降。

(2) $r_s=4\%+(8\%-4\%)\times1.5=10\%$

股票价值计算见表 2：

表 2　　股票价值计算

年　份	0	1	2	3	合计
每股股利（元）	2	2.3	2.65	2.86	
现值系数（$i=10\%$）		0.9091	0.8264	0.7531	
股利现值（元/股）		2.09	2.19	2.15	6.43
第 3 年年末股价（元/股）				28.6	

续表

年　份	0	1	2	3	合计
第3年年末股价现值（元/股）				21.54	21.54
股票价值					27.97

第8章

8.3.1　单项选择题

1. B　2. B　3. D　4. A　5. A　6. A　7. B　8. C　9. B　10. B
11. D　12. A

8.3.2　多项选择题

1. CD　2. ABCD　3. CD　4. ABC　5. ABC　6. ACD　7. ABCD
8. ABCD　9. ABCD　10. CD　11. ABC　12. ABCD　13. ABCD　14. BCD
15. BCD

8.3.3　判断题

1. √　2. √　3. √　4. √　5. ×　6. √　7. ×　8. √　9. ×　10. ×
11. ×　12. √　13. ×　14. ×　15. ×

8.3.4　计算分析题

1. 甲公司的并购净收益 = 55 000 − (26 000 + 14 000 + 2 000 + 200) = 12 800（万元）

甲公司该项收购活动可获得的并购净收益为 12 800 万元。

2. 平均市盈率 = (20 + 25 + 15) ÷ 3 = 20

平均市净率 = (1.7 + 1.3 + 1.5) ÷ 3 = 1.5

平均市销率 = (1.3 + 1.2 + 1.1) ÷ 3 = 1.2

A 公司净利润 = 500 × 20 = 10 000（万元）

A 公司净资产 = 6 000 × 1.5 = 9 000（万元）

A 公司销售收入 = 10 000 × 1.2 = 12 000（万元）

因此 A 公司的价值 = (10 000 + 9 000 + 12 000) ÷ 3 = 10 333.33（万元）

3. 用收购后 J 公司产生的现金流量进行折现，对该公司进行价值评估：

$$V=\frac{-500+500\times 0.25+40\times 5}{1+12\%}+\frac{375+40}{12\%}\times\frac{1}{1+12\%}+200\times 3-100\times 5=3\,343\ （万元）$$

因为 J 公司的总价值大于收购价格 1 800 万元，所以该项收购可以进行。除了价格以外，还需要考虑并购会带来的风险，比如增加的经营风险、人员管理的风险，增加的风险反映到折现率的调整，可以尝试按照调整过以后的折现率重新计算 J 公司的价值，再次验证该项并购活动是否能够进行；也要考虑并购以后是否能产生收入、成本、财务等方面的协同效应；还要考虑此次并购和 M 公司未来的经营战略是否匹配。

8.3.5　案例分析题

（1）在业务战略方面，彼时在宏观环境上，城镇居民可支配收入增长和社会零售总额增长放缓，实体零售占比降低，消费者不断转向网上消费，而传统零售触网效果仍未得到验证，大环境对于传统零售业的发展不甚利好，行业发展与预期可能会有较大差距，风险较为明显。在经营管理方面，华润一直未直接参与沃尔玛合资公司的管理，仅在合资公司董事会占少数席位，难以对经营决策产生直接影响，华润万家零售与沃尔玛零售业务也无法产生协同效应，同时华润与英国特易购（Tesco）零售合作，并不以沃尔玛合资公司作为零售业配置的主要方向。在财务资源与组织能力上，当沃尔玛通过合资公司开店时，沃尔玛会要求华润按照股权比例新增资本金，虽然华润有支持项目的财务能力，但沃尔玛已经不再通过合资公司开设新店。另外，由于华润对合资公司无直接管理，对其组织能力没有影响。

在投资回报上，虽然合资公司本身的回报水平良好，与标杆接近，但是由于华润对合资公司没有控制权，回报只能通过派息水平体现，合资公司股权分红比例仅有2%左右，未来预计也不会增加；并且沃尔玛每年还会收取合资公司接近2%的管理费，对于少数股权方华润的回报影响较大。

在增长方面，从外延式增长角度，由于沃尔玛已经停止通过合资公司开设新店，也不会有收购或兼并产生，甚至有关店的可能，合资公司已无法通过对外扩张提供增长动力；从内涵式增长角度，分店多属进入成熟期的老店，增长较为乏力，已经低于行业平均水平，同时还存在继续下滑的趋势。通过以上分析，就不难理解华润为何要处置在沃尔玛合资公司的股权了。而与此同时，沃尔玛总部之前也有归集少数股权的意愿，因此最终由其收购了华润所持沃尔玛中国合资公司的少数股权。

（2）随着外部环境、市场条件以及内部管理能力等因素的变化，公司所拥有的各类存量业务资产的回报、增长及风险等价值关键驱动因素也会发生变化，而公司的业务战略也需要适时调整，并调整优化资产配置，才能实现持续的价值创造。公司通过对存量业务资产的价值分析、评估和检讨工作，会识别出一些与公司业务战略匹配度低、协同效应小、未来回报与增长改善空间预期不大的低效或非核心资产。

第9章

9.3.1 单项选择题

1. B　2. A　3. D　4. B　5. C　6. C　7. A　8. B　9. C　10. B
11. D　12. C　13. D　14. D　15. C　16. A　17. D　18. B　19. A　20. B

9.3.2 多项选择题

1. AB　2. BC　3. CD　4. ACD　5. ACD　6. AC　7. AC
8. ACD　9. AB　10. ABCD　11. BCD　12. ACD　13. BC　14. AD
15. ACD　16. BC　17. ABC　18. CD　19. BC　20. AB

9.3.3 判断题

1. √　2. √　3. ×　4. ×　5. ×　6. √　7. ×　8. ×　9. √　10. ×
11. √　12. √　13. ×　14. √　15. √　16. ×　17. √　18. √　19. ×　20. √

9.3.4 计算分析题

1. 转股价格 = 25 × 80% = 20（元）

可转换债券的转换比率 = 可转换债券面值 ÷ 转换价格 = 100 ÷ 20 = 5

2. 该债券的发行价格为：

$$发行价格 = \sum_{t=1}^{5} \frac{1\,000 \times 3\%}{(1+5\%)^t} + \frac{1\,000}{(1+5\%)^5}$$

$$= \frac{30}{1+5\%} + \frac{30}{(1+5\%)^2} + \frac{30}{(1+5\%)^3} + \frac{30}{(1+5\%)^4} + \frac{30}{(1+5\%)^5} + \frac{1\,000}{(1+5\%)^5}$$

$$= 913.41（万元）$$

3. 现有1亿股股票，每股附有1份认股权。

在第一种情形下，5份认股权才可以购买1股新股，因此可购买新股10 000 ÷ 5 = 4 000（万股）。每股价格为10元，故可筹集10 × 2 000 = 20 000（万元）。

在第二种情形下，每5份认股权可购买2股新股，可购买2 ×（10 000 ÷ 5）= 4 000（万股）新股。以每股5元的价格发售8 000万股新股，也将筹集到2亿元。

在上述两种情况下，公司筹集的资金数额相同，股东的收益相同。

4.（1）融资租赁下资产与负债情况变化如表1所示。

表1 **F公司的资产与负债情况** 单位：万元

资产		债务与股权	
现金	2 500	债务	14 000
财产、厂房和设备	23 500	股权	12 000

债务股权比率 = 14 000 ÷ 12 000 = 1.17

（2）经营租赁下资产负债表没有发生变化。

账面债务股权比率 = 8 000 ÷ 12 000 = 0.67

5.（1）筹资前：

银行借款资本成本 = 10% ×（1 − 25%）= 7.5%

股权资本成本 = 1 ×（1 + 5%）÷ 10 + 5% = 15.5%

加权平均资本成本 = 1 000 ÷ 3 000 × 7.5% + 2 000 ÷ 3 000 × 15.5% = 2.5% + 10.33% = 12.83%

（2）筹资后：

第一种情况，若单纯以银行借款融资，则：

银行借款资本成本 = 12% ×（1 − 25%）= 9%，股权成本 = 15.5%

综合资本成本 = 1 000 ÷ 3 200 × 7.5% + 200 ÷ 3 200 × 9% + 2 000 ÷ 3 200 × 15.5% = 12.56%

第二种情况，若单纯以发行股票筹资，则：

股权资本成本 = 2.1 ÷ 20 + 5% = 15.5%

综合资本成本 = 1 000 ÷ 3 200 × 7.5% + 2 200 ÷ 3 200 × 15.5% = 13%

应选择增发普通股筹资方式，此种筹资方式下，资本结构最优。

9.3.5 案例分析题

（1）会选择借壳上市。因为：

其一，行业内部竞争激烈、竞争对手纷纷上市。随着快递行业的不断成熟，行业成本不断上升，快递企业毛利率整体处于下滑趋势，考虑到通货膨胀、物价上升等因素，整个快递行业的成本上升30%左右，毛利率降至5%左右。面对业务量高速增长、行业利润不断下降的现状，快递行业将迎来洗牌调整的局面，国内快递行业将加速并购整合。A公司如果不积极主动面对目前的行业市场竞争格局，则有可能面临业务增长缓慢以及市场占有率下降的局面。

其二，拓宽融资途径，完善治理结构。A公司着力于向综合物流服务提供商转变，未来在固定资产、基础设施、航空设备、冷链及温控设备等方面需要持续的资金投入，如果没有大量的非债务资金来源，其负债率会继续上升，财务风险会持续加大。面对资金短缺、负债率快速上升等问题，上市进行股权融资是A公司较为合适的选择。因此其最终选择通过借壳上市进入A股资本市场。A公司上市以后，只要遵循证券市场的法律法规就可以筹集到相当规模的资金，有助于缓解公司的资金压力。另外，若成功上市，A公司还可以完善公司治理和经营模式，有效地实施股权激励等措施，优化治理结构，促进公司业绩提升。

其三，拓展业务领域，提高知名度。由于A公司主打高端物流市场，秉持高服务、高质量、高价格的原则，但单一的高端物流市场定位过于狭窄，市场空间有限，因此A公司需要新的领域开拓业务。根据A公司发布的借壳上市公告，可以看出公司将筹到的资本主要用于运输链的建设，也将投资于电子商务产业园的建设，这可以促使公司完善自身的全套供应系统，抢占电子商务市场份额。

其四，借壳上市门槛低、速度快。我国IPO上市需要面对严格的审核且过程烦琐，完成上市所需的时间较长，时间成本较高。对于快递企业来说，如果排队等候IPO，正常走完所有流程，从申请到挂牌，至少需要两年时间。而借壳上市审核简单、速度快、门槛低，即使在国家政策发生变化、借壳上市监管变得更加严厉的情况下，借壳上市仍优于IPO。

（2）企业上市的方式主要有两种。一种是首发股票上市（IPO上市）：是指按照有关法律法规的规定，公司向证券管理部门提出申请，证券管理部门经过审查，符合发行条件，同意公司通过发行一定数量的社会公众股的方式直接在证券市场上市。另一种是买壳上市。它指在证券市场上通过买入一个已经合法上市的公司（壳公司）的控股比例的股份，掌握该公司的控股权后，通过资产的重组，把自己公司的资产与业务注入壳公司，无须经过上市发行新股的申请就可直接取得上市的资格。

借壳上市的特点：首先，上市公司购买的资产对应的经营实体持续经营时间必须在3年以上。其次，一般取得上市公司的控股权主要过程就是以上市公司增发股票的方式进行融资。最后，公司最近两个会计年度净利润须为正数，而且还要超过人民币2 000万元。总的来说，借壳上市的公司具有上述三个特点。注入资金的母公司会凭借市值较低的壳公司的上市资格地位，使自身的资产得以上市，之后多数情况之下这个上市公司就会被改名。

借壳上市注意事项：一是市值大小。壳公司的市值大小是评价壳好坏的首选标准，是关键的借壳上市注意事项。对于借壳上市方而言，目前主要的操作方式都是采用增发新股购买资产。对于借壳方而言，最大的成本在于借壳后权益被原有上市公司分享与摊薄。与IPO的有对价摊薄不同，借壳重组的股比摊薄是无偿的，即为了获取上市地位对上市公司原有股东的利益让渡。二是股本大小。在壳公司市值确定的前提下，股本越小股价越高越好。比如，同为10亿元市值的公司，1亿股本10元股价要好于10亿股本1元股价。尽管从持股比例及估值角度来看并无实质区别。小股本意味着重组后每股收益高，容易得到股东及监管的认可。三是壳是否干净。壳是否干净有两个层面的含义，首先是有没有或有负债或者风险，其次是能否顺利实现剥离。通常而言，壳公司准备放弃控制权接受被重组，多是源于自身经营困难。需要借壳方来拯救危机局面。壳公司的或有负债风险也是必须要关注的，摆在桌面的问题可以在决策前思量代价和解决方案，就怕交易之前不知道的，这是非常重要的借壳上市注意事项。四是能否迁址。这是借壳交易中借壳方非常关注的。目前上市公司注册地、办公地和核心资产所在地不在相同地域的非常多，尽管从投行角度而言，公司的注册地址没那么重要，但是对于企业或者所在地政府而言，这是他们应关注的问题。五是客观认识壳的好坏。借壳交易识别壳的好坏非常重要，但是还是要考虑自身条件。最好的交易并非是找到最好的壳，而是最为适合自己的交易，这是必不可少的借壳上市注意事项。六是其他因素。除了以上因素之外，评价壳好坏的还有交易层面因素，即上市公司或者原有股东的交易诉求。诸如原有股东是否有退出意愿、是否需要支付壳费、是否愿意承接上市公司资产业务等。当然也有非常个性化的评判标准，比如有的重组方对交易所、上市公司地域甚至是股票代码都有喜好。

第10章

10.3.1 单项选择题

1. B 2. A 3. B 4. B 5. C 6. D 7. B 8. C 9. B 10. D

11. B 12. A 13. B 14. B 15. B 16. A 17. B 18. D 19. D 20. B

10.3.2 多项选择题

1. ABD 2. ABC 3. ABCD 4. BC 5. ABC 6. BCD 7. ABD

8. ABC 9. BD 10. AC 11. ABCDE 12. ABCD 13. BCD 14. ABC

15. BD 16. ABC 17. ABC 18. ABCD 19. AB 20. BC

10.3.3 判断题

1. × 2. × 3. × 4. √ 5. √ 6. √ 7. √ 8. × 9. √ 10. ×

11. √ 12. × 13. √ 14. × 15. × 16. √ 17. √ 18. × 19. × 20. √

10.3.4 计算分析题

1. $r_e = \dfrac{D_1}{P_0} + g = \dfrac{85 \times (1+5\%)}{500} + 5\% = 22.85\%$

2. 20×0 年息税前利润 = 400 ÷ 2 = 200（万元）

   20×1 年息税前利润变动率(ΔEBIT/EBIT) = 销售增长百分比 × DOL = 25% × 2 = 50%

   息税前利润预计 = 200 ×（1 + 50%）= 300（万元）

3. （1）20×0 年度的息税前利润 = (0.6 − 0.4) × 80 000 − 10 000 = 6 000（万元）

   （2）DOL = 80 000 × (0.6 − 0.4) ÷ [80 000 × (0.6 − 0.4) − 10 000] = 2.67

   DFL = 6 000 ÷ (6 000 − 4 000) = 3

   DTL = DOL × DFL = 2.67 × 3 = 8.01

4. （1）20×0 年企业的边际贡献总额 = 营业收入 − 变动成本 = 10 000 × 6 − 10 000 × 3 = 30 000（元）

   （2）20×0 年企业的息税前利润 = 边际贡献总额 − 固定成本 = 30 000 − 10 000 = 20 000（元）

   （3）20×1 年经营杠杆系数 = 基期边际贡献 ÷ 基期息税前利润 = 30 000 ÷ 20 000 = 1.5

   （4）20×1 年息税前利润增长率 = 1.5 × 20% = 30%

   （5）20×1 年财务杠杆系数 = $EBIT \div (EBIT - I)$ = 20 000 ÷ (20 000 − 5 000) = 1.33

   20×1 年总杠杆系数 = 财务杠杆系数 × 经营杠杆系数 = 1.5 × 1.33 = 1.995

5. （1）方案一：

总杠杆系数 = 边际贡献 ÷ 税前利润

= 5 × (150 − 100) ÷ [5 × (150 − 100) − 105] = 1.72

方案二：

总杠杆系数 = 边际贡献 ÷ 税前利润

= 5 × (150 − 80) ÷ [5 × (150 − 80) − 120 − 500 × 5% − 200 × 6%] = 1.81

方案三：

总杠杆系数 = 边际贡献 ÷ 税前利润

= 5 × (150 − 80) ÷ [5 × (150 − 80) − 120 − 500 × 5%] = 1.71

（2）由于方案二的总杠杆系数最大，所以，方案二的风险最大。

（3）令每股收益为零时的销量为 Q 万件，则：

方案一：$[Q\times(150-100)-105]\times(1-25\%)=0$

$Q=2.1$（万件）

方案二：$[Q\times(150-80)-120-500\times5\%-200\times6\%]\times(1-25\%)=0$

$Q=2.24$（万件）

方案三：$[Q\times(150-80)-120-500\times5\%]\times(1-25\%)=0$

$Q=2.07$（万件）

（4）若销量下降至 21 000 件时，方案三更好些，理由：若销量下降至 21 000 件时，采用方案三还会有利润，而采用方案二则企业处于亏损状态。

6.（1）首先，利用 CAPM 模型计算 Y 公司的股权资本成本：

$r_Y=r_f+\beta\times(r_m-r_f)=4\%+1.2\times(10.5\%-4\%)=11.80\%$

其次，计算 Y 公司股票和债券的市场价值：

Y 公司股票总市价 $=1\ 500\times8.4=12\ 600$（万元）

Y 公司债券总市价 $=1\ 500\div100\times94.74=1\ 421.10$（万元）

最后，计算 Y 公司的加权平均资本成本：

$$WACC=11.80\%\times\left(\frac{12\ 600}{12\ 600+1\ 421.10}\right)+5.87\%\times\left(\frac{1\ 421.10}{12\ 600+1\ 421.10}\right)=11.19\%$$

（2）N 公司当前每股股利 $=1.6\times45\%=0.72$（元）

根据股利固定增长模型可以计算得出：

$$N\text{公司每股股票的内在价值}=\frac{D_0\times(1+g)}{r_s-g}=\frac{0.72\times(1+4.5\%)}{12\%-4.5\%}=10.03\text{（元/股）}$$

N 公司股权总市值 $=10.03\times500=5\ 015$（万元）

（3）Y 公司融资前的经营杠杆系数、财务杠杆系数和总杠杆系数：

$$DOL=\frac{S-VC}{S-VC-F}=\frac{EBIT+F}{EBIT}=\frac{3\ 600+800}{3\ 600}=1.22$$

$$DFL=\frac{3\ 600}{3\ 600-1\ 500\times7\%}=1.03$$

$DTL=DOL\times DFL=1.22\times1.03=1.26$

Y 公司融资后的经营杠杆系数、财务杠杆系数和总杠杆系数：

$$DOL=\frac{S-VC}{S-VC-F}=\frac{EBIT+F}{EBIT}=\frac{3\ 600+800}{3\ 600}=1.22$$

$$DFL=\frac{3\ 600}{3\ 600-1\ 500\times7\%-6\ 000\times8\%}=1.19$$

$DTL=DOL\times DFL=1.22\times1.19=1.45$

（4）Y 公司融资方式的选择：

Y 公司两个融资方案的无差别点由下式：

$$\frac{(\overline{EBIT}-1\ 500\times7\%)\times(1-30\%)}{1\ 500+6\ 000}=\frac{(\overline{EBIT}-1\ 500\times7\%-6\ 000\times8\%)\times(1-30\%)}{1\ 500}$$

可以解得：

$\overline{EBIT}=705$（万元）

由于公司当前的息税前利润为3 600万元，高于每股收益无差别点息税前利润705万元，所以应该采取长期借款方式融资。

显然，上述计算结果与投行建议的借款融资一致。若采用借款满足收购N公司的资金需求，收购完成后，公司的债务规模将大幅增加，财务杠杆急剧提升，由此会产生相应的财务风险（还本付息的能力及潜在的破产风险）。

10.3.5 案例分析题

（1）近六年F集团的资产负债率整体呈现V型变化的特点，2015～2016年F集团的资产负债率远超于钢铁行业平均值，分别达到75.63%和65.46%，财务风险较高，偿债压力大。2016年以来，国家相继出台了一系列支持政策，在重点行业推行去杠杆政策。F集团抓住时机实施股票激励计划，吸收直接投资，增加权益资本比例，减少负债规模，公司的资产负债率由此大幅度降低，2018年资产负债率只有29.96%。到了2019年，公司的资产负债率又呈现上升的势头，2020年资产负债率又有所下降。

2015～2020年F集团的流动负债占负债总额的比率极高，每一年都超过97%，远远超过行业平均水平。与长期负债相比，短期负债最主要的优点是筹资成本低，但是短期偿债压力大，有着较高的财务风险，这种债务结构需要公司具有较好的经营状况与稳定的现金流，否则容易出现难以偿还到期债务的风险。

2015～2020年F集团的长期负债比率最高只有2.78%，虽然长期负债比率不断上升，但是上升的幅度极小，并且这六年F集团的长期负债比率远远低于行业平均值。说明F集团还是大量依靠短期的流动负债取得资金来源，这属于比较激进的融资模式。

2015～2020年F集团内源融资占比不断上升，在2020年达到最高，表明公司经营状况不断改善，自我发展能力不断提高，并且重视利用内部资金。外源融资中负债融资是最主要的融资方式，2015年最高达到78.05%，此后不断下降。股权融资占比在2018年和2019年得到大幅度提升。负债融资方面，该公司主要使用短期借款、应付票据和应付账款。可以看出该公司的融资首先考虑负债融资，然后是股权融资。随着盈利能力增强，在“去杠杆”的政策环境下，开始重视对内源融资的利用。

（2）钢铁行业资本结构存在的主要问题是负债结构不合理，流动负债比例过高。我国钢铁企业在负债结构安排上，企业的流动负债比例大部分都在70%以上，这个水平远远高于50%的安全水平范围。企业拥有过高的流动负债不仅会加大短期还款压力从而增加负债的成本，还会使得企业的信用风险大大增加。再加上钢铁行业也属于资本密集型行业，在以后发展的道路中对其研发投入的费用会逐渐提高，这就要求企业的资金要保持一定的稳定性，所以流动负债比例偏高对钢铁行业上市公司的资金周转也会造成不好的影响。

F集团主要采取去杠杆的方式实现资本结构优化。积极地转变企业融资结构，提高了股权融资比例：改变企业负债组成，降低了有息负债的比例，整合资产配置，使企业的资金分配到实处，投入金融资产保证了企业资金的充足，投入固定资产使企业生产效率提高，管理存货减少资金的浪费；降低企业生产成本，降本增效显著。这种内涵式发展道路，使得公司的资本增多、资产增加、收入提升、利润最大化，随之也减少了企业借债的需要，从而达到“去杠杆”的目的。

（3）第一，降低并稳定负债水平，保持合理的区间。资本结构权衡理论表明，公司负债能够带来节税收益，但是负债水平过高可能导致公司陷入财务困境，进而产生一系列的破产和清算成本。公司资本结构管理就是要在负债所带来的抵税收益与公司负债增加所带来的财务成本之间寻找一种平衡关系，使得企业价值最大，即可达到公司的最优资本结构。F 集团的资产负债率在 2015 ~ 2019 年的变动比较大，缺乏稳定性。公司一方面需要根据行业发展前景和公司经营业务状况，确定公司资产负债率的合理区间水平，调整公司的资本结构达到最优的目标水平，使公司的综合资本成本和财务风险最低，实现公司价值最大化；另一方面需要保持资产负债率一定的稳定性，通过多元化的融资方式筹集公司发展所需资金，避免负债水平过高。

第二，优化负债结构，降低流动负债比例。公司应该协调好流动负债和长期负债的比例结构，以适应公司经营管理的资金需求，同时也应避免还款时间过于集中带来的财务风险。公司在安排负债结构时，应减少使用短期借款，增加长期借款的比例。F 公司近六年的流动负债占比都在 97% 以上，远远高于行业水平，而长期负债占比还徘徊在 2% 左右，在稳定的经营环境中且企业的经营能力较强、流动性充足的情况下，较高的流动负债也可以接受。但若在不稳定的因素下，较高的流动负债将限制企业的流动性，将会对企业的经营造成影响，不利于企业的长久发展。所以，公司应着重降低企业流动负债的比重，使公司债务的期限结构更加合理，从而降低公司短期偿债风险。虽然长期负债的资本成本更高，但是相对短期负债而言，长期负债能够长期稳定为企业提供资金，有利于提高公司财务的稳健性。

第三，拓宽融资渠道，进行多元化融资。企业要开拓多种融资渠道，多元化融资方式相互结合，优化资本结构。应充分地发挥股权融资的作用，增加股权融资比例。通过实行股票激励计划或者增发新股等方式，扩大公司股本，增强公司资本实力。通过增加权益资本的比例，降低债务资本的比例，提高公司的偿债能力，实现降杠杆的目的。F 公司可以增加长期借款、发行中长期企业债券以提高长期负债的占比，相应降低流动负债占比。钢铁行业作为典型的重资产行业，并且与宏观经济周期密切相关，增加长期资本的比重，虽然可能会增加资金成本，但是有利于企业资本结构的稳定性，避免短贷长投所带来的财务风险。

第四，内源融资与外源融资相协调。F 集团目前主要是通过外源融资筹集资金，所以需要完善内源融资渠道，让内源融资与外源融资相互协调发展。内源融资对钢铁企业来说，优点是成本最低、风险最小的金融工具，但是短期效果不明显。完善内源融资，需要公司提高企业经营管理水平，注重科技投入，提高企业的核心竞争力，增强产品市场占有率和盈利能力，增加企业税后利润。还可以通过成本的节约，提高资产周转率来盘活资源。利润分配政策方面，通过提高留存收益的利用率，适当增加盈余公积的比率，挖掘和整合公司的闲置资金，提高企业内源融资比重，减少对外源融资的依存度。

第 11 章

11.3.1 单项选择题

1. D　2. C　3. D　4. B　5. A　6. B　7. B　8. C　9. A　10. C
11. D　12. D　13. C　14. A　15. D　16. D

11.3.2 多项选择题

1. ABD　2. BC　3. CD　4. AB　5. ABD　6. ABCD　7. BCD
8. ABCD　9. ABCD　10. ACD　11. ABCD　12. BD　13. ABCD　14. CD
15. AD　16. ABCD

11.3.3 判断题

1. √ 2. √ 3. √ 4. √ 5. √ 6. × 7. √ 8. × 9. √ 10. ×
11. √ 12. √ 13. × 14. × 15. ×

11.3.4 计算分析题

1. （1）发放现金股利所需税后利润 = 0.05 × 6 000 = 300（万元）

（2）投资项目所需税后利润 = 4 000 × 45% = 1 800（万元）

（3）计划年度税后利润 = 300 + 1 800 = 2 100（万元）

（4）税前利润 = 2 100 ÷ (1 − 25%) = 2 800（万元）

（5）计划年度借款利息 = (原长期借款 + 新增借款) × 利率

= [(9 000 ÷ 45%) × 55% + 4 000 × 55%] × 11% = 1 452（万元）

（6）息税前利润 = 2 800 + 1 452 = 4 252（万元）

2. （1）如果不考虑所得税因素，两种方案对 H 公司股东财富的影响没有区别。如果回购股票，回购后的股价为 54 元，而若发放现金股利，股东财富仍为每股 54 元（现金收入 4 元和每股价值为 50 元的股票）。

（2）如果大多数股东的边际税率都很高，股票回购方式优于现金股利。因为收到现金股利需立即交纳股利所得税，对于股票回购仅当股票出售后，才需交纳资本利得税。

（3）从管理当局而言，公司采取股票回购的方式主要有以下目的：第一，防止敌意收购；第二，满足可转换条款和有助于认股权的行使而不必另行发行新股；第三，改善公司的资本结构，用举债获得的现金回购自己的股票，实现资本结构的合理化；第四，分配公司的超额现金，在其他条件不变的情况下，可使每股收益和每股市价提高；第五，向市场传递公司股价被低估的信号。

3. （1）B 公司采取固定股利支付政策，向市场传递的信号是公司的经营状况较为稳定；A 公司的股利受盈利水平影响较大。因此，在其他因素一定的条件下，B 公司的股价会高于 A 公司的股价。

（2）从两个公司的财务记录来看，它们的盈利水平呈下降状态，也许公司采取低正常股利加额外股利政策是可行的，如每年的股利保持在 1.00 元左右，而在公司收益有较大幅度增长时向股东发放额外的股利。这样既可使公司保持固定股利的记录，又可使股东分享公司盈利时的好处。不仅如此，额外股利还可向市场传递有关公司目前与未来经营业绩的积极信息。但如果公司经常连续支付额外股利，它就失去了原有的目的。

4. 公司股利发放额 = 16 500 000 × 0.5 = 8 250 000（元）

每股股利 = 8 250 000 ÷ 2 062 500 = 4（元/股）

假定不回购：每股价值 = 32 + 4 = 36（元/股）

假定回购 187 500 股，需现金支付 6 000 000 元（32 × 187 500）

回购后剩余股利 = 8 250 000 − 6 000 000 = 2 250 000（元）

剩余股数 = 2 062 500 − 187 500 = 1 875 000（股）

每股股利 = 2 250 000 ÷ 1 875 000 = 1.2（元/股）

新 EPS：16 500 000 ÷ 1 875 000 = 8.8（元/股）

因为 P/EPS = 4，所以 P = EPS × 4 = 8.8 × 4 = 35.2（元/股）

回购后股票价值 = 35.2 + 1.2 = 36.4（元/股）

因此该公司应该回购股票，因为股东能得益 0.4 元。

5. （1）股票分割以后，股东权益各项目金额如表 1 所示。

表 1　　股东权益项目　　单位：万元

项　目	金　额
股本（面值 5 元，16 000 万股）	80 000
资本公积	48 000
盈余公积	36 000
未分配利润	54 000
股东权益合计	218 000

未分配利润 $=54\ 000-80\ 000\times\frac{1}{10}-16\ 000\times0.2=42\ 800$（万元）

股本 $=80\ 000+8\ 000=88\ 000$（万元）

分配股利以后，股东权益各项目金额如表 2 所示。

表 2　　分配股利后股东权益项目　　单位：万元

项　目	金　额
股本（面值 5 元，17 600 万股）	88 000
资本公积	48 000
盈余公积	36 000
未分配利润	42 800
股东权益合计	214 800

（2）股票分割和股利分配以后，持有 X 公司普通股股数是 22 000 股。

股票价格 $=68\times8\ 000\div17\ 600-0.20=30.71$（元/股）

原来的财富 $=68\times10\ 000=680\ 000$（元）

现在的财富 $=68\times8\ 000\div17\ 600\times22\ 000=680\ 000$（元）

所拥有的财富不会因股票分割和分配股利而变化。

6.（1）2022 年投资方案所需的自有资金额 $=700\times60\%=420$（万元）

2022 年投资方案所需从外部借入的债务资金额 $=700\times40\%=280$（万元）

或者：2022 年投资方案所需从外部借入的债务资金额 $=700-420=280$（万元）

（2）2021 年度应分配的现金股利 = 净利润 − 2022 年投资方案所带的自有资金额

$=900-420=480$（万元）

（3）2021 年度应分配的现金股利 = 上年分配的现金股利 = 550（万元）

可用于 2022 年投资的留存收益 $=900-550=350$（万元）

2022 年投资需要额外筹集的资金额 $=700-350=350$（万元）

（4）该公司的股利支付率 $=550\div1\ 000\times100\%=55\%$

2021 年度应分配的现金股利 $=55\%\times900=495$（万元）

（5）因为公司只能从内部筹资且不考虑目标资本结构，所以 2022 年的投资需要从 2021 年的净利润中留存 700 万元，所以 2021 年度应分配的现金股利 $=900-700=200$（万元）。

11.3.5　案例分析题

1.（1）格力电器没有实行固定或持续增长的股利政策，2012～2016 年股利持续增长，但增幅并不一致，但其股利的支付与经营业绩呈正相关，实行的是较为宽松的股利政策。从支付方式来看，格力电器自上市以来一直采取现金股利为主、股票股利为辅的高现金分红股利政策。从2012年以来，除了2017年由于产能基地建设的大规模投资宣布不分红以外，格力电器母公司2016年度分红总额占到净利润总额的70.22%，2020年在疫情严重的形势下依旧分红，2020年现金分红总额占归属于上市公司普通股股东净利润的比例更是超出了100%。

（2）格力电器的盈利能力指标、偿债能力指标、营运能力指标分别如表3～表5所示。

表3　　格力电器的盈利能力指标　　单位：%

盈利能力指标	2020-12-31	2019-12-31	2018-12-31	2017-12-31	2016-12-31	2015-12-31	2014-11-31	2013-12-31	2012-12-31
净资产收益率（加权）	18.88	25.72	33.36	37.44	30.44	27.24	35.23	35.77	31.38
净资产收益率（扣非/加权）	17.27	25.17	32.56	35.38	30.77	26.84	35.20	29.31	29.75
总资产收益率（加权）	7.93	9.30	11.32	11.33	9.05	7.94	9.83	9.06	7.72
销售毛利率	26.14	27.58	30.23	32.86	32.70	32.46	36.10	33.04	26.29
销售净利率	13.25	12.53	13.31	15.18	14.37	12.91	10.35	9.11	7.5

表4　　格力电器的偿债能力指标

偿债能力指标	2020-1-31	2019-12-31	2018-12-31	2017-12-31	2016-12-31	2015-12-31	2014-12-31	2013-12-31	2012-12-31
流动比率	1.348	1.258	1.267	1.163	1.127	1.074	1.108	1.075	1.079
速动比率	1.172	1.116	1.140	1.051	1.055	0.990	1.029	0.939	0.861
现金流量比率	0.121	0.164	0.171	0.111	0.117	0.394	0.175	0.134	0.234
资产负债率（%）	58.14	60.40	63.10	68.90	69.87	69.96	71.11	73.55	74.36
权益乘数	2.389	2.525	2.710	3.216	3.319	3.329	3.462	3.780	3.900
产权比率	1.409	1.552	1.736	2.258	2.361	2.381	2.516	2.851	2.99112

表5　　格力电器的营运能力指标

营运能力指标	2020-12-31	2019-12-31	2018-12-31	2017-12-31	2016-12-31	2015-12-31	2014-12-31	2013-12-31	2012-11-31
总资产周转天数（天）	593.5	479.6	419.5	476.8	562.4	569.1	372.8	361.8	346.6
存资周转天数（天）	75.29	55.31	47.63	46.27	45.69	49.28	44.42	67.98	85.42
应收账款周转天数（天）	18.46	47.35	74.21	86.01	84.01	130.6	132.4	125.8	128.1
总资产周转率（次）	0.607	0.751	0.858	0.755	0.640	0.633	0.966	0.995	1.039
存货周转率（次）	4.781	6.508	7.558	7.780	7.880	7.306	8.104	5.296	4.215
应收账款周转率（次）	19.50	7.603	4.851	4.185	4.285	2.757	2.720	2.861	2.811

较稳定的盈利能力和充足的现金流为格力电器选择高派现的股利政策提供了基础，投资收益率和股利支付率基本保持一致的变化。反过来，持续的现金分红虽然会带来流动性的下降，但同时也体现了公

司的盈利能力，这会提升股东对公司发展的信心，从而对资金来源的稳定性提供一定的保证，因此形成的强融资能力又弥补了现金分红所带来的流动性下降，形成了一个良性循环。

从格力电器2020年的各项财务指标看：2020年公司的总资产周转率和存货周转率明显下降，应收账款周转率明显增加，这说明资产总体运营效率下降，产品销售不力，营业总收入降低14.97%。公司的资产负债率和权益乘数都下降，表明公司降低了财务杠杆水平，公司的销售净利率13.25%比2019年略有提高，从长期看仍然处于较高水平，这说明公司产品销售的盈利能力并没有减弱，但由于权益乘数和总资产周转率的下降，净资产收益率明显降低。从公司的经营情况来看，12倍的市盈率处于较低水平，公司股票估值偏低。

（3）根据上面对格力电器历年经营情况的分析，和2020年4月份第一期回购前的股价，公司股票的市盈率不到12倍，公司股票估值偏低，因此格力电器回购股份有传递股价被低估的动机。此外，回购股份也有未来用于实施股权激励或员工持股计划的目的。

（4）公司通过三次股份回购，股票价格从2020年12月初以来一路下跌，至2021年9月15日公司已经完成三期股份回购，但股价跌破了40元。股价下跌有多种原因，既有股票市场大势的影响，也有投资者对公司未来预期的判断。2021年春节后反映中国股市大公司的沪深300指数有较大幅度下跌，市场风格发生转化，中小型成长股表现较好；另外，公司的营业总收入增长率和净利率增长率在2019年和2020年已经连续两年下降，这说明投资者对未来业绩下降趋势能否扭转依然信心不足。

2.（1）股份公司派发股利的方式一般有现金股利、股票股利、财产股利和负债股利。现金股利是指公司以现金形式向股东分配的股利；股票股利是指股份有限公司以股票的形式向股东分配的股利；财产股利是股份公司用现金以外的财产来支付股息和红利，通常是用公司资产中拥有的其他公司有价证券。本案例中，腾讯控股将所持有的4.57亿股京东集团股份作为中期股息派发给股东，属于财产股利形式中的证券股利。负债股利是公司以应付票据或发行公司债券等方式抵付已宣告的股利。这种形式在实务中很少见。

（2）证券股利的优点：与现金股利相比，证券股利不会增加公司的现金流出，不会给企业带来现金支付压力；流动性较强仅次于现金，投资者愿意接受，给予了投资者一定的选择权，可以继续持有，也可以变现。

证券股利的缺点：只有那些声誉好且经济实力又强的大公司发行的证券，由于流动性强，在资本市场上容易变现，股东才对其股利与现金股利的偏好没有多大的差别。而对于其他公司发行的证券，其流动性存在差异，当股东收到这种证券股利时，他们从中获得的利益具有不确定性。

（3）首先，符合腾讯的投资战略。投资发展期的成长型企业一直是腾讯投资的主要战略方向。从企业的发展周期来看，其在发展阶段的增长最为迅猛，这也是风投和创投一旦成功，回报远高于成熟企业的原因。京东是腾讯非常成功的风投案例。京东最早于纳斯达克上市时的股价为19美元/ADS（相当于每股普通股9.5美元，约合74.09港元），2021年京东的股价已达259.60港元，是原来的3.5倍。因此腾讯的收益已十分丰厚，而且通过与京东互利互惠的战略合作，也提升了腾讯的整体服务生态效率。但随着企业走向成熟，业绩增速趋于稳定，腾讯投资的边际收益将进一步下降，所以在行业转向、企业盈利增速可能达到最高时减持是明智的选择。

其次，京东物流、京东健康的成功上市，京东产发获得了新加坡主权投资基金的支持，都足以证明京东已经具有了自我资金筹集的能力，对腾讯的依赖明显减弱，和腾讯解绑之后，可以谋求生态业务的扩张。当被投企业有持续自筹资金能力时，腾讯选择了在适当情况下退出投资并与股东分享收益。此次腾讯虽然通过派股的形式减持京东，但二者均表示会继续保持紧密的战略伙伴关系，为股东和全社会创造更大的价值。

最后，规避潜在的风险。2021 年以来，大型互联网公司的监管和发展环境发生了显著变化。合规成本的增加，获取流量成本的增加，算法受监管风险增加、数据安全的要求更加严格等，都给京东等电商平台带来了新的挑战和风险，减持可以帮助腾讯规避未来的不确定性。但同时上述措施将鼓励竞争，有利于中小企业、科创企业的发展和壮大，而这些企业正是腾讯投资关注的重点。

(4) 在宣布交易以后，腾讯的股价单日大涨 4.24%，而京东港股却下滑了 7.02%。市场对二者产生了完全不同的反应。大股东减持是向市场传递了偏向负面的信息，市场对于二者之间的合作关系是否能继续保持亲密持怀疑态度，所以京东股价短期内必然出现下跌。而腾讯股价大涨的原因主要有：

第一，投资者看到了腾讯派息态度的变化。从 2004 年上市到 2020 年，腾讯从未发过中期股息，末期派息也很少，股息的增长速度远低于盈利的增长。在收益和股息均达到最高的 2020 年，其每股盈利为 16.84 元人民币，而末期股息仅为每股 1.6 港元，派息率不到 8%。而此次用京东股份派息，不仅放在了中期，而且相当实惠，让投资者看到了未来增加派息的可能性。

第二，通过派息减持京东，对腾讯未来的业务并没有太大影响。没有了京东的牵绊，腾讯或有更大的能动性，可以扶持新的业务生态、扩大未来的发展空间。

第三，截至 2021 年 9 月 30 日，腾讯于上市联营公司的投资公允价值为 9 474 亿元，而其入账的成本只有 2 434.74 亿元，说明其拥有庞大的投资资产池，一旦出售，无论是确认为公司的回报，还是像本例中作为证券股利分派回馈给股东，都是释放了巨大的价值，因此增强了投资者的信心。

第12章

12.3.1 单项选择题

1. B　2. A　3. A　4. B　5. D　6. A　7. C　8. C　9. B　10. D
11. C　12. B　13. D　14. D　15. C　16. A　17. C　18. B　19. D　20. A

12.3.2 多项选择题

1. ABC　2. ABC　3. AB　4. CD　5. AD　6. CD　7. ACD
8. ABC　9. ABCD　10. ACD　11. ABCD　12. AC　13. ABC　14. CD
15. BC　16. ABD　17. BC　18. AB　19. CD　20. AD

12.3.3 判断题

1. √　2. √　3. √　4. ×　5. ×　6. √　7. ×　8. ×　9. ×　10. ×
11. √　12. ×　13. √　14. √　15. ×　16. ×　17. ×　18. ×　19. ×　20. √

12.3.4 计算分析题

1. 本题考查应付账款与短期借款两种融资方式的选择，选择的关键在于比较放弃现金折扣的成本率和短期借款实际利率的高低。应付账款如果在第 30 天支付就可以享受 3% 的折扣，因此放弃应付账款的现金折扣有一定的机会成本，放弃应付账款现金折扣的成本率，就是利用现金折扣的收益率。短期借款由于需要保持 10% 的补偿性余额，企业实际可使用的款项仅为借款金额的 90%，所以短期借款实际利率并不是 10%。通过计算不同方式的资金成本，选择成本最低的融资方式。

具体计算为：

放弃现金折扣的成本率 $=\frac{3\%}{1-3\%}\times\frac{365}{80-30}=22.58\%$

银行贷款的实际利率为 $(100\ 000\times10\%)\div(100\ 000\times90\%)=11.11\%$

由于 $22.58\%>11.11\%$，所以银行贷款为成本最低的资金来源。

2. 该公司新的信用政策放宽了信用期和现金折扣率的标准，新的收账政策也改变了收账费用和坏账损失。放宽的新信用政策和收账政策，使企业营业收入增加到660万元，但同时也增加了以下成本：(1) 部分顾客享受2%的现金折扣而使企业产生了附加成本；(2) 顾客延长时间付款，增加了应收账款的资金占用量；(3) 坏账损失的比例由原来的2.5%提高为6%。公司应基于新政策增加的收益和成本的权衡，做出是否实行新政策的决策。

具体计算：

(1) 计算收益的变动。

收益变动额 $=[660\times(1-70\%)-660\times2\%\times0.6]-[500\times(1-70\%)-500\times1\%\times0.5]$

$=42.58$（万元）

(2) 计算成本的变动。

原收账政策的平均收账期 $=50\%\times10+40\%\times30+10\%\times50=22$（天）

原收账政策下的应收账款占用资金 $=500\div(365\div22)\times70\%=21.10$（万元）

新的收账政策的平均收账期 $=60\%\times10+20\%\times40+20\%\times50=24$（天）

新收账政策下的应收账款占用资金 $=660\div(365\div24)\times70\%=30.37$（万元）

资金变动额 $=30.37-21.10=9.27$（万元）

机会成本（应计利息）变动额 $=9.27\times10\%=0.927$（万元）

坏账损失变动额 $=660\times6\%-500\times2.5\%=27.10$（万元）

收账费用变动额 $=2-5=-3$（万元）

(3) 收益与成本比较。

增加的利润 $=42.58-27.1-0.927+3=17.553$（万元）

所以应该改变收账政策。

思路总结：是否改变信用政策的分析，最核心的内容在于比较新增的营业收入所带来的利润增加值与所产生的成本增加值。如果利润的增加大于成本的增加，则采用新的信用政策，否则保持原来的信用政策。

3. 营运资金融资策略包括配比型、激进型和稳健性三种。三种策略体现不同类型负债和不同类型资产的匹配方式不同。在激进型策略下，临时负债大于临时流动资产，它不仅解决临时性流动资产的资金需求，还要解决部分永久性资产的资金需求。分析营运资金融集策略的优缺点则主要从融资成本和风险两个角度讨论。具体计算：

(1) 临时负债 $=(1\ 000+400+400)-1\ 200=600$（万元）

临时性流动资产为400万元。

该企业有200万元的临时性负债为永久性资产融资，所以该企业采用了激进型营运资金融资策略。

(2) 从融资成本上看，激进型策略下，企业的融资成本为：$1\ 200\times12\%+600\times10\%=204$（万元）。若采用适中型融资策略，融资成本为：$1\ 400\times12\%+400\times10\%=208$（万元）。激进型策略的融资成本小于适中型融资策略的融资成本。

从风险来看，激进型策略下，临时性负债占企业全部资金来源的比重为33.3%$(600\div1\ 800)$。若采用适中型融资策略，临时性负债占企业全部资金来源的比重为22.2%$(400\div1\ 800)$。临时性负债的偿还期限通常较短，而且面临更大的短期负债利率变动的风险。激进型策略下，临时性负债占企业全部资金来源的比重较高，企业需要更经常地举债和还债，加大了融资困难和风险；面临的临时性负债利率变化风险也更大。

总结：营运资金融资政策略的选择要权衡收益和风险，因此分析每一家企业的营运资金融资策略时，需要综合考虑其融资成本、债务偿还风险和利率变化风险等因素。

4. 第四种贷款条件的实际利率最低。

具体计算：第一种贷款条件的实际利率 = 15%

第二种贷款条件的实际利率 = 12% ÷（1 - 20%）= 15%

第三种贷款条件的实际利率 = 10 000 × 10% ÷（10 000 ÷ 2）= 20%

第四种贷款条件的实际利率 = 8% ×（1 - 8%）×（1 - 15%）= 6.3%

12.3.5 案例分析题

1.（1）会计人员混淆了资金的 5 天使用成本与 1 年的使用成本。必须将时间长度转化一致，这两种成本才具有可比性。

（2）2% ÷（1 - 2%）×（360 ÷ 5）= 146.93%

（3）假如公司被迫必须使用推迟付款方式，则应在购货后 30 天付款，而非 15 天付款，这样年利息成本可下降至 2% ÷（1 - 2%）×（360 ÷ 20）= 36.73%

2.（1）放弃现金折扣的机会成本 = 2% ÷（1 - 2%）× [360 ÷（40 - 10）] = 24.49%

（2）应借款总额 = 495 000 ÷（1 - 20%）= 618 750（元）

借款的实际年利率 = 8% ÷（1 - 20%）= 10%

（3）应借款总额 = 495 000 ÷（1 - 1%）= 500 000（元）

借款的实际年利率 = 1% ÷（1 - 1%）× 12 = 12.12%

（4）方案 2 的筹资成本最小，应该选择方案 2。

3.（1）A = 1 000 ×（1 - 3%）× 6% ÷ 360 ×（90 - 10）= 12.93（万元）

B = 1 000 × 3% - 12.93 = 17.07（万元）

C = 1 000 × 2.5% = 25（万元）

D = [2.5% ÷（1 - 2.5%）] × [360 ÷（90 - 30）] = 15.38%

（2）应选择在第 10 天付款。因为在第 10 天付款，净收益为 17.07 万元，在第 30 天付款，净收益为 15.25 万元，在第 90 天付款，净收益为 0。

第13章

13.3.1 单项选择题

1. C　2. D　3. D　4. C　5. C　6. C　7. C　8. A　9. B　10. B
11. D　12. D　13. D　14. B　15. D　16. B　17. C　18. C　19. B　20. C

13.3.2 多项选择题

1. AC　2. AC　3. ABD　4. ABD　5. AD　6. AB　7. AC
8. AD　9. BCD　10. BD　11. ABD　12. ABD　13. ABCD　14. ABCD
15. ACD　16. AB　17. ABCD　18. AB　19. BD　20. ABCD

13.3.3 判断题

1. × 2. × 3. √ 4. × 5. × 6. × 7. × 8. × 9. × 10. ×
11. √ 12. √ 13. √ 14. × 15. √ 16. √ 17. √ 18. ×

13.3.4 计算分析题

1.（1）现金周转期 = 存货周转期 + 应收账款周转期 − 应付账款周转期

= 50 + 60 − 30 = 80（天）

（2）应收账款周转率 = 360 ÷ 60 = 6（次）

应收账款平均余额 = 4 200 000 ÷ 6 = 700 000（元）

维持应收账款所需的资金（应付账款平均余额）= 700 000 × 80% = 560 000（元）

公司在支付56万元的货款之后要等待30天才能收到70万元的销售收入，所以在支付货款时需要筹集56万元并承担30天（1个月）的利息。

应收账款的机会成本 = 560 000 × 1% = 5 600（元）

5 600元是应收账款每周转一次所产生的机会成本，应为每年周转6次，所以全年的机会成本是5 600 × 6 = 33 600（元）

（3）公司存货周转次数 = 360 ÷ 50 = 7.2（次）

（4）公司的现金周转存在问题，作为从事电器生产和销售的企业，存货周转和应收账款周转过慢，导致资金占压并产生相应的机会成本，公司应尽力加快存货周转，加快应收账款的回收，例如，采用拉动式生产模式，与供应商建立紧密合作关系，小批量多批次进货，降低库存积压，采用加强信用管理、利用销售折扣等方式加快应收账款的回收，等等。

2. 存货周转率为2时的平均存货量 = 10 000 ÷ 2 = 5 000（万元）

存货周转率为10时的平均存货量 = 10 000 ÷ 10 = 1 000（万元）

所以可以释放4 000万元的现金。

实施适时制可以帮助公司释放存货占压的资金，降低企业的融资成本，减少公司存量现金需求。同时可以降低存货的储存和管理成本，减少保险费和存货贬值、腐坏、丢失等原因带来的损失。实施适时制可以大大缩短公司的生产周期，提高现金周转速度，提高公司的制造能力和产品质量，使公司可以更加快速高效地满足客户需求。

3.（1）应收账款周转期 = 40% × 10 + 60% × 60 = 40（天）

应收账款周转率 = 360 ÷ 40 = 9（次）

应收账款平均余额 = 1 800 000 ÷ 9 = 200 000（元）

（2）应收账款周转期 = 40% × 10 + 60% × 40 = 4 + 24 = 28（天）

应收账款平均余额 = 1 800 000 × 28 ÷ 360 = 140 000（元）

应收账款平均余额会下降至140 000元。

13.3.5 案例分析题

1. 公司实施适时制可以节约的成本包括机会成本和储存成本。

（1）机会成本 = 年平均存货 × 资本成本 = 3 000 000 × 20% = 600 000（元）

（2）储存成本 $= 450\,000 + 12\,000 \times \frac{3}{4} \times 15 + 80\,000 = 450\,000 + 135\,000 + 80\,000 = 665\,000$（元）

（3）公司实施适时制会增加缺货成本，包括由于缺货200 000件而减少的边际贡献和为降低缺货成本而支付的加班奖金200 000元。

单位边际贡献 =（5 400 − 2 025 − 450）÷ 900 = 3.25（元/件）

缺货成本 = 200 000 × 3.25 + 200 000 = 850 000（元）

（4）综上所述，如果企业采用适时制，可以节约的机会成本与储存成本减去增加的缺货成本，得：

成本差额 = 600 000 + 665 000 − 850 000 = 415 000（元）

所以，如果实施适时制，每年可以为企业节约的存货成本共计 415 000 元，这是适时制可以为公司带来的效益。

需要注意的是，企业要实施适时制还需要对生产流动进行改造，需要投入大量的成本，由于案例中没有提供相关资料，此处不予讨论，但在实务中应对实施适时制所需投入的成本进行测算，并与其所带来的收益进行权衡。

2. 一家公司要成功实施适时采购的条件包括：

（1）公司的高管必须参与并支持适时制的实施，并通过努力确保公司提供全方位的支持和合作。

（2）需要对生产流程进行一体化和精细化改造，减少搬运和等待等不增值环节，确保直接材料可以顺利进入下一个生产环节，时间上不早不晚，数量上不多不少。

（3）因为是订单拉动的生产系统，需要企业能够较为精确地进行销售预测，以便企业能够有效地进行生产安排。

（4）产品设计应该能尽量适应标准化生产，从而可以降低生产时间和生产成本。

（5）必须获得能够快速及时提供高质量原材料的供应商，减少供应商数量，并与其建立紧密的合作关系。

（6）应建立一定的保险库存量以降低缺货的可能性，因为长期缺货会对公司信誉造成负面影响。

第 14 章

14.3.1 单项选择题

1. C　2. A　3. A　4. A　5. A　6. A　7. A　8. B　9. D　10. D
11. C　12. B　13. C　14. A　15. A　16. B　17. A　18. A　19. D　20. C

14.3.2 多项选择题

1. BCD　2. ABCD　3. AD　4. AD　5. ABCD　6. ABC　7. ABD
8. ABCD　9. ABC　10. BD　11. ABCD　12. ABD　13. BCD　14. ACD
15. ABC

14.3.3 判断题

1. √　2. ×　3. √　4. ×　5. √　6. √　7. ×　8. √　9. ×　10. √
11. ×　12. ×　13. ×　14. √　15. √

14.4.4 计算分析题

1. 普通股的资本成本 $r = 3\% + 1.4 \times (10\% - 3\%) = 12.8\%$

$$WACC = \frac{4\ 000}{10\ 000} \times 12.8\% + \frac{4\ 000}{10\ 000} \times 5\% \times (1 - 25\%) + \frac{2\ 000}{10\ 000} \times 12\% = 9.02\%$$

2. （1）可比公司本期市盈率

= [股利支付率 ×（1 + 增长率）] ÷（股权资本成本 − 增长率）

= [40% ×（1 + 10%）] ÷（15% − 10%）= 8.8

K 公司的股权价值

=可比公司本期市盈率×目标企业本年净利润

=8.8×5 000=44 000（万元）

（2）市盈率模型最适合连续盈利的企业；K 公司最近三年连续盈利，故该模型适用于 K 公司的估价。

3. 以 20×2 年为例：

①实体现金流量=净利润+税后利息支出+折旧及摊销－营运资金增加额－资本性支出

=9 110+160×（1－25%）+344－（31 920－26 420）－3 396=678（万元）

②债权现金流量=税后利息支出+偿还付息债务本金－新借付息债务

=160×（1－25%）+0－（4 000－2 000）=－1 880（万元）

③股权现金流量=净利润+折旧及摊销－营运资金增加额－资本性支出－偿还付息债务本金+新借付息债务

=9 110+344－（31 920－26 420）－3 396－0+（4 000－2 000）=2 558（万元）

或者：股权现金流量=企业自由现金流量－债权自由现金流量

=678－（－1 880）=2 558（万元）

A 企业 20×2～20×4 年的现金流量计算如表 1 所示。

表 1　　A 企业 20×2～20×4 年的现金流量计算　　单位：万元

项　目		20×2 年	20×3 年	20×4 年
实体现金流量的计算过程	净利润	9 110	10 930	13 100
	税后利息支出	120	240	300
	折旧及摊销	344	504	694
	营运资金增加额	5 500	4 900	4 790
	资本性支出	3 396	1 053	1 019
	实体现金流量	678	5721	8 285
债权现金流量的计算过程	税后利息支出	120	240	300
	偿还付息债务本金	0	0	3 000
	新借付息债务	2 000	1 000	0
	债权现金流量	－1 880	－760	3 300
股权现金流量的计算过程	净利润	9 110	10 930	13 100
	折旧及摊销	344	504	694
	资本性支出	3 396	1 053	1 019
	营运资金增加	5 500	4 900	4 790
	偿还付息债务本金	0	0	3 000
	新借付息债务	2 000	1 000	0
	股权现金流	2 558	6 481	4 985

4. $\beta_u=\beta_l\div[1+(D/E)\times(1-T)]=1.5\div[1+(0.5\div0.5)\times(1-25\%)]=0.8571$

$\beta_l=\beta_u\times[1+(D/E)\times(1-T)]=0.8571\times[1+(1\ 500\div2\ 000)\times(1-25\%)]=1.3392$

H 公司股权成本=4%+1.3392×（10%－4%）=12.04%

$$WACC = 12.04\% \times (2\ 000 \div 3\ 500) + 8\% \times (500 \div 3\ 500)(1-25\%) + 5\% \times (1\ 000 \div 3\ 500)(1-25\%) = 8.81\%$$

$$V = \sum_{t=1}^{n} \frac{FCFF_t}{(1+WACC)^t} + \frac{FCFF_n(1+g)}{WACC-g} \times \frac{1}{(1+WACC)^n} = 2\ 708.33 \text{（万元）}$$

5.（1）计算预测期公司现金流量（见表2）。

表2　　预测期F公司现金流量　　金额单位：万元

项　目	第1年	第2年	第3年	第4年	第5年
税后利润	12 262.5	17 280	19 845	24 300	26 700
加：折旧	1 200	1 200	800	500	500
减：净营运资本增量	1 140	3 040	3 040	2 400	2 560
减：资本性支出	300	300	600	300	300
公司自由现金流	12 022.5	15 140	17 005	22 100	24 340

（2）永续期现金流＝24 340×（1＋5%）＝25 557（万元）

（3）由于公司无付息债务，且未来也不打算采用债务融资，因此：

加权平均资本成本＝股权资本成本＝2.7%＋0.8×7.1%＝8.38%

（4）公司经营业务整体价值如表3所示。

表3　　F公司经营业务价值

项目	第1年	第2年	第3年	第4年	第5年	永续期
公司自由现金流（万元）	12 022.5	15 140	17 005	22 100	24 340	25 557
折现率（%）	8.38	8.38	8.38	8.38	8.38	8.38
折现系数	0.9227	0.8513	0.7855	0.7248	0.6687	19.7851
折现值（万元）	11 093	12 889	13 357	16 018	16 276	505 647
折现值合计（万元）	575 280					
整体价值（万元）	575 280					

（5）股东权益价值＝整体价值－付息债务价值

＝经营业务价值＋非经营性资产价值＋溢余资产价值－付息债务价值

＝575 280＋13 000＋2 600－0＝590 880（万元）

14.3.5　案例分析题

1. 甲公司资产负债表和利润表分别如表4、表5所示。

表4　　资产负债表　　单位：万元

项　目	基期（修正）2021年末	2022年末	2023年末
经营营运资本	500＋4 000＋2 250－3 000＝3 750	3 750×1.02＝3 825	3 825
净经营性长期资产	41 250	41 250×1.02＝42 075	42 075
净经营资产总计	3 750＋41 250＝45 000	45 000×1.02＝45 900	45 900
净负债	36 250－250＝36 000	②30 262.5	④29 835
股东权益合计	8 000＋1 000－9 000	①15 637.5	③16 065
净负债及股东权益总计	36 000＋9 000＝45 000	45 000×1.02＝45 900	45 900

表 5 利润表 单位：万元

项　目	基期（修正）2021 年	2022 年度	2023 年度
一、销售收入	50 000	5 000 × 1.02 = 51 000	51 000
减：销售成本	40 000	51 000 × 0.75 = 38 250	38 250
管理费用	1 000	1 000 × 1.02 = 1 020	1 020
三、税前营业利润	5 000 − 40 000 − 1 000 = 9 000	51 000 − 38 250 − 1 020 = 11 730	11 730
减：经营利润所得税	9 000 × 0.25 = 2 250	1 730 × 0.25 = 2 932.5	2 932.5
三、税后经营净利润	9 000 − 2 250 = 6 750	11 730 − 2 932.5 = 8 797.5	8 797.5
利息费用	2 892	⑤36 000 × 0.08 = 2 880	30 262.5 × 0.08 = 2 421
减：利息费用抵税	2 892 × 0.25 = 723	2 880 × 0.25 = 720	2 421 × 0.25 = 605.25
四、税后利息费用	2 892 − 723 = 2 169	2 880 − 720 = 2 160	2 421 − 605.25 = 1 815.75
五、净利润	6 750 − 2 169 = 4 581	8 797.5 − 2 160 = 6 637.5	8 797.5 − 1 815.75 = 6 981.75

说明：

（1）2022 年末资产负债表格中①和②的计算过程。

由于该企业资本结构（净负债 ÷ 净投资资本）高于 65% 之前不分配股利，所以多余现金首先用于归还借款。

基期净负债 ÷ 净经营资产 = 36 000 ÷ 45 000 = 80% > 65%

假设 2022 年末达到资本结构改善目标 65%，则目标资本结构的净负债 = 45 900 × 0.65 = 29 835（万元），目标资本结构的权益 = 45 900 − 29 835 = 16 065（万元），那么 2022 年恰好达到目标结构需要的净利润 = 16 065 − 9 000 = 7 065（万元）。

但从表 2 利润表中可以看出，2022 年预测的净利润只有 6 637.5 万元，为了让资本结构的比例尽可能从 80% 靠近 65%，应该把利润全部留在股东权益，一方面保证净资产与收入同比例增长，另一方面还掉部分负债。因此推导出 2022 年末的股东权益① = 9 000 + 6 637.5 = 15 637.5（万元）；根据预测的 2022 年末的经营净资产，倒推出 2022 年末的净负债② = 45 900 − 15 637.5 = 30 262.5（万元）。

（2）2023 年末资产负债表格中③和④的计算过程。

同样假设 2023 年末达到资本结构改善目标 65%，则目标资本结构的净负债 = 45 900 × 0.65 = 29 835（万元），目标资本结构的权益 = 45 900 − 29 835 = 16 065（万元），假设不发放股利，那么 2023 年恰好达到目标结构需要的净利润 = 16 065 − 15 637.5 = 427.5（万元）。

但从表 2 中可以看出，2023 年预测的净利润有 6 981.75 万元，意味着本期可以达到目标资本结构，因此 2023 年末的股东权益③为 16 065 万元，倒推出 2023 年末的净负债④ = 45 900 − 16 065 = 29 835（万元）。

（3）利润表中⑤的计算。

因为根据题目要求，“财务费用按照期初净负债计算”，因此 2022 年的利息费用应该按照 2022 年初（即 2021 年末基期）的净负债 36 000 万元计算；同样道理，2023 年的利息费用应按照 2023 年初（即 2022 年末）的净负债 30 262.5 万元计算利息。

2. 2022 年实体现金流量 = 税后经营净利润 −（2022 年末净经营资产 − 2022 年初净经营资产）

= 8 797.5 −（45 900 − 45 000）= 7 897.5（万元）

2023 年实体现金流量 = 税后经营净利润 −（2023 年末净经营资产 − 2023 年初净经营资产）

= 8 797.50 −（45 900 − 45 900）= 8 797.5（万元）

2021 年末该公司的实体价值 = (7 897.50 + 8 797.50 ÷ 10%) × (P/F,10%,1)

= 87 157.69（万元）

2021 年末该企业的股权价值 = 实体价值 − 债务价值 = 87 157.69 − 36 000

= 51 157.69（万元）

每股股价 = 51 157.69 ÷ 8 000 = 6.39（元）

6.39 元 > 5 元（该股票的市场价值），因此该公司股票被低估。

第 15 章

15.3.1 单项选择题

1. B　2. D　3. C　4. D　5. B　6. A　7. D　8. A　9. D　10. D
11. A　12. C　13. D　14. A　15. B　16. C　17. D　18. D　19. A　20. A

15.3.2 多项选择题

1. AB　2. ABCDE　3. AB　4. ABCD　5. BCD　6. DE　7. ABC
8. ABC　9. ABCDE　10. ABCD　11. ABCE　12. ABCDE　13. BD　14. ABD
15. AC　16. CD　17. ABCD　18. ABCD　19. AD　20. AC

15.3.3 判断题

1. √　2. ×　3. ×　4. √　5. √　6. √　7. ×　8. √　9. √　10. √
11. √　12. ×　13. √　14. ×　15. √　16. ×　17. √　18. √　19. ×　20. √

15.3.4 计算分析题

1.（1）A 部门经济增加值：81 000 − 850 000 × 11% × (1 − 25%) = 10 875（元）

B 部门经济增加值：67 500 − 560 000 × 11% × (1 − 25%) = 21 300（元）

（2）情况一：采纳该方案后经济增加值为：

(90 000 + 13 000) × (1 − 25%) − (560 000 + 100 000) × 11% × (1 − 25%) = 22 800（元）

由于经济增加值提高，因此 B 部门经理会接受该项目。

情况二：放弃该资产后经济增加值为：

(90 000 − 6 500) × (1 − 25%) − (560 000 − 50 000) × 11% × (1 − 25%) = 20 550（元）

由于放弃后的经济增加值小于保持现状的经济增加值 21 300 元，所以不会放弃。

2.（1）债务资本成本 = 8% × (1 − 25%) = 6%

普通股资本成本 = 3% + 1.2 × (13% − 3%) = 15%

优先股资本成本 = 10%

$$\text{长期借款所占比重} = \frac{(2\,500+2\,500)\div 2}{(2\,500+2\,500)\div 2+(1\,200+1\,200)\div 2+(5\,000+5\,000)\div 2+(1\,700+900)\div 2} = 25\%$$

$$\text{优先股所占比重} = \frac{(1\,200+1\,200)\div 2}{(2\,500+2\,500)\div 2+(1\,200+1\,200)\div 2+(5\,000+5\,000)\div 2+(1\,700+900)\div 2} = 12\%$$

$$\text{普通股及留存收益所占比重} = \frac{(5\,000+5\,000)\div 2+(1\,700+900)\div 2}{(2\,500+2\,500)\div 2+(1\,200+1\,200)\div 2+(5\,000+5\,000)\div 2+(1\,700+900)\div 2} = 63\%$$

加权平均资本成本 = 6% × 25% + 10% × 12% + 15% × 63% = 12.15%

（2）调整后税后净营业利润 = 1 155 + (200 + 360) × (1 − 25%) − 400 × (1 − 25%) = 1 275（万元）

平均所有者权益 = (1 200 + 1 200) ÷ 2 + (5 000 + 5 000) ÷ 2 + (1 700 + 900) ÷ 2 = 7 500（万元）

平均负债 = (1 350 + 1 165) ÷ 2 + (35 + 30) ÷ 2 + (100 + 140) ÷ 2 + (140 + 95) ÷ 2 + (140 + 90) ÷ 2 + (2 500 + 2 500) ÷ 2 = 4 027.5（万元）

平均无息流动负债 = (1 350 + 1 165) ÷ 2 + (35 + 30) ÷ 2 + (100 + 140) ÷ 2 + (140 + 95) ÷ 2 = 1 527.5（万元）

平均在建工程 = (2 240 + 1 350) ÷ 2 = 1 795（万元）

调整后资本 = 7 500 + 4 027.5 − 1 527.5 − 1 795 = 8 205（万元）

经济增加值 = 1 275 − 8 205 × 12.15% = 278.09（万元）

15.3.5 案例分析题

1.（1）根据题目中的财务数据可以计算得到表1。

表1

财务数据分析

单位：%

公司	*ROIC* − *WACC*	*SGR* = (1 − 股利支付率) × *ROE*	营业收入增长率 − *SGR*
A. 运输	−2	6	2
B. 餐饮	3	12	3
C. 食品	−1	9	−2
D. 家用电器	2	6	−2

可以看出，A公司收益率差幅为负值，营业收入增长率 − *SGR* 为正值，说明企业处于第Ⅳ象限；B公司收益率差幅大于0，增长率差幅大于0，说明企业位于第Ⅰ象限；C公司收益率差幅为负值，增长率差幅为负值，表明该公司位于第Ⅲ象限；D公司收益率差幅为正值，增长率差幅为负值，说明该公司位于第Ⅱ象限。

（2）由第1问可知，A公司应该采取的措施有：①彻底重组，如果利润较低仅存在于本公司的业务，那么应在仔细分析经营业绩、寻找导致公司价值减损和增长不足的自身原因后，对业务进行彻底重组；②出售，如果盈利能力低是由于整个行业衰退导致，公司无法应对市场衰败而导致的后果，则它应尽快被出售以减少损失。即便是公司独有的问题，由于缺乏核心竞争力，无法扭转价值减损的局面，也需要选择出售。

B公司应该采取的措施有：①筹措资金，减少或停止支付股利，发行股票或债券满足增长需要；②缩小经营规模，使公司的可持续增长率与销售增长率相平衡。

C公司应该采取的措施有：①通过提高资产周转率和销售利润率来提高投入资本收益率；②优化资本结构，降低资本成本；③如果通过①和②无法扭转价值减损状态，则应当出售该业务单元。

D公司应该采取的措施有：①加速增长，内部投资，收购相关业务；②分配剩余现金，增加股利支付，回购股份。

2. 根据题中资料，对公司进行经济分析的过程如表2所示。

表2

分析过程

项目	基础数据	新产品（方案1）	改善采购（方案2）
销售收入（万元）	2 500	= 2 500 × (1 + 15%) = 2 875	2 500
销售净利润率（%）	18	18	21
净利润（万元）	= 2 500 × 18% = 450	= 2 875 × 18% = 517.5	= 2 500 × 21% = 525

续表

项目	基础数据	新产品（方案1）	改善采购（方案2）
投入资本（万元）	1 500	=1 500+500=2 000	=1 500+150=1 650
投入资本收益率	=450/1 500=30.0%	=517.5/2 000=25.9%	=525/1 650=31.8%
资本成本（%）	10	12	10
经济增加值（万元）	300	278	360

通过表2可以看出，方案1开发新产品虽然使销售收入提高了15%，但是由于开发新产品增加的500万元投资使该公司资本成本上升为12%，最终导致经济增加值减少为278万元；方案2通过改善采购，降低成本，使公司的经济增加值提高为360万元，由此可以看出，方案1损害了企业的价值创造，方案2增加了企业的价值创造，因此应该放弃方案1，选择方案2。

3.（1）可以使企业关注资本成本。在利润指标指引下，企业倾向于扩大投资和生产规模。从账面上看，资产总额增加了，利润总额也增加了，但EVA可能是负数，实际上并未创造更多的股东价值。将EVA作为绩效衡量尺度，经营者将不得不关注资本成本，促使经营者综合考虑收益与风险，谨慎投资。

（2）可以完善企业业绩考评体系。长期以来，国有企业主要关注对当期利润和规模的考核，引入EVA考核指标将有助于引导经营者关注企业长期价值的创造。EVA可以通过调整资本占用和经营净利润，克服经营管理者的部分短期行为，引导经营者像股东一样思考企业可持续发展和相应的企业战略问题。

（3）可以有效配置资源。以利润为导向时，企业资源会向高利润率的业务配置。而EVA同时受利润率和资本占用影响，利润率高EVA并非必然会高。通过EVA衡量价值创造能力，有助于实现集团内部经济资源的更有效配置。以EVA为指挥棒，将促进包括人、财、物在内的各项经济要素得到更有效的配置。